ROE 经营预算

— 培养经营型干部 —

付小平◎著

中信出版集团|北京

图书在版编目（CIP）数据

ROE 经营预算：培养经营型干部 / 付小平著.
北京：中信出版社，2025.5. -- ISBN 978-7-5217
-7519-8

Ⅰ.F275

中国国家版本馆 CIP 数据核字第 202551WB11 号

ROE 经营预算——培养经营型干部
著者：付小平
出版发行：中信出版集团股份有限公司
（北京市朝阳区东三环北路 27 号嘉铭中心　邮编　100020）
承印者：北京通州皇家印刷厂

开本：880mm×1230mm　1/32　　印张：10.75　　字数：215 千字
版次：2025 年 5 月第 1 版　　　　　印次：2025 年 5 月第 1 次印刷
书号：ISBN 978-7-5217-7519-8
定价：69.00 元

版权所有·侵权必究
如有印刷、装订问题，本公司负责调换。
服务热线：400-600-8099
投稿邮箱：author@citicpub.com

自　序

作为A股主板上市公司行动教育EMBA（高级工商管理硕士）课程的导师，把课程精华编写成书，既可以总结归纳自己的研究与实战成果，又能为学员提供更为广泛的辅助阅读资料。我在业余时间乐于写作分享的动力皆源于此。自2010年走上讲台，我目前已有5部著作面世，上一部作品《ROE预算管理》[①]于2021年9月由中信出版社出版，一经上市，就收到了不少来自企业界的赞誉。

2023年2月，春节刚过，今麦郎的范董就邀请我为公司的几百位高管提供4天3夜的"ROE经营预算"课程培训。我事后才得知，今麦郎2022年的销售规模已逼近200亿元，公司计划未来几年实现上市融资。一位头部基金管理公司的管理合伙人告诉范董，公司上市就是卖股权，必须把ROE经营好才能卖个好价钱。这时，恰逢行动教育一位学习顾问向范董推荐了我的著作《ROE预算管理》。在发出邀请之前，范董就组织集团高管团队利用春

[①] ROE是指净资产收益率，又称股东投资回报率，是衡量上市公司盈利能力的重要指标，详见第1章。

节假期的空闲时间全面学习了书中的内容,他们被书中三驾马车驱动ROE增长的预算工具深深吸引,这才有了后续合作的机缘。

2023年8月,A股主板上市公司龙蟠科技也启动了"ROE经营预算"入企辅导项目。作为上市公司董事长,龙蟠科技的石董经常与资本市场各路大佬打交道,深知ROE对上市公司再融资的重要性,因此他一直想解决ROE提升的问题。为此,石董委托公司人力资源部总经理李伟先生寻找合作方,最后从40多种预算类图书中挑选出我的《ROE预算管理》,经过多方打听才联系到行动教育,寻求合作。项目启动时,石董告诉我:"为了使公司价值提升,我去了国内各大名校的商学院学习,目前正在美国沃顿商学院读EMBA。我酷爱读书,常读稻盛和夫、杰克·韦尔奇、彼得·德鲁克的书,但德鲁克的目标管理我看了三遍也没太搞明白。偶然读了《ROE预算管理》,我发现经营目标就该这么定,这是我几乎读了国内外所有跟预算相关的书、上过很多课后找到的,所以不是行动教育找到我,而是我找到了行动教育。"

类似的故事时有发生,不断激励着我在ROE预算这一专业领域持续深耕。过去三年来,我先后为几十家企业导入了ROE预算项目。在辅导过程中,我经常与企业一号位(负责人)面对面地交流和碰撞,我们发现预算工具很好,但编制预算仅仅是开始,它只是一个阶段性任务。企业能否让预算落地并见到成果——真正实现ROE增长,取决于预算班子成员是否投入精力执行预算、分析预算。企业只有把ROE上升到战略层面,才能确保项目有效落地。基于此,结合多年来辅导预算项目落地过程中遭遇的挑战及收到的客户反馈,我想写一本新书,详细阐述企业干部如何以预算为抓手,通过"升维目标、分解目标、追踪目标、达成目标、超越目标"这五项修炼来提升组织的系统经营能力,确保战略有效执行,最终实现ROE目标。

从这个意义上讲,本书是《ROE预算管理》的姊妹篇。一方面,本书延续了上一本书的基因,强调择高而立,站在资本的角度看经营,站在经营的角度看预算。但另一方面,本书的侧重点又有所不同:上一本书主要解决如何编制ROE预算的问题,而本书重在阐述企业干部如何以ROE预算为抓手,进行ROE预算全周期管理,进而保证ROE预算得到执行和落地。比如,本书用大量篇幅详细阐述了如何通过月度经营分析会追踪经营目标,如何通过降本、增效、造血达成ROE目标,如何通过并购上市超越ROE目标。

一旦企业干部有了经营ROE的认知,打通了ROE经营预算的闭环,企业的经营质量就会很快迈上一个新的台阶。比如,我所辅导的一家专用设备制造商,年营收2亿元,明明拥有20%以上的净利润率,应收款也很健康,但其现金流却一直紧张,靠举债维持经营,董事长百思不得其解。后来才发现,库存是吃掉现金流的元凶——该企业的存货周转天数高达135天,管理团队却习以为常。但当所有经营干部都理解了ROE经营的底层逻辑后,大家开始齐心协力降低存货周转天数。一年后,该企业的存货周转天数就降到了57天,这释放了大量的现金流,公司经营步入正轨。

而另一家成立了30多年的冶金行业头部企业也发生了类似的转变。企业中高层管理干部在理解了ROE经营预算的逻辑后,从过去只看重利润这一个指标转变为经营三驾马车——既要经营好利润,又要经营好资产,更要经营好现金流。该企业仅用一年时间就从6条生产线上清理掉超过1亿元的闲置资产,大大提高了资产周转效率,极大地改善了ROE……

由此可见,经营企业就是经营人。企业一旦培养出一群懂财务、懂ROE的经营型干部,就能实现全员降本、增效、造血,用三驾马车推动ROE增长,最终从产品经营走向产融结合,实现ROE最大化——每家企业最根本的需求。

为了回应这一根本性需求,本书在内容布局上一共分为5个篇章。

第一篇：**经营目标——升维目标**

站高一线,从资本的视角还原经营的本质,经营的终极财务目标是从利润目标升维到ROE目标。企业不能只关注利润,还要关注赚钱速度和造血功能。如果企业只顾做大利润,而忽视了对资产的管理,那么这不仅会拖慢企业的资产周转效率,还会占用企业的现金流,最终给企业带来覆灭的风险。

第二篇：**经营预算——分解目标**

这部分旨在阐述企业如何组织全员编制预算,将经营目标ROE分解至各个管理者,让他们的绩效指标与经营目标形成强关联。由于我的上一本书《ROE预算管理》对于预算编制已经详述,本书只介绍预算编制的底层逻辑,并未全盘展开。

第三篇：**经营分析会——追踪目标**

目标分解下去后,企业还要通过每月的经营分析会定期对目标进行追踪,通过持续检查与评估发现问题与偏差,然后回到业务场景中，找到数据异常的根因。为此，我自创了一套用于经营分析的系统工具——"经营雷达"，以辅助经营型干部如庖丁解牛般切入ROE经营的各个层面，检测各项经营指标是否健康，并找到业务中的核心问题。

第四篇：**三驾马车——达成目标**

针对"经营雷达"中暴露的问题，经营型干部要学会驾驭财务三驾马车：既要驾驭好白马盈利，通过全周期的降本创新让企业赚得更多；还要驾驭好赤马效率，管理好不良资产，为企业增效；更要驾驭好黑马杠杆，撬动安全的资金杠杆，为企业造血。通过持续降本、增效和造血，企业的ROE目标自然可以实现。

第五篇：**经营资本——超越目标**

ROE经营起来以后，企业必然面临从产品经营升维到资本经营的挑战，因为资本市场是一个更大的杠杆，会放大企业在产品经营中获得的利润。到了这一阶段，市场考验的不再是企业用产品创造财富的能力，而是企业运用资本杠杆放大股权价值的能力。因此，经营型干部要洞悉资本市场的底层逻辑，推动企业从一家赚钱的企业升级为一家值钱的企业。

本书围绕以上五个部分展开，手把手指导企业建立一套完整的ROE经营预算系统，源源不断地培养经营型干部，进而驱动ROE持续增长，实现基业长青。

本书既适合企业经营者、管理者以及投资者阅读，也适合在校的MBA（工商管理硕士）学生阅读。他们中的大多数人没有学习过专业的财务知识，但是在工作中却离不开财务数据。基于此，本书拒绝了空洞的理论知识，只有实效的管理工具。本书的特色是简单，一看就明白，拿来就可用，一用就见效。

  在本书的出版过程中，我有幸得到了诸多人士的鼎力相助。在写作过程中，雷娟女士提供了大力支持，管理大师、行动教育董事长李践先生更是给予了许多鼓励、指导和帮助，在此一并表示感谢！当然，最需要感谢的是我太太，她是推动我走上讲台、分享知识的天使！

付小平

2025年2月于上海

目 录

第一篇
经营目标——升维目标

第 1 章 | 择高而立：
站在资本角度看经营，升维 ROE 为经营目标

危险的利润：今天赚利润，明天"杀"利润　003

升维经营目标：从低维利润目标到高维 ROE 目标　008

升维干部：从管理型干部到经营型干部　019

构建培养体系：经营型干部的五项修炼　028

第二篇
经营预算——分解目标

第 2 章 预算是经营型干部的元能力：
先算后做，先胜后战，未战先赢

预算是经营导航：从偶然成功到必然成功　043

传统预算与 ROE 预算的区别　048

预算贯通经营闭环：上接战略，下接绩效　050

预算即经营之庙算：先胜后战，未战先赢　061

第 3 章 搭班子：
预算即育人，推动管理者升维为经营者

预算不是财务部单打独斗，而是全员做经营预演　065

预算的组织模型：自上而下全覆盖　067

预算组织的协作流程：九步连贯预算法　079

第 4 章 编预算：
分解经营目标，人人头上有指标

预算编制最常见的三个误区　085

预算同心圆：业务预算—财务预算—ROE 预算　090

预算责任分工：谁负责，谁编制，谁管理　092

预算是设计成本：从管理会计的视角重新认识成本　095

预算固定成本：零基预算法，切忌照搬历史数据　099
预算变动成本：弹性预算法，找到成本动因　101
预算营运资产：账龄预算法，不控余额控天数　104

第5章 管预算：
全员目标管理与全员成本管理

预算管理的三个典型错误　109

预算管理＝全员目标管理　112

预算管理＝全员成本管理　118

从财务会计到管理会计　125

多维盈亏平衡点分析：激活经营者的自驱力　127

预算管理＝日管控 × 月分析 × 年决算　132

第三篇
经营分析会——追踪目标

第6章 经营分析会：
用经营雷达追踪经营目标

为什么要开经营分析会　142

经营分析会的三大误区　147

解决方案："三比三找四落地"　152

经营雷达：全方位追踪经营目标　158

第 7 章 分析白马盈利：赚得多不多

白马盈利指标反映企业赚得多不多　167
识别利润表中的三个"牛鼻子"指标　171
从静态报表到动态报表　175
拆开利润的黑匣子：分析白马盈利"五看法"　177

第 8 章 分析赤马效率：赚得快不快

赤马效率指标反映企业赚得快不快　187
资产负债表是企业的家底　190
识别资产负债表中的"牛鼻子"指标　193
资产负债表的来龙去脉：从业务交易到报表形成　196
拆开效率的"黑匣子"：盘点不良资产　199

第 9 章 分析黑马杠杆：赚得好不好

黑马杠杆指标反映企业赚得好不好　213
别中了利润的"圈套"：现金流是检验利润质量的唯一标准　214
识别现金流量表中的三个"牛鼻子"指标：造血、抽血和输血　216
现金流是否健康，要结合生命周期诊断　220
"黑马杠杆"的好与坏：经营债是好杠杆，金融债是坏杠杆　226

第四篇
三驾马车——达成目标

第 10 章 | 驾驭白马盈利：
如何降本

低成本：围绕价值链做全周期成本创新　233
设计降本创新：源头做"简"法，不让成本发生　235
采购降本创新：将"成本中心"转化为"利润中心"　238
生产降本创新：转移生产基地，寻找成本洼地　241

第 11 章 | 驾驭赤马效率：
如何增效

轻资产：投入更少资产，创造更多收入　245
应收款的全周期管理　247
存货管理三部曲　256
盘活闲置资产　260

第 12 章 | 驾驭黑马杠杆：
如何造血

类金融：如何用别人的钱经营自己的企业　269
造血能力表：如何持续改善企业的造血能力　271
供应链融资：如何设计类金融模式　274

死神的"魔咒"：给经营型干部的四个忠告　281

第五篇
经营资本——超越目标

第 13 章　从产品经营升维为资本经营：
从赚钱到值钱

经营资本：从卖产品到卖股权　287
兼并收购：并购的本质是并人，并人的本质是选人和育人　291
公司上市：获取优质资金，经营一家值钱的公司　302
夯实底板：财务是经营的母盘　309
三个升级：财务如何更好赋能业务　313

第一篇

经营目标——升维目标

第1章

择高而立：
站在资本角度看经营，升维ROE为经营目标

危险的利润：今天赚利润，明天"杀"利润

稻盛和夫曾经说过："企业经营最大的课题是追求利润。"这代表了绝大部分企业家的观点，他们把利润当成企业经营的第一财务目标。而在现实中，我却发现了一个悖论：即便有些企业的利润指标不断刷新历史纪录，它们仍然会破产倒闭。为什么会出现这种情况？下文以一个真实的故事为例来讨论——

2023年，我和一个制造型企业的老板交流，他向我吐苦水："付老师，我现在真的经常睡不着觉，感觉压力很大。"

我问他："为什么？你们公司去年的收入和利润不是实现了双增长吗？"

他无奈地说："是的，公司去年的收入和利润都刷新了历史纪录，确实发展得很好。但是，公司到底是真赚钱还是假赚钱，我好像弄不明白。"

我追问："公司赚不赚钱，你作为老板怎么会不清楚呢？"

他解释道："我们公司面对的都是超级大客户，客户每年都要求降价，毛利率一年不如一年。更要命的是，客户还不断延长账期，这导致公司的现金流越来越吃紧。"

于是我提议："那你能不能想办法延长上游供应商的账期呢？"

他苦笑："不行啊！我们公司上游的供应商也是非常强势的大品牌，公司被逼到了'夹心饼干'的位置，两头受压。此外，为了保证在交货周期上有竞争力，公司还要预备库存。表面上看，公司的收入规模越来越大，利润越来越多，但与此同时，应收款和存货也越来越多。我现在向银行借的款也越来越多。我真担心哪一天现金流扛不住，公司所拥有的一切瞬间都化为乌有。"

在企业家的传统观念中，企业的财务目标是获取利润。案例中的这家企业拥有大量利润，为什么老板还会有不安全感呢？虽然故事中的老板不解其中缘由，但他的担忧不无道理。这家企业看起来利润逐年上升，但背后隐藏着极大的风险。让我们用财务视角来拆解其背后的原因。

假设一家企业此前的未分配利润为5亿元，今年的收入为10亿元，成本为7亿元。按照企业的利润计算公式：收入−成本＝利润，即10−7=3（亿元），再加上之前未分配的5亿元利润，这家企业的账面上一共有8亿元利润。对于这8亿元，老板一般不会让其闲置，大概率会将其变成资产。

最典型的资产包括以下4种：

- **应收款**，即企业在生产经营的过程中因销售商品或提供劳务而应向购货单位或接受劳务的单位收取的款项。通俗地讲，应收款是企业的资产，却放在客户的口袋里。
- **存货**，即企业在日常活动中持有以备出售的产成品或商品、处在生产过程中的在产品，以及在生产或提供劳务的过程中耗用的材料和物料等。也就是说，存货是企业放在仓库的资产。
- **固定资产**，即对内投资，比如厂房、设备、生产线等。
- **长期投资**，即对外投资，比如兼并、收购。

这些资产本质上是企业赚取的利润。如果企业只追求利润，却不对资产进行管理，那么后果不堪设想：应收款一旦收不回来，就会变成坏账；存货如果卖不掉，就会积压在公司的仓库里；如果生产线的开工率不足20%，固定资产就会闲置；一旦企业投资的项目在短时间内看不到回报，企业的资金就会被白白消耗。当这些资产收不回、卖不掉、闲置或没有回报时，它们就会变成成本，反过来把企业辛辛苦苦赚取的利润活生生地"杀掉"。

现在再来观察利润表的变化。这家企业的原利润表所呈现的结果是：

$$10-7=3（亿元）$$

假设该企业有2亿元的应收款无法收回，2亿元的存货卖不掉，1亿元的固定资产闲置，1亿元的长期投资收不回来，那么合计6亿元的资产就是高风险的不良资产。如果把这6亿元不良资产全部剥离并转化为成本，那么该企业会从盈利转为亏损。最终，其利润表呈现的结果是：

$$10-7-6=-3（亿元）$$

这会导致企业的现金流吃紧，因为所有利润都沉淀在应收款、存货、固定资产和长期投资里。这也是为什么故事中的老板一直需要靠银行贷款"输血"。更危险的是，一旦银行抽贷，企业随时可能陷入危机。

由此可见，如果企业只关注利润，那么后果将是"今天赚利润，明天'杀'利润，后天甚至'杀'老板"。港股上市公司中国恒大的破产就是一个典型的案例。

恒大的年报数据显示，其2021年亏损6 862亿元，2022年亏损1 258亿元，两年时间内亏损累计高达8 120亿元，刷新了中国企业亏损的最高纪录。然而，恒大从2010年至2020年，11年间的利润总和仅为2 642亿元。换言之，恒大两年的亏损额是其11年利润之和的3倍。

怎么会亏掉这么多呢？从恒大2021年的年报中不难找到蛛丝马迹，其6 862亿元的净亏损中包含：

- 经营性亏损1 137.5亿元。
- 撇减发展中物业及持作出售的已完工物业、投资物业公平值亏损4 049.5亿元。
- 土地被收回有关的亏损、金融资产减值损失及其他非经营性亏损1 802亿元。

不难发现，恒大的亏损大部分来自资产减值。这些资产本是恒大多年来节约成本后创造的利润，但由于恒大没有管理好这些资产，它们转化为高风险的不良资产，最终不良资产又成为成本，吞噬掉恒大几十年积累的巨额利润。

更危险的是，这些资产占用了公司数千亿元的资金，导致恒大现金流断裂，创始人许家印从首富变成"首负"。只关注规模扩张和利润目标，而忽略了资产和现金流的管控，是恒大破产的根本原因之一。

遗憾的是，我在一线对数以万计的企业进行观察后发现，90%以上的企业设定的经营目标都是利润目标。试想一下，企业耗资百万招聘了一位高管，结果他只关注利润，不懂得管理资产，也不明白现金流的重要性，那么他极其可能在不知不觉中成为"害死"企业的元凶，而这样的悲剧每天都在上演。究其根源，正是因为企业家和管理者缺乏财务思维，不明白他们苦苦追求的利润只是一个低维的经营目标。

众所周知，目标是一切行为的原动力。一旦目标定错了，后续所有的资源投入和经营动作都会南辕北辙。只有先锁定经营目标，高、中、基层才明白该做什么，不该做什么。因此，要想经营好一家企业，首要任务是锁定经营目标。

如果企业普遍关注的利润只是低维的经营目标，那么什么才是高维的经营目标呢？要回答这个问题，企业家和管理者必须理解经营的底层逻辑。

升维经营目标：从低维利润目标到高维ROE目标

经营的底层逻辑：驱动ROE的三驾马车

通常来讲，一家企业自上而下可以分成4个层级：

- 第一层：决策层（也叫投资者）。
- 第二层：经营层。
- 第三层：管理层。
- 第四层：操作层。

企业是由投资者，也就是决策层出钱创立的。从这个角度讲，做企业就是做投资，而投资的目的是获得回报。

投资者怎样才能获得回报呢？决策层必须任命经营层来负责具体经营，经营层再授权管理层，由管理层整合资源，达成决策层期望的回报。因此，无论是经营层还是管理层，本质上都是为投资者服务的。

现在，让我们站在投资者的角度思考：假如你要投资一家企业，面对林林总总的财务数据，你会选择哪个指标作为评估一家企业的标准呢？在给出答案之前，我们先看看资本市场最有影响力的人是如何回答的。

每年5月份的第一个周末，来自全球的数万名投资经理都会齐聚奥马哈，聆听股神巴菲特的投资心得。在写下这段文字时，我查看了巴菲特的公司伯克希尔-哈撒韦的股价，其股价为644 391.75美元/股，即每股价格超过460万元，这是全世界最贵的股票。为什么这么贵?因为巴菲特是全球顶级投资大师,他从11岁开始接触二级市场,在过去80多年的职业生涯中,为股东创造了巨额财富。

在如此傲人的投资业绩背后,支撑巴菲特做出投资决策的是哪一个指标?巴菲特在公开讲话中多次提到同一个指标——ROE。他曾说:

"如果非要用一个指标进行选股,那么我会选择ROE。那些ROE常年稳定在20%以上的公司都是好公司,投资者应当考虑买入。"

"我判断一家公司经营好坏的主要依据是ROE。"

"我所选择的公司都是ROE超过20%的好公司。"

"能够创造并维持高水平ROE的公司实在是太少了,当公司的规模扩大时,维持高水平的ROE是极其困难的事情。"

现在,你一定非常好奇,股神巴菲特所推崇的ROE到底是什么?下面就让我们一起走进巴菲特的内心世界,拆解股神的投资逻辑。

ROE是return on equity的缩写。其中,equity是指股东投入的资金,return是指股东获得的回报,因此ROE是股东投入的资金与获得的回报之间的比率。在会计学上,ROE叫净资产收益率,也叫股东投资回报率,它反映的是股权资本的投入产出比。如果巴菲特投资了一家企业,那么这意味着他会成为这家企业的股东。作为股东,他的目标只有一个:从投资中赚取高额回报。如果巴菲特投资了100万元,最终获得200万元,那么股东投资回报率是100%。相反，如果投资了100万元，最终获得50万元，那么股东投资回报率就是–50%。

如果你的身份只是一名投资者，那么这个指标足以支撑你做出投资决策。因为投资者只追求结果，不在乎过程，他关心的是自己的钱能否增值以及增值的幅度。至于如何增值，投资者并不关心。但是，如果你的身份是经营者，你就不能只关注结果指标，还要对其进行"解剖"，这样才能看到结果指标背后的驱动因素。

$$ROE = \frac{净利润}{股东权益}$$

$$= \frac{净利润}{收入} \times \frac{收入}{总资产} \times \frac{总资产}{股东权益}$$

$$= 净利润率 \times 资产周转率 \times 金融杠杆$$

$$= 盈利能力 \times 资产效率 \times 金融杠杆$$

$$= 白马盈利 \times 赤马效率 \times 黑马杠杆$$

根据上面的公式，ROE可以分解为三个驱动因素。为了便于读者理解和记忆，我通常将这三大驱动因素比喻为财务三驾马车。

白马盈利

白马盈利：盈利能力，即净利润率，它反映的是净利润与收入之间的关系。

企业的第一驾马车是白马盈利，其计算公式为：

白马盈利＝净利润÷收入

假设一家企业的收入为10亿元，成本为9亿元，那么净利润为1亿元，净利润率是10%。白马盈利代表企业每1元收入能创造多少净利润，揭示的是企业赚钱的强度。白马盈利越好，企业赚取利润的能力越强。

因此在实际经营中，企业家最关注的就是白马盈利，这背后是利润思维。一个典型的例证是，许多企业家在与我交流时最喜欢讲的一句话是："今年收入为……利润为……"

但是，令他们百思不得其解的是：财务总监提交的利润表明明显示有丰厚的利润，为什么公司却总是现金流吃紧，只能靠银行贷款来维持？利润到底去哪儿了？要想看清利润的真面目，企业还要研究赤马效率。

赤马效率

赤马效率：资产效率，即资产周转率，它反映的是收入和总资产之间的关系。

企业的第二驾马车是赤马效率，其计算公式为：

赤马效率＝收入÷总资产

本质上，企业经营是一个从现金到现金的循环过程。企业首先要投入现金，购买资产，然后资产会带来收入，收入又会带来利润，而利润最终会转化为现金，现金再变成资产，如此循环往复。在这个过程中，资产周转率考察的是什么？是资产带来收入的速度快不快。也就是说，企业每投入1元资产，能获得多少销售收入？这个指标揭示的是企业赚钱的速度，考察的是经营者是否具备资产思维。

企业不能只追求利润，却不对资产进行管理，否则应收款会变成坏账，存货可能积压在仓库里，生产线可能闲置……当这些资产变成不良资产时，它们会成为企业的成本，反过来"杀掉"利润。所以，经营者不能只有利润思维，还必须具备资产思维。

黑马杠杆

黑马杠杆：金融杠杆，即权益乘数，它反映的是公司负债的高低。

第三驾马车是黑马杠杆，其计算公式为：

$$黑马杠杆 = 总资产 \div 股东权益$$

如果对这个公式进行分解，黑马杠杆的定义就会更直观。

$$\begin{aligned}黑马杠杆 &= 总资产 \div 股东权益 \\ &= (股东权益 + 负债) \div 股东权益 \\ &= 1 + 负债 \div 股东权益 \\ &= 1 + 别人的钱 \div 自己的钱\end{aligned}$$

其中，负债是"别人的钱"，股东权益是"自己的钱"。企业使用"别人的钱"越多，黑马杠杆越大，ROE就越高。但与此同时，黑马杠杆越大，负债率越高，企业的风险就越大。由此可见，虽然高杠杆会带来更高的ROE，但不同于前两驾马车，黑马杠杆并非越大越好。

当然，如果老板非常保守，不愿意负债经营，那么这会导致黑马杠杆太小，企业无法借力，最终企业的ROE过小。过于保守的老板不是合格的企业家，因为从词源上看，"企业家"源于法语中的entrepreneur，其原意是指冒险事业的经营者或组织者，所以企业家是天生的冒险家，他会想方设法通过加杠杆来放大ROE。

以地产行业为例：为什么地产行业会在短短数年内成长为第一大产业集群？因为地产行业是典型的高杠杆驱动高增长的行业。然而，一旦杠杆过高，各种灾难性后果就会出现，因此国家才提出去杠杆。

我研究过万科和恒大的发展路径，这两家企业2018年的年报显示，它们当年的杠杆都高达8倍。但接下来，这两家企业走上了不同的道路：万科为了活下来，开始去杠杆，其杠杆基本控制在4倍以下；而恒大却选择继续加杠杆，结果一发不可收拾，最终因现金流断裂而破产。

为什么恒大会继续加杠杆？也许你能从巴菲特的这句话中找到答案："财务杠杆会让人上瘾，一旦利用财务杠杆获得了高额利润，就极少有人会再采用非常保守的负债比了。"因此，黑马杠杆是一把双刃剑：它能快速放大企业的回报率，让经营者越用越上瘾；但经营者如果控制不好它，就会把企业拖入深渊。

归根结底，经营企业不是比谁赚得多，而是比谁活得久。企业要想活得久，关键在于控制好杠杆。从业30多年来，我见证了无数企业由盛转衰，正所谓"眼看他起朱楼，眼看他宴宾客，眼看他楼塌了"，这些企业不是赚得不够多，也不是赚得不够快，而是赚得不够好。

究其根源，那些被杠杆压垮的企业错在哪里？错在经营者缺乏现金思维。企业运营需要现金，而增加现金只有两个入口：一是股东增资；二是负债，负债又分为经营债和金融债。经营债是指通过应付款和预收款的方式，向供应商和客户融资，这种负债没什么风险。金融债则是指企业在筹资过程中产生的负债，比如向银行或第三方机构借款。在向银行借款时，企业要提供担保、抵押和支付利息。从银行借不到钱时，企业甚至会转向借高利贷。企业借高利贷本来是为了"输血"，可一旦赚取的利润无法覆盖高利贷产生的高额利息，企业就会陷入被高利贷"吸血"的危险境地，这样的惨剧比比皆是。

经营过企业的人都明白：现金流比利润更重要。利润或高或低并不会让企业面临生死存亡的风险，而一旦现金流出了问题，企业就会有覆灭的风险。所以，有利润的企业不一定健康，而有现金流的企业一定健康。这就是为什么拼多多、滴滴、京东这类互联网企业在创业早期一年亏损几十亿甚至上百亿元，却仍然在资本市场拥有极高市值。

由此可见，三驾马车是相互联动的：如果企业只关注利润，不关注资产，那么资产会反过来吞噬利润，同时影响企业的现金流，进而逼迫企业使用高风险资金，最终将企业推入险境。这就是利润的局限性，也是为什么巴菲特在做出投资决策时推崇ROE而不是利润。

因此，经营者要升维目标，锁准经营的靶心：从经营利润转向经营ROE。ROE比利润更高维、更全面、更持续，质量也更高。这就要求企业家和管理者既要有利润思维,又要有资产思维,还要有现金思维。换言之,他们既要考虑白马盈利靠什么支撑,又要考虑赤马效率如何周转,更要考虑黑马杠杆怎么用才安全。只有三驾马车并驾齐驱,企业才能真正实现ROE最大化。

案例解析[①]:以小胜大的奥秘

为了验证"ROE比利润更高维"这一观点,我在A股市场精心挑选了两家企业进行对比研究,持续跟踪分析了9年。

我挑选的第一个研究对象是中国工商银行(下文统称"工商银行"),该企业因在全球银行中赚钱能力排名第一而闻名。工商银行2006年登陆资本市场,2023年全年利润高达3 639.93亿元。你可能对这个数字没什么概念。中国A股市场一共有5 000多家上市公司,扣除所有上市银行企业,剩下的上市公司全年利润总额不足3万亿元。也就是说,工商银行一家的利润就超过了这么多上市公司利润总额的10%。

和工商银行形成对比的是晨光文具。如果把工商银行比喻为一头"大鲸鱼",那么晨光文具相当于一只"小虾米"。晨光文具2015年1月才登陆资本市场,2023年全年利润为15.27亿元。

基于此,让你做出投资决策:向股票市场投资100万元,你会选择工商银行还是晨光文具呢?我曾经在多个公开场合做过调研,结果显示:超过85%的人会选择工商银行。

---

① 案例中的数据均来自各公司历年年报。

这个选择正确吗？让我们用市场的真实数据来检验。

假设你在2015年1月27日分别向两家企业投资了100万元，9年后收益如何呢？如表1-1所示，晨光文具的股价从每股13元一路飙升到每股81元，年复合增长率为23%，而工商银行的股价从每股6.3元微涨至11.3元，年复合增长率仅为6.7%。答案呼之欲出：你应该投资晨光文具。

表1-1　工商银行和晨光文具的投资回报对比

公司名称	2015年1月27日	2024年1月27日	年复合增长率
工商银行	6.3元	11.3元	6.7%
晨光文具	13元	81元	23%

为什么晨光文具的年复合增长率是工商银行的3倍多呢？要回答这个问题，我们必须回到ROE这个原点，对其背后的三驾马车进行更细致的分析。

白马盈利：工商银行43%，晨光文具7%

白马盈利反映的是企业1元的销售收入能创造多少净利润。工商银行的净利润率高达43%，而晨光文具只有7%。这意味着同样是1元收入，工商银行能获得4角3分的利润，而晨光文具只能获得7分利润。投资者如果只关注利润，那么大概会选择赚钱能力遥遥领先的工商银行。

赤马效率：工商银行0.02，晨光文具1.65

赤马效率反映的是资产和收入的关系。工商银行的ROE为什么低？问题就出在赤马效率上。工商银行的资产周转率只有0.02,这意味着工商银行每投入1元资产,只能获得2分的收入,50年才能周转1次。而晨光文具虽然利润率不高,但其资产周转率高达1.65,这代表它每投入1元资产,就可以获得1.65元收入,1年能周转1.65次。按照比率计算,工商银行的赤马效率只有晨光文具的1.2%。

那么,哪些资产会影响赤马效率呢?一是应收款,二是存货,三是固定资产。如果一家企业的应收款居高不下,存货高企,固定资产多,那么其赚钱的速度会特别慢;反之,企业的赚钱速度很快。

首先,银行的商业模式是赚取利差,贷给客户的钱都是应收款,因此工商银行的应收款非常多。相比之下,晨光文具的零售业态决定了其应收款相对较少。

其次,中国人民银行规定:商业银行吸收存款必须缴纳一定比率的准备金。准备金是金融机构为保证客户提取存款和资金清算的需要而放在中国人民银行的存款,它相当于银行的存货。而文具属于低值易耗的快消品,因此晨光文具的存货并不多。

最后,工商银行的网点众多,投入的固定资产是巨量的。而晨光文具的零售网点全部采取加盟模式,这意味着它可以借用渠道伙伴的资源来经营,不需要投入太多的固定资产。

以上三重原因叠加在一起,自然会使工商银行的赤马效率远远低于晨光文具的。

黑马杠杆:工商银行12,晨光文具1.8

工商银行属于金融行业,其底层逻辑是借别人的鸡生自己的蛋，用别人的钱来做生意，因此工商银行的杠杆来自行业属性。工商银行的黑马杠杆高达12倍，这是什么概念？工商银行的利润可以放大12倍。

值得玩味的是，晨光文具虽然不属于金融行业，但也能撬动1.8倍的杠杆。它的杠杆来自哪里？这就是后文会详细阐述的类金融模式——一种用别人的资金来经营企业的商业模式。

晨光文具在销售环节多为现金结算，在采购环节却可以占用供应商的账期，这相当于在用供应商的钱经营企业。此外，晨光文具还会向每个加盟商收取5 000元保证金，这相当于借用加盟商的资金来经营企业。一头向供应商借力，另一头向加盟商借力，不属于金融行业的晨光文具也能拥有1.8倍的杠杆。

如表1-2所示，相较于晨光文具，工商银行的白马盈利和黑马杠杆都遥遥领先，但由于赤马效率严重拖后腿，最终工商银行的ROE只有晨光文具的一半多一点儿。

表1-2　工商银行与晨光文具的ROE对比

公司名称	白马盈利	赤马效率	黑马杠杆	ROE
工商银行	43%	0.02	12	11%
晨光文具	7%	1.65	1.8	21%

令人唏嘘的是，企业家通常相互比较的是：公司今年有多少利润，利润比去年增长了多少？但工商银行的案例给了我们"当头一棒"：即便利润高达3 639.93亿元，净利润率高达43%，其ROE也只有11%，远不如净利润率仅有7%的

晨光文具。

因此，在谈论经营目标时，企业应该具备更广阔的视角，从三个维度来思考如何实现ROE最大化：既要关注白马盈利，又要关注赤马效率，还要关注黑马杠杆。即便竞争对手的利润率更高，企业也可以在赤马效率上发力，思考能不能比对手赚钱更快。即使企业无法比对手赚钱更快，它也可以在黑马杠杆上下功夫，在保证安全的情况下，用杠杆来放大自己的回报。

升维干部：从管理型干部到经营型干部

企业需要的是经营型干部，而不是管理型干部

我们先来看一个真实的故事。

2023年下半年，某新能源上市公司的董事长因为读了我的《ROE预算管理》一书，慕名来找我做项目辅导。

这位董事长花了20多年的时间，将自己的企业打造成一家年营收超过100亿元的上市公司。在谈及自己的成功秘诀时，他说："我能取得成功，与所有经营决策都围绕ROE来做分不开。假设有1亿元的本钱，那么如何才能拿到20%～40%的回报？这是我思考问题的起点。为什么是20%～40%？因为我观察过世界上的顶级公司，其ROE基本上在20%～40%，而江苏民营企业的ROE平均值为10%～15%，相比之下后者还有很大的改善空间。"

在一众优秀企业中,他最佩服华为,因为华为全员甚至整个生态链都能做到力出一孔。不过,令他迷惑不解的是:这一"孔"到底是什么?为此,他阅读了大量著作,但始终没有找到答案,直到遇见另一位上市公司创始人。

这位创始人的企业有8万人专门为华为提供技术外包服务,于是该董事长请教道:"你们这8万人的'孔'是什么?"

这位创始人给出的答复是:"这个'孔'就是ROE!"这与该董事长多年的思考不谋而合:无论是股东想要的回报,还是上缴国家的税费,或是支付给员工的工资……所有的一切都要回到ROE这个"孔"。ROE是企业经营的靶心和原点,企业的一切动作都应该围绕它展开。

毋庸置疑,这位董事长对ROE的认知已经到了一定高度,但其经营团队的表现却十分一般:公司近三年来虽然抓住了行业风口,无论是产能、人员还是销售规模都翻了几番,但利润却惨不忍睹,甚至陷入亏损的境地。很快,这家企业就收到了来自证券交易所的问询,要求做出解释:之前提交的预算是盈利为10亿元,为什么最后会变成6亿元的亏损?

更要命的是,企业在资本市场融资的条件之一是,最近三个会计年度连续盈利且加权ROE平均不低于6%。这是一个否决项,意味着:如果这家上市公司不能经营好ROE,它就会失去在资本市场融资的可能,那么它上市还有什么意义?

这让我回想起之前辅导的另一家企业。这家企业的主营业务是高速公路施工,当时该企业正处于高速成长期,本该是高歌猛进的阶段,老板却头疼不已。

为什么？老板向我讲述了其中原委。

3年前，这家企业的产值是6亿元，财务结果显示，公司盈利9%，获得了5 400万元的净利润。高速公路是按照标段投标的，6亿元的产值是由3个标段贡献的，负责这3个标段的3位项目经理在质量、进度、安全方面都达到了一流标准。当年年底，省建投公司对全程各个标段进行评比，该公司的各项指标都遥遥领先，3位项目经理也因此得到了丰厚的奖金。

由于施工质量有口皆碑，这家企业第二年又拿到了30亿元的合同，收入从6亿元增加到30亿元，标段也从3个增加到10多个，3位项目经理升级为公司合伙人，分管多个项目，每年按照分管项目的利润分红。与此同时，公司招聘了更多的项目经理来管理这些标段。新上任的项目经理纷纷向之前的项目经理看齐，对质量、进度、安全抓得非常严格。

然而到了年底，财务结果却令人大跌眼镜：公司盈利1%，净利润只有3 000万元。这让本想靠分红大赚一笔的3位合伙人的如意算盘落空，其收入甚至还不如项目经理的。因此，他们纷纷要求回到项目经理的位置，不再担任合伙人，这让老板哭笑不得。

收入从6亿元增加到30亿元，净利润却从5 400万元跌到3 000万元，这本就让老板心里直犯嘀咕。结果，甲方又传来了一个"好"消息：在年底的标段评比中，这家企业的各项指标遥遥领先，甲方计划明年再给该企业100亿元的合同。

听到这个消息，老板心里犯怵：企业收入为6亿元时，利润率可以达到9%；收入增加到30亿元时，利润率却只有1%；按照这种衰减速度，这张百亿订单很可能会让企业亏损。

他不解地问我："付老师，你说问题到底出在哪里？"

毋庸置疑，问题就出在这群项目经理身上。在调研这家企业时，有一个细节给我留下了深刻的印象：在研究该企业的成本结构时，我发现其施工设备都是按照月度租赁的。当时正值雨季，户外无法施工，这些设备根本没有使用，企业却仍要按月支付高额的租金。为什么这些项目经理对此毫无觉察呢？因为在他们看来，自己只需要负责工程的进度、质量和安全。至于租金，那是公司的事情，与他们并没有什么关系。

后来经过培训和辅导，这些项目经理才意识到：他们不仅要对工程的进度、质量和安全负责，还要对整个工程的利润和成本负责。过去他们是按照月度进行设备租赁的，现在要按照实际工程量来控制成本：工程量大，支出的成本就高；工程量小，支出的成本就低。仅此一项举措，就为企业节省了一大笔费用，而省下来的成本直接变成了企业的利润。

由此可见，这些项目经理虽然专业能力很强，但只懂管理：他们将项目的质量、进度和安全都管理得十分到位，也得到了甲方的高度赞赏。然而，管理只是经营的一种手段。虽然手段很重要，但企业最终要的是结果。如果管理者只关心业务，却不关心财务结果，那么这何尝不是一种本末倒置？

一个真正优秀的管理者应该是经营型干部，他要为企业的经营结果负责。服务企业十多年来，我近距离接触过数以万计的老板，能由衷地体会老板的艰辛、压力和焦虑。老板为什么这么累？因为许多企业从上到下只有老板一个人是真正的经营者，只有老板一个人为经营目标和财务结果负责。但实际上,老板的第一角色应该是投资者,他应该从经营者回到投资者的角色。

一家企业从无到有、从小到大、从弱到强,不可能只靠老板一个人发力,而是要靠一群真正懂经营的经营型干部。因此,当面临难关时,企业要数一数自己团队里有多少经营型干部。前文案例中的两家企业其实陷入了同一个困境:缺少经营型干部。

何谓经营型干部?如果用一句话来定义,那就是为企业的经营目标ROE负责的管理者。在前文的案例中,ROE最终还是挂在"一号位"头上。这些管理者把项目和团队管理得井井有条,但企业的财务表现却一塌糊涂,这说明他们不是合格的经营型干部,没有真正为经营目标ROE负责。从这个角度讲,经营型干部不是由其专业能力界定的,而是由其经营结果界定的。

经营型干部和管理型干部的区别

我们将管理者分成了两类:一类是管理型干部,这是传统意义上的管理者;另一类是经营型干部,这是我们所倡导的新型管理者。二者到底有什么不同?要弄清楚这个问题,我们首先要知道"经营"和"管理"这两个词的区别。

关于这个问题,我们先来听听大师的答案——

管理学之父彼得·德鲁克说:"管理是正确地做事,经营是做正确的事。"

日本经营之圣松下幸之助强调:"管理和经营的基本区别在于,管理是按照既定的方法和规则来执行命令;经营则是自己设定目标,按照自己的方针,用自己的责任付诸实施。"

这两位大师的答案可能对你有所启发，但无法指导你快速地识别这两类人。为了解决这个问题，我们不妨从多个维度来分析这两类人的特征。

工作目标不同

管理型干部就像各管一段的"铁路警察"，通常只管自己的局部业务，不管财务结果；而经营型干部要将业务和财务打通，不仅要管业务，还要对财务结果负责，更要有经营全局的思维。

工作心态不同

管理型干部是典型的打工者心态，属于被动管理，是老板"要我干"；而经营型干部是老板心态，属于主动经营，是"我要干"。

为什么经营型干部是老板心态？因为经营型干部的个人绩效目标是从公司经营目标ROE出发，通过经营预算科学分解出来的。只有公司经营目标ROE达成，个人目标才能达成。正如彼得·德鲁克所言："管理者应该受到经营目标的激励和控制，而不是由上司指导和控制。"当管理者发自内心地以ROE目标为指引时，他自然而然会从"要我干"转变为"我要干"。

工作内容不同

管理型干部只管局部业务的工作效率，面对的是人、机、物、料等，管的是质量、进度和安全。只要把局部业务管好，他就可以下班了，因此管理型干部通常只汇报业务的管理实况，对经营数据闭口不谈。而经营型干部不仅要把业务管好，还要管好财务结果。他既要管盈利，又要管效率，更要管杠杆。因此，经营型干部要将与其岗位相关的收入、成本、利润、现金流、应收款、存货周转天数等数据烂熟于心。

视野格局不同

管理型干部大多各自为政，管的是自己的"一亩三分地"，各下一盘棋。他们往往忽略了公司的经营目标，只追求局部最优，但局部最优并不代表全局最优。例如，如果销售部门只追求收入规模，那么它可能会向客户赊销，结果带来大量的应收款。这不仅会降低企业的赤马效率，还会造成现金流紧张。

古人云："不谋全局者，不足以谋一域。"企业本来就是一个整体，要想实现经营目标，所有部门必须整合在一起，形成一个能创造价值的系统。所以，经营型干部必须有全局观，与其他部门相互协作、上下对齐、左右拉通，最终所有部门力出一孔，拧成一股绳，共同经营ROE一个目标。

评价方式不同

对管理型干部的评价通常取决于工作任务的完成度。只要完成了工作任务，即便公司没有赚钱，他们也能拿走属于自己的绩效奖金。而经营型干部的绩效是用ROE来评价的，由投入和产出关系决定，因此经营型干部的绩效必须与公司的经营目标ROE形成强关联。只有公司的经营目标实现了，经营型干部个人的绩效目标才有可能达成。

思维方式不同

管理型干部通常用的是业务语言，抓的是流程和制度；而经营型干部用的是数据语言，用数据来驱动经营决策，且所有数据源自同一孔——ROE。

综上，企业很快就能判断出团队中有多少经营型干部。

如果你的企业正面临挑战，那么最佳的破局点在管理者身上。只有把管理型干部升维成经营型干部，企业才能彻底解决经营结果不理想的问题。

幸运的是，那位从事高速公路施工业务的老板听从了我的建议，把精力放在了培养经营型干部上。两年后，我在行动教育校长节上再次偶遇他，他容光焕发地向我报告喜讯："付老师，我们没有亏损，那张百亿订单实现了5.7%的盈利。但是，这不是我要向您报告的。我要报告的是，我们公司现在已经培养出了几十位懂财务、懂ROE的经营型干部。"

我理解这句话背后的深意：业绩只是表象和结果，推动业绩增长的人才是根因。于他而言，盈利能力和ROE的提升只是副产品，真正的财富是培养了一群经营型干部。这群经营型干部才是保证ROE持续增长的动因。

在我看来，好公司与坏公司最大的差距从来不是技术上的差距，也不是规模上的差距，而是人才上的差距。更准确地说，企业有没有一群能帮助老板分担经营目标的经营型干部？如果企业把责任和压力放在老板一个人身上，或放在极少数的高管身上，那么这家企业是走不远的。

读到这里，有些读者可能会萌生一个想法：要不要把不合格的管理者开除呢？

我郑重地提醒各位：管理型干部和经营型干部不是替代关系，而是迭代关系。企业仍然需要他们管质量、管进度、管安全，但他们只会管理业务还不够，必须学会ROE经营：既能管盈利，又能管效率，更能管杠杆。因此，如果说管理型干部是正确地做事，那么经营型干部是先做正确的事，再正确地做事。

由于工作的关系，我近距离接触过大量企业，其中不乏一些知名上市公司和头部企业。即便是这些优秀的企业，经营型干部也屈指可数。为什么经营型干部如此稀缺呢？

追根溯源，企业缺少的不是经营型干部，而是一套经营型干部的培养体系。一旦体系建好了，企业能培养多少个经营型干部，就能打造多少个ROE增长引擎。

在与一位上市公司老板交流时，他有一段极其深刻的自省："我不能怪经营团队，因为公司培养经营型干部的体系还没有建立起来。只有让每一个管理者都成为经营型干部，公司才会真正进入新的阶段——所有权和经营权有效分离。无论如何，ROE这个目标不能只放在老板头上，而是要分解到各个业务部门，变成管理者的考核指标，然后公司再根据达标结果来匹配相应的激励机制。因此，ROE不是一个简单的财务指标，而是倒逼公司升级经营系统的高维目标。基于这个高维目标，经营团队会指导整个公司的资源调配，推动组织变革，推动人力资源考核体系的变革。这是一个完整的变革系统：从战略到组织，再到激励和考核体系，全部都以ROE为基准，力出一孔，利出一孔。"

这位老板的自省可谓一针见血。历史和实践证明，任何时候、任何地方、任何组织，缺的都不是人才。人才并不难找，难的是构建让人才成长的好平台、好体系。经营型干部作为企业的关键人才，更加需要一套培养体系。本书的任务正是系统地回答这个问题。一旦管理者通过这本书学会了如何经营ROE，真正升维成经营型干部，企业的ROE增长自然会水到渠成。

构建培养体系：经营型干部的五项修炼

每家企业都想拥有一群优秀的经营型干部，那么如何将管理型干部升维为经营型干部呢？企业往往缺少一套行之有效的方法论。其实，我对这个问题的思考源于多年前遭遇过的困境。这还得从我的一段职业经历说起——

20多年前，我加入了中国最大的综合类民营上市公司复星集团。复星集团创立于20世纪90年代初，从3.8万元起家，截至2024年6月总资产达8 000多亿元。其控股的上市公司超过15家，几乎所有资产都已证券化，公司不断在资本市场通过增发、配股、发债来展开全球兼并收购业务。那么，复星集团是如何实现资产规模增长超2 000万倍的呢？我在这家企业做了8年财务总监，亲眼见证了它的发展历程。

与所有企业一样，复星集团靠产品经营积累了第一桶金。1998年，其旗下的复星医药在上海证券交易所上市，募集了3.5亿元的资金。随着复星医药的上市，创始人郭广昌很快见识到了资本的力量。他突然发现，原来企业实现增长有两种方式：一种叫内生增长，完全靠自己的产品经营来驱动增长；另一种叫并购增长，即通过并购优秀企业快速做大规模。

内生增长和并购增长有什么区别呢？内生增长相当于"种

菜"：你想吃一棵大白菜，需要经过松土、播种、施肥、浇水、除虫、收割6道工序；种菜的速度极慢，你需要辛勤耕耘一个季度才能拿到成果。而并购增长相当于"买菜"：你想吃一棵大白菜，根本没必要那么辛苦，直接去超市买一棵就行了；买菜的速度非常快，半个小时就能拿到成果。

发现了这个秘密后，复星集团开始从"种菜"模式转向"买菜"模式。但是，种菜有种菜的逻辑，买菜也有买菜的逻辑。为了买到最优质的"大白菜"，复星集团建立了一个有效的并购模型。什么样的企业能够成为它的并购对象呢？并购对象必须满足三个画像。

一是好团队

复星集团的董事长非常睿智，他明白人是企业的根本，投资就是投人，并购就是并人，好团队才是一家企业实现成功的基础。后来实践也确实证明了这一点：如果并购后清退掉原来的经营团队，那么这无异于买椟还珠。

二是好业绩

如何评估一家公司是否具备并购价值呢？我们选择的衡量指标就是巴菲特最喜欢的ROE，这是评估一家企业经营成果最好的指标。只有ROE高于18%的企业，才能进入复星集团的视野。

三是好价格

并购对象的质地要好，同时价格要便宜。

按照"三好"画像，复星集团在全国甚至全球范围内展开大规模并购。其实，并购不是目的。那目的是什么呢？并表。因为按照我国相关法律的规定，当一家公司拥有另一家公司50%以上的股权或拥有该公司董事会的多数席位时，两方可以合并报表。

假设这家上市公司原来的利润表显示：10-7=3，即收入为10亿元，盈利为3亿元，被收购公司的利润表也显示：10-7=3，那么报表合并后，利润表就变成了：20-14=6。一夜之间，该上市公司的收入规模变成了20亿元，利润增加了1倍，高达6亿元。

当利润大幅增长时，这家上市公司就可以在资本市场融到更多的钱。上市公司就像一台"印钞机"，"印钞"的方法有三个：一是向新股东增发股票，二是向老股东配股，三是直接发行公司债券。

现在让我们来回顾一下这条新的增长路线。首先，企业要向"三好"企业发起并购，并购的目的是并表，并表的目的是融资。融资并不是最终目的，目的是什么？发起下一轮并购。并购后再并表，之后再融资，融资后再并购……最终形成一个"并购—并表—融资—再并购"的正向循环。随着循环的次数增多，企业的资产规模会像雪球一样越滚越大。

你可能会有疑问：如果这条增长之路如此简单，那为什么其他上市公司不复制这个模式呢？原因很简单，并购会带来新的问题。前文讲过：投资就是投人，并购就是并人。我们在收购了上百家公司后，发现这些公司存在一个共性问题：管理型干部多，经营型干部少。这些人员管流程、管制度没有问题，但要求他们围绕ROE做经营却很难，他们甚至都没听说过这个指标。

怎么办？作为投资方，我们也万分焦急。人一着急，就会出"昏招"。一开始，我们选择的解决方案是招聘一批职业经理人，替换掉原来的团队，后来发现这是最大的败笔。如果你在收购一家公司后，把原来好端端的管理团队撤换掉，这家企业很快就会走向衰败。因此，我们不能更换人，只能培养人。

谁来培养呢？董事会把这个压力传递给我，希望我带着这群人从管理走向经营。

我要用什么方法才能把管理型干部培养成经营型干部呢？经过深度思考，我决定以终为始，回到原点来思考：既然董事会要的是ROE结果，那我就教这些人员学会经营ROE。这样一来，问题就变成了：如何让这些干部经营好ROE？

管理学大师彼得·德鲁克在《管理的实践》一书中早已做出论断："企业管理说到底就是目标管理。"经典管理理论对目标管理的定义为：目标管理是以目标为导向，以人为中心，以成果为标准，使组织和个人取得最佳业绩的现代管理方法。目标管理又称"成果管理"，是指自上而下地确定工作目标，并在工作中实行自我控制，自下而上地保证目标实现的一种管理办法。

如果企业的经营目标是ROE，那么如何保证ROE目标可以达成呢？以下是经营型干部的五项修炼。

第一项修炼：经营目标——升维目标

目标管理的第一步是确定公司总体的经营目标，这是经营的起点。如果起点错了，那么后续所有动作都会南辕北辙。因此，经营型干部的第一项修炼是：弄明白企业的经营目标到底是什么？

曾经有一位管理者向我坦言："过去我们公司也提出了'人人都是经营者'的口号，但实际上，所有干部还是围绕管理流程去开展所有工作的。"为什么？因为没有正确的经营目标的牵引，所有人都各自为战，企业犹如一盘散沙。归根结底，目标管理是一种以终为始的思维方式，目标决定了实现路径，目标决定了资源布局。只有把正确的经营目标分解给每个部门，并最终分解至具体的个人，大家才知道应该做好哪些关键任务，经营好哪些财务指标。因此，一旦经营目标定错了，个人的工作一定会出错。

在经营实践中，99%的企业制定的经营目标都是低维的利润目标。如前文所述，如果企业只追求利润，不管理资产，那么不良资产最终会变成成本，反过来"杀掉"利润。与此同时，不良资产会占用企业的现金流，最终出现现金流断裂的危机。这就是利润目标的局限性，它会把经营型干部引入歧途。

一家企业自上而下可以分成4个层级，即决策层（投资者）、经营层、管理层和操作层。企业是由投资者也就是决策层出钱创立的，而投资的目的是追求回报，评估回报的指标就是ROE。为了获得回报，决策层要任命经营层来负责具体经营任务。经营层再授权给管理层，由管理层整合经营层所提供的资源，达成决策层期望的回报。因此，无论是经营层还是管理层，都直接为投资者服务。

由此可见，经营层和管理层的经营使命是满足投资者对ROE的期望。2 500多年前，老子说过一句名言："圣人无常心，以百姓心为心。"回到企业经营，经营型干部也要站在投资者的角度思考问题，以投资者心为心，以ROE为经营目标。否则，你可能尽心尽力做了许多事情，但结果未必是投资者想要的。

事实上，投资者和经营者是一枚硬币的两面：投资者要投资ROE高的企业，经营者则要经营ROE高的企业。这就是经营型干部的第一项修炼：将经营目标从利润目标升维到ROE目标。

第二项修炼：经营预算——分解目标

经营型干部明确了ROE这个经营目标后，接下来要修炼什么功夫？用经营预算来分解目标。

企业经营面临的首要问题从来不是产品、技术，也不是市场，而是人。如何让所有人都明白企业的经营目标，并把企业目标转化为经营型干部的个人目标，确保经营目标纵向一致和横向协同，实现上下一致、左右对齐，打通个人绩效目标与公司经营目标的一致性？这是企业要解决的问题。

彼得·德鲁克在《管理的实践》一书中提出了"目标管理和自我控制的主张"，他认为"企业的目的和任务必须转化为目标。如果企业没有总目标及与总目标相一致的分目标来指导员工的生产和管理活动，那么企业规模越大，人员越多，发生内耗和浪费的可能性越大"。因此，目标管理的第二步是将ROE这个大目标层层分解，一直分解到各个业务单元，形成公司的绩效KPI（关键绩效指标）全景表，明确经营型干部的KPI，同时公司与其签订《经营目标责任书》。

但是，大多数企业是没有这个过程的。曾经有一位企业家告诉我，他们公司很早之前就想把ROE目标往下分解，但苦于找不到方法。如何将企业的ROE大目标分解到经营型干部头上呢？这要靠经营预算。通过经营预算，每个经营型干部都能推演出自己的目标并形成承诺，这可以推动他们进行自我管理。自我管理是管理的最高境界，经营预算体系可以围绕经营型干部形成一个良好的自我管理、自我约束和自我纠偏的机制。

如果一名经营型干部不懂得预算，他就不合格。为什么？德鲁克曾一针见血地指出："预算如今已远不止是一种财务工具，它已经成为一种管理工具。经验丰富的管理者可以借助预算对所有的计划进行组织。预算也是确保企业把关键资源，尤其是优秀的人员分配到最迫切需要的、最有利于取得杰出绩效的地方的最佳工具。此外，预算是对全体员工进行整合，特别是对管理者进行整合的工具。"

为什么说经营预算是管理工具呢？因为预算是通过资源配置来支持经营目标ROE实现的手段。

如果某公司明年要实现ROE为20%的目标，那么各业务部门的干部应该如何驾驭三驾马车？他们应分别承担哪些经营指标？要完成这些经营指标，企业需要配置哪些资源？如果没有这个推演过程，企业就是盲人开车，开到哪里算哪里。只有先推演出达成ROE目标的最优方法，先算后做，先胜后战，找到资源配置的最佳方法，企业才能保证ROE目标真正达成。企业只有事先"算赢"，未来在实际经营中才有可能赢。算都算不出来的目标，其实现的可能性微乎其微。

推演经营预算的过程，就是分解ROE目标的过程。如果把ROE这个终极目标看成一个完整的拼图，各个业务部门的干部要承担的绩效目标就是属于自己的那一小块拼图。基于这个绩效目标，企业再来评估应该配置多少资源。最后，只要每个干部的经营目标完成了，整个企业的ROE目标也就完成了。这就是"大图拆小图，小图拼大图"的过程。

第三项修炼：经营分析会——追踪目标

经营目标被分解到经营型干部头上后，会自动达成吗？不会！我见过太多企业将目标分解下去就不管了，坐等年底验收。结果到了年底，实际业绩离目标还差一大截！因此，目标被分解到经营型干部头上后，企业不能放任自流，每个月都要追踪目标。企业要通过每月的经营分析会定期对目标进行追踪，还要通过持续检查与评估发现问题与偏差。最后，企业要回到业务场景，找到数据异常背后的根因。

如何全面地分析每个月的经营结果？企业要从财务报表中抓取哪些关键的"牛鼻子"数据？如何对三驾马车数据进行深度加工，以考察各业务单元在白马盈利、赤马效率和黑马杠杆上是否达成预算目标？与去年同期相比，企业的经营能力是否得到了提升？与标杆企业相比，经营能力是否还有很大的差距？……为了更好地诊断经营结果，我自创了一套用于经营分析的系统工具——经营雷达。经营雷达就像是一把手术刀，可以让经营型干部如庖丁解牛般剖析ROE经营的多个层面，诊断企业的各项经营指标是否健康，并找到核心问题。

当然，经营型干部要了解经营雷达的内在逻辑，识别出关键指标，读懂关键指标与业务的关联，从关键数据中发现业务经营中存在的问题和机会。企业通过经营雷达，可以透过报表看经营，穿透数字看本质，从而把三驾马车的各项指标全都看得清清楚楚：预算数据是多少？完成情况怎么样？问题出在哪里？根因是什么？未来应该往哪个方向改进？

第四项修炼：三驾马车——达成目标

出现差距不可怕，可怕的是找不到缩小差距的方法。因此，经营型干部的第四项修炼是"干明白"：针对经营雷达反馈的问题，通过驾驭三驾马车找到下一步的改进措施，从而达成目标。

当前企业处在VUCA时代，即面对的是一个具有易变性（volatility）、不确定性（uncertainty）、复杂性（complexity）和模糊性（ambiguity）的世界。在这种高度不确定的环境下，经营者如何驾驭好三驾马车，达成ROE目标？经营型干部要找到每一驾马车背后的"牛鼻子"因素。

首先，要想让白马盈利赚得多，关键在于控制好成本。成本控制得越好，企业赚得越多，白马盈利就越多。沿着这个思路，企业要找到低成本方法，持续降本。后文会讲述经营型干部如何站在全价值链的角度重新思考低成本创新。

其次，要想让赤马效率赚得快，核心在于控制好资产规模。企业的资产主要包括应收款、存货、固定资产和长期投资。那么，经营型干部应该如何管理这些资产，持续为企业增效？后文会详细解答。

最后，与前两驾马车不同，黑马杠杆有其两面性：正面是金融杠杆，反面是经营风险。因此，黑马杠杆不是越大越好，企业要在保证安全的前提下适当用好杠杆。那么如何驾驭好黑马杠杆呢？核心在于甄别杠杆的好坏——拒绝坏杠杆，撬动好杠杆。如何区分好杠杆与坏杠杆？安全的好杠杆有哪些？如何撬动这些安全的好杠杆，帮助企业持续造血？这些是第三驾马车要解决的问题。

如果经营型干部能游刃有余地驾驭三驾马车，持续为企业降本、增效和造血，那么企业的ROE目标自然能达成。

第五项修炼：经营资本——超越目标

诺贝尔经济学奖获得者乔治·斯蒂格勒曾提出一个观点：当今美国没有一家大公司不是在某个时刻用某种方式进行兼并重组而发展起来的。在复星集团的工作经历也让我切身感受到了这一真理。

企业发展到某一个阶段，尤其是将ROE经营起来以后，必然面临对接资本。资本市场是一个更大的杠杆，会放大企业在产品经营中获得的利润。到了这个阶段，市场考验企业的不再是用产品创造财富的能力，而是运用资本杠杆放大股权价值的能力。

2024年上半年，一位山东的企业家和我分享了他与资本接触的一段经历：他的企业在某个细分行业属于第一梯队，因此有资本有意收购他的企业，但双方谈了许久，始终很难达成合作。障碍在哪里？他知道自己的企业很赚钱，却不知道如何让自己的企业值钱。赚钱和值钱是两套规则：赚钱遵循的是产品经营逻辑，而值钱遵循的是资本市场的规则。大多数经营者懂赚钱逻辑，但不懂值钱的规则。

前文说过，企业实现增长有两种方式：一种是内生增长，另一种是并购增长。从内生增长到并购增长的转变，就是从经营产品到经营资本的跃迁，而经营资本是经营企业的最高维度。

经营资本有两条路径。一是企业通过上市，让自己成为"豪门"。一家企业如果将产品经营得非常出色，就会吸引券商的注意，它们会主动提出支持该企业完成上市。二是企业通过兼并收购，把自己"嫁入豪门"。如果企业没有条件独立上市，那么被其他上市公司并购也是一条不错的出路。

无论是上市还是并购，都要求经营型干部从单一的产品经营转向产品经营与资本经营的结合。这意味着经营型干部要了解资本的游戏规则。经常有企业家表示懊悔："付老师，我要是早点儿认识您就好了！之前在并购的过程中，我们不懂资本的逻辑，最后导致企业被贱卖。"这些企业家辛辛苦苦干了二三十年，结果却被资本割了韭菜，类似的故事数不胜数。为什么？因为做企业和卖企业是两门不同的学问。经营者不仅仅要经营一家赚钱的企业，更要经营一家值钱的企业。

图1-1所示的是一个完整的ROE经营模型。本质上，经营型干部是围绕ROE这个经营目标来驾驭三驾马车的，而达成目标要靠一套目标管理的循环系统：升维目标—分解目标—追踪目标—达成目标—超越目标。经过这五项修炼，经营型干部就能厘清整个ROE经营的脉络：瞄准ROE这个终极目标，以经营预算为抓手分解目标，拆解出每位经营型干部应该达到的目标；再以经营雷达为抓手，开好经营分析会，每月追踪经营目标的进度，找问题、找原因、找方法；之后驾驭三驾马车，通过低成本、轻资产、类金融模式实现降本、增效和造血，确保经营目标的达成；最后从产品经营升维到资本经营，让企业从一家赚钱的企业变成一家值钱的企业。本书沿着这个经营模型层层推进。

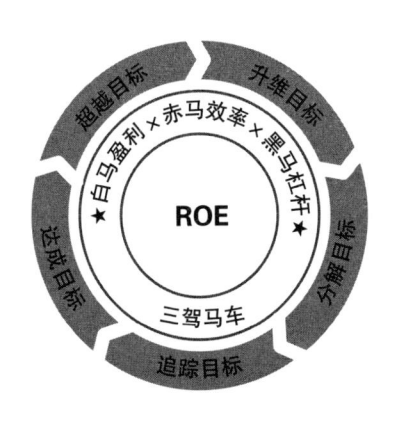

图1-1 ROE经营模型

实践证明：经过这套体系3~5年的锤炼，组织的经营能力会大大提升，整个团队的面貌会焕然一新，企业内部会涌现出一大批懂财务、懂ROE的经营型干部，企业的ROE水平更是会水涨船高。因此，我始终认为一家企业最大的财富不是有多少厂房、生产线、资金，而是有一群真正懂经营的干部。反之，如果企业的干部不懂经营，企业的发展就会很难。

2022年，我服务了一家从事精密铸造业务的企业，这家企业有1 000多名员工，年营收规模超过10亿元。创始人对我说："我们公司做了很多年的经营管理培训，包括精益生产、5S管理、阿米巴……说实话，我觉得每一种管理体系都有它的用处，但它们也给我带来了困惑——为什么我们做了很多管理上的努力，产值年年增加，但利润却年年下滑？大家看起来很拼命、很努力，但一直没有一个比较好的回报。"

通过学习ROE经营预算，他找到了答案："实际上，我们过去做的每一种管理培训都是一个信息孤岛：精益生产、5S管理、阿米巴都是相对割裂的。公司内部并没有一种很好的语言体系把1 000多名员工的思想统一起来。总经理说的话，高层能听懂，中层能听懂一部分，基层员工根本听不懂。公司如果以经营ROE为主线，就可以把每个人都调动起来，把所有的管理型干部都发展成经营型干部，真正改变大家的沟通方式。这样每个人都会设身处地为公司着想——怎么样创造效益？怎么样创造利润？"这段思考真是鞭辟入里，一语道出了ROE经营的灵魂。

至此，我已经将ROE经营的理论模型和底层逻辑介绍清楚了。接下来，让我们一起体验ROE经营之旅。

第二篇

经营预算——分解目标

第2章

预算是经营型干部的元能力：
先算后做，先胜后战，未战先赢

预算是经营导航：从偶然成功到必然成功

任何人要完成从管理型干部到经营型干部的转型，都要经历五项修炼：升维目标—分解目标—追踪目标—达成目标—超越目标。上一篇讲述了第一项修炼：升维目标，帮助经营型干部厘清了ROE才是真正的经营目标。接下来，我们将用四章的篇幅详述经营型干部的第二项修炼：经营预算，即分解目标。

预算是什么？预算是经营导航。如果你打算从北京开车到上海，那么你要做的第一件事情是什么？打开导航软件，输入起点和终点，从系统生成的多个方案中选择一条最合适的路线。接下来，你只需要跟着导航走，就能轻松到达目的地。同样，经营企业也需要导航。如果企业要达成ROE为20%的目标，那么如何配置资源才能实现这个目标？经营预算要把整条路线规划出来。

由于工作的关系，我接触了大量的民营企业家。他们大多起家于草莽时代，顺着时代的浪潮，抓住一个机会就把事业做成功了。然而，企业越做越大，员工越来越多，他们却越来越睡不着觉了。为什么？没有安全感。很多企业看似赚了很多钱，规模很庞大，其实并不安全。因为这些企业家只是凭感觉做事，就像是踩着西瓜皮往前冲，滑到哪里算哪里，根本不清楚下一步会不会坠入深渊。

如何告别这种"踩着西瓜皮"经营的状态？企业必须装上预算这一导航系统。导航是以终为始精准定位的，只要输入起点和终点，路线图马上就出来了。因此，企业要在前一年就计算出下一年达成目标的经营路径，提前计算好资源配置，这样就不会只凭感觉去经营了。

经营型干部在这个经营导航中扮演哪些角色，负责哪些经营指标？这是经营预算要解决的问题。许多企业最大的问题是只设定了经营目标，却没有推演达标路径。这会导致什么后果呢？虽然企业定了经营目标，但目标仍然挂在一号位头上。企业只有将ROE目标分解为三驾马车，再分解至采购部、生产部、销售部、售后部……各部门再把目标层层分解到下一级，以此类推，才能实现"千斤重担万人挑，人人头上有指标"。

借用《孙子兵法》中的思想来表达，预算就是先算后做、先胜后战、未战先赢。打仗的前提是先"算赢"，为了达成目标，企业一定要投入资源。从这个角度看，经营企业就是经营资源。企业拥有人、财、物等资源，如何保证资源投入最少，产出最高？经营型干部要对准经营目标，用经营预算来优化资源配置的方式。企业的资源是有限的，而人的欲望是无限的。假设一家企业的利润表显示：10-7=3，即收入目标是10亿元，利润目标是3亿元，那么这家企业可以动用的资源总共只有7亿元。这7亿元要分给销售、采购、生产、研发等部门。资源一共就这么多，销售部分多了，生产部就分少了……如何保证资源配置效率最高呢？企业只能靠经营预算来推演，只有先算后做，才能保证资源被放在可以产生价值的地方。也就是说，投入资源的前提是先算明白能有多少回报，这就是孙子提出的"先胜"理念。只有算得清清楚楚，才能干得明明白白。一旦第二年的战略目标定好了，经营团队就要先算好到底投入多少人、财、物资源，确保能打赢后再去经营。如果没有计算出回报，团队就要重新思考人、财、物的分配。

我经常强调：做经营预算是一个经营型干部的元能力。作为一名经营型干部，预算能力是最根本的能力，是经营业务的第一能力。如果一个干部没有预算能力，那么老板很难会相信他能经营好一个部门。为什么？因为在竞争越来越激烈的商业环境下，账都没有算清楚就一股脑儿往前冲，只会白白浪费企业的资源。每个干部都要学会做经营预算，如果根据经营预算都算不出来回报，那么企业不值得再投入资源。经营型干部的职责就是充分利用企业提供的各项资源，达成投资者所期望的回报。而评价一个经营型干部最好的办法，就是评估其配置资源的能力。

反观大部分企业，它们是如何配置资源的呢？根据我的观察，当前企业在资源配置上存在三大痛点。

痛点1：没有预算——收入年年增长，利润却节节下滑

在服务企业的过程中，我经常遇到这类企业：收入年年增长，利润却节节下滑。为什么会增收不增利？因为企业没有对成本进行预算，导致钱花多了，成本失控了，本来以为利润表会显

示 10-7=3，结果利润表显示 12-13=-1。

做预算就是做资源配置，而资源是企业的成本。如果没有对成本进行预算，企业的人、财、物三大成本分配就会出问题。就像开车没有导航，施工没有施工图，不确定风险是巨大的。我见过太多企业在经营过程中突然盈利几千万元，又突然亏损几千万元。这种"一惊一乍"的状态，恰恰说明这家企业的经营能力太差。

我非常推崇德鲁克的一个观点："以前我不知道好公司的标准是什么，后来发现，一个平静无波的公司，必是管理上了轨道。"确实如此，一家好公司是很少有意外发生的，一切事项都先算后做，每个项目盈利多少、亏损多少，老板心里早就算得一清二楚。

总之，经营企业要的不是偶然成功，而是必然成功。必然成功来自哪里？来自提前"算"。中国自古就重视"庙算"，《孙子兵法》全文6 000多字，中心思想就是一个"算"字。无论是"五事七计"，还是"算粮草""算地形"等，都是为了增加算赢的概率。因此，孙子说："胜兵先胜而后求战，败兵先战而后求胜。"

打胜仗的军队总是在有取胜的条件时才会出手，而打败仗的军队总是冲上去就打，希望找到机会侥幸取胜。这背后其实是两种完全不同的思维方式：前者要的不是偶然成功，而是必然成功，其所有成功都建立在精心计算的基础上；后者本质上是赌徒思维。企业每年要投入数以亿计的资源，如果不提前计算这些投入能不能带来回报，这就是一场豪赌，赌赢了就成功，赌输了就失败。

痛点2：虚假预算——错把预测当预算，认认真真走过场

这类企业的经营团队已经有了预算的概念，知道经营是先算后做，先胜后战。因此，每年的第四季度公司内部都会启动预算，但遗憾的是，它们做出来的是虚假预算。

一提到预算，99%的人都会想到财务。因为财务部门是主导财务数据的部门，所以很多企业理所当然地把预算交给财务部门去做。财务部门确实很努力地做了：每到年底，财务部门就会加班加点，为老板赶制一沓预算报表，希望能给业务部门赋能。但这却始终没什么效果，为什么？因为财务部门根本不了解业务，只能在去年的数据上修修补补，凑出一个老板想要的结果。这样的预算充其量只能叫预测，根本无法用于企业经营。

事实上，预算从来都不是财务部门一个部门的事情，财务部门要负责的是核算。核算和预算是完全不同的逻辑：核算是后算，算的是过去，当财务部门开始核算时，经营结果已经产生了，一切已成定局，无法改变；而预算是先算，算的是未来，是对下一年度的经营计划进行预演。如果预演时出现亏损，企业就要反过来重新调整资源配置，直到推演出足够高的ROE。因此，预算实则是各个业务部门以ROE目标为导向，寻找最佳的资源配置方案。

真正有效的预算一定不是财务部门做的，而是各个业务部门的经营型干部做的。预算能力是经营型干部的元能力，一个不会做预算的经营型干部，就像是一个不会制订作战方案的将军。

痛点3：低维预算——今天赚利润，明天杀利润

这类企业对预算的理解相对深刻了一些：经营团队已经知道预算需要全员参与，但对经营目标的认知还停留在比较低的层次。团队的视角非常单一：既要盈利，又要盈利，还要盈利。因此，团队只做好了利润预算，完全忽略了资产预算和现金预算。遗憾的是，绝大部分企业都只会做低维的利润预算，甚至不少上市公司也是如此。

我在2023年服务了一家企业，该企业从2021年开始做预算，但遗憾的是，它做的是低维预算，只确定了白马盈利目标。最后，这家企业2021年和2022年的白马盈利达成了，但与此同时，产生了9亿多元的应收款。后来，企业将这些应收款分解，发现大量应收款逾期，其中有2亿元应收款超过2年没有回款，风险巨大。这2亿元应收款本质上已经从资产转化为成本，企业必须计提坏账准备，冲减2亿元的利润。你看，这就是开展低维预算的后果：今天赚利润，明天杀利润。因此，我经常同企业家讲：利润预算是低维预算，ROE预算才是真正的高维预算。

传统预算与ROE预算的区别

在导入ROE预算之前，企业首先要解决认知上的问题：传统预算与ROE预算到底有什么区别？只有认识到二者的差异，企业才能明白为什么应该摒弃传统预算，转而选择ROE预算。

预算目标不同

传统预算以利润为目标,而ROE预算以ROE为目标。

ROE预算是围绕最终的经营目标ROE展开的,ROE是资本市场评估企业好坏的重要标准。企业从一开始就要择高而立,站在资本的角度看经营,站在经营的角度看预算。传统预算往往只包括销售预算、成本预算或费用预算,而ROE预算来自三驾马车预算,三驾马车预算又来自三大报表。因此,ROE预算是全报表预算:既要预算利润表,又要预算资产负债表,还要预算现金流量表。

从某种意义上说,预算是指提前一年做出三大财务报表。这三大报表的数据来自哪里?业务预算。业务预算要贯穿整个业务价值链,通过市场部、研发部、生产部、销售部、售后部、人力资源部、行政部、财务部形成销售预算、采购预算、生产预算、费用预算、应收款预算、存货预算、应付款预算、投资预算、融资预算等。最终,企业就能将ROE这个大目标分解到整个价值链的所有环节,真正做到"千斤重担万人挑,人人头上有指标",让每个人的工作都为ROE负责。

预算体系的主导者不同

传统预算由财务部门主导,ROE预算由业务部门主导。

传统预算通常是由财务部门主导编制的,同时财务部门管控着整个企业的预算。这带来的结果是财务部门推不动业务部门,因为业务部门一开始就没有真正参与进来。而ROE预算是一种高维的预算管理方法,强调的是谁负责、谁编制、谁管理。采购部的预算由采购部负责,因此交由采购部编制和管理;销售部的预算由销售部负责，故交由销售部编制和管理……

因此，ROE预算体系由各个部门自己编、自己管，各个业务部门先编制出业务预算，再交由财务部平衡编制财务预算、三驾马车预算和ROE预算。当公司所有部门都参与进来自编自管后，预算才真正贴近业务部门的真实情况，才能真正指导企业经营。

预算重心不同

传统预算的重心是业绩，而ROE预算的重心是培养经营型干部。ROE预算将重心放在育人上，而不是预算本身。企业要想持续实现增长，经营型干部是根本，而经营型干部是靠体系培养出来的。

为什么所有部门都要参与预算编制呢？因为企业要通过经营预算来育人。开展经营预算首先要分解经营目标，让各业务单元根据经营目标来自我管理，自动识别目标差距，主动分析差距背后的根因，明确改进方向并推动落地。这个过程就是培育经营型干部的过程。最终，这套系统会推动企业的管理者成为经营者，只有让管理者成为经营者，老板才能从经营者回到投资者的角色。

预算贯通经营闭环：上接战略，下接绩效

跳出财务看预算：预算贯通经营闭环

根据我在一线的观察，大部分企业编制预算的流程都差不多：先由财务部门提供一个标准的表格模板，再让各个业务部门

填数据。这在一定程度上让预算沦为了数字游戏，其背后全是历史数据的堆砌和不靠谱的猜测。为什么预算会沦为数字游戏？因为大家没有真正理解预算与经营的关系。

企业要跳出财务视角看预算，从经营的角度重新思考预算。预算是经营闭环中不可或缺的一部分，它要贯通整个经营闭环：战略—计划—预算—绩效。

这个经营闭环的起点是战略，战略决定了企业未来3～5年要去哪里。战略要落地，靠的是什么？计划。为了实现企业战略，各个业务部门都要制订计划：销售计划是什么？生产计划是什么？采购计划是什么？研发计划是什么？……然而，计划是定性的，为了确保计划真正落地，企业还要将其定量：要想实现部门计划，需要投入多少人、多少钱？这就是预算。因此，预算的核心价值是确保战略可落地。

如果企业一开始就让业务部门按照模板来填数据，那么管理者典型的做法是什么？在去年的基础上浮动10%，生成今年的预算。但实际上，今年的战略和计划是全新的，和去年根本没关系。如果只是在去年的基础上加加减减，预算就不是对战略进行解码，企业也不可能把资源用到真正需要的地方。所以企业在做预算时，一定要先有战略和计划。没有战略和计划，预算就是无源之水。

有了预算，经营就闭环了吗？没有，因为还有一个核心问题没有解决。

驱动战略落地要靠谁？靠人。其中，最关键的人就是企业的经营型干部。如何激发这群经营型干部的动力呢？靠绩效。绩效KPI来自哪里？预算。预算来自哪里？计划。计划又来自哪里？

战略。因此,"战略—计划—预算—绩效"是一个完整的闭环系统(见图2-1)。

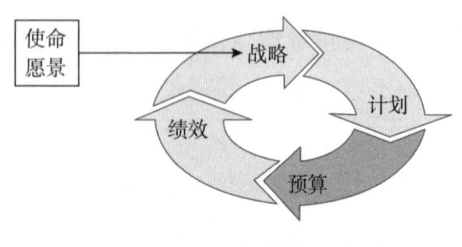

图2-1 经营闭环

预算是战略解码的核心工具,而战略解码三板斧是经营计划、经营预算和经营绩效。经营绩效来自经营预算,经营预算源于经营计划,经营计划又源于战略规划。

那么,战略规划来自哪里?企业的使命和愿景。有人比喻说,愿景是1万米,使命是5 000米,战略是2 000米,经营闭环就是思考这2 000米怎么实现。

在实际经营中,我观察到许多企业的经营逻辑不是"圆形"闭环,而是"战略—计划—绩效"构成的"三角形",完美避开了预算。这会导致什么问题?企业定的绩效KPI与经营目标ROE没有形成强关联。最后,员工完成了绩效,提走了奖金,但企业却没有获得回报。因此,企业不能脱离经营闭环谈预算。一旦脱离经营闭环,企业做的预算就是虚假预算。

这个经营闭环如何落地呢?如表2-1所示,企业可以按照这个时间表来执行。

表2-1 经营闭环落地时间表

经营闭环		一季度	二季度	三季度	四季度
战略	评估战略	■■■			
	制定战略		■■■		
计划	评估计划			■■■	
	制订计划				■■■
预算	编制预算				■■■
	管控预算	■■■	■■■	■■■	■■■
绩效	定绩效目标	■■■			
	发绩效奖金	■■■			

战略

战略部分包括两个动作：一季度评估战略，二季度制定战略。

组织文化研究鼻祖埃德加·沙因曾指出，所有组织都会面临两类问题：一是面对迅速变化的环境，如何不断适应外部；二是为了帮助组织顺利适应外部，怎样相应地整合内部。战略规划就是将外部环境与内部情况进行动态匹配。因此，每年的第一个季度，当上一年度的财务决算报告出来后，企业都要对之前的战略重新评估：是否实现了预期战略目标？如果目标没有实现，那么障碍和根因是什么？经营团队要分析外部市场环境的变化，并结合企业内部的实际情况，评估实现战略目标所依据的关键假设是否还成立。如果假设已经不成立，那么目前的战略是否需要调整？

一季度完成年度财务决算后，企业之前的五年战略就会减少一年，只剩下四年战略。因此，企业在二季度要根据战略评估的结果，滚动制定新的五年战略，确保五年战略刚性移动。

计划

计划部分包括两个动作：三季度评估计划，四季度制订计划。

经过半个年度的经营，企业的目标达成情况如何？企业要从国际形势、国内环境、行业动态和企业实况四个维度对上半年的计划进行复盘和评估。根据复盘和评估的结果，经营团队再来判断是否需要修改下半年的计划。目标是刚性的，但计划是柔性的，企业应该按照外部环境和内部组织的变化进行动态调整。

到了第四季度，不管计划完成与否，大局已定，本年度计划很难再改变了。这个时候，企业要把眼光投向未来：各个业务部门都要根据战略规划制订明年的年度计划。

预算

预算也分为两个部分：一是编制预算，二是管控预算。

各业务部门做好计划后，如何评估计划是否可行？计划需要多少人、财、物资源来支撑？如果没有经过预算推演，那么计划只能是空话，无法落地。计划是开放性的，而预算是封闭性的；计划是定性的，而预算是定量的。企业只有将开放的、定性的计划转化为封闭的、定量的预算，才能推演出计划是否可以落地。否则，极有可能出现计划执行到一半，结果发现人不够、钱没了，业务推进不下去的情况。

许多企业都喜欢做兵棋推演，但实际上脱离预算去做兵棋推演，就是纸上谈兵。没有预算数据的支撑，企业根本推演不出来。因此，兵棋推演的本质是预算推演。

许多企业将预算编制好后就将其放到抽屉里，这失去了编制预算的意义。预算是什么？经营导航系统。经营导航打开了，企业却不按照导航走，那编制预算还有什么意义？因此，企业还要管控预算，而管控预算是每个季度、每月、每周和每天都在发生的事情。企业只有时刻盯着经营导航数据，才能保证经营不偏航。

绩效

经营企业归根结底是经营人。员工为什么要为企业卖命？企业的使命、愿景和员工有什么关系？绩效系统就是要解决这个问题，即激活人性，激活人欲，将员工目标和企业目标合二为一。最终员工会发现：自己不是为企业卖命，而是为自己卖命。

具体来讲，绩效部分包括两个核心动作：一是定绩效目标，二是发绩效奖金。

定绩效目标和发绩效奖金应该在年底完成，但中国企业通常以春节假期为基准，把这两个核心动作放在春节前1~2周完成，也就是一季度。因此每年第一季度，企业都要从经营预算中生成科学的绩效目标，并与各个业务板块的一把手签订《经营目标责任书》，后者对下一年度的绩效考核指标进行签字确认。另外，企业在第一季度还要对上一年度的经营结果进行绩效考核及奖惩兑现。

理解了经营闭环后，再回过头去看预算，你绝对不会认为预算只是一堆表单和数据，更不会以为预算是财务部的事情。预算在经营闭环中承上启下，上接战略和计划，下接绩效，这些工作不属于财务部,而是公司各个部门经营型干部的日常工作。当经营型干部以预算为抓手,并将其贯通整个经营闭环时,企业的经营目标就达成了,战略也就落地了。

推演计划可行性:预算是战略和计划的数字解码

经营预算的第一个功能是推演计划可行性。企业的战略目标定下来了,各部门的计划也提交上来了,但计划是否可行,是否与企业的资源匹配呢?这是企业最关心的问题。要解决这个问题,企业只能通过预算来做兵棋推演,验证经营计划是否可落地。

如果把战略和计划比喻为设计图,那么预算就是施工图。设计图只勾勒出了建筑的基本轮廓,而施工图必须把每一个部位的具体数据都计算并标示出来。设计图只是一个方向性的假设,而施工图要从数据层面进行力学论证,验证这个设计是否合理,这种建筑结构会不会坍塌……

同样,战略和计划也需要进行数字化验证。假设一家企业的经营目标是ROE为20%,那么它明年要卖哪些产品?卖多少才能达成目标?这些产品要卖给哪些客户?哪些客户能给账期,以及账期有多长?要完成这些产量,采购部门要买多少原材料?采购成本如何控制?采购合同如何结算?生产部门要投入多少人,投入多少生产线?……如果没有经过严密的数字推演,那么这些计划只是纸上谈兵。我辅导企业时经常会碰到一个尴尬的场景:管理层对经营计划没有进行充分研讨,结果等到做预算时才发现原来的经营计划不可行,其中的许多数字都是拍脑袋定的,根本经不起预算的推敲。

计划和预算的区别主要体现在以下三点。

计划是定性的，预算是定量的

计划是定性的，比如明年要完成10亿元的收入；而预算是定量的，例如，如果明年要完成10亿元的收入，那么必须销售多少产品？要生产这些产品，企业需要投入多少条生产线、多少工人，采购多少原材料？……因此，计划只是给出一个方向性的动作，而预算要算出这个动作会产生哪些资源需求。

计划以文字为主，预算以数字呈现

计划主要用于描述第二年要完成的工作任务，因此通常是对工作过程及结果进行文字描述。这些文字描述都是笼统的，无法对数据进行拆解和验证，因此极有可能经不起推敲。而预算则要计算出公司实现这个计划，需要在各个环节投入多少资源，以及与计划相关的各类数据，把所有的工作计划全部推演成财务数字。一家公司如果只有文字式的计划，而没有数字化的预算，那么很可能干着干着发现资源不够，最终现金流断裂。

计划是一个开放系统，预算是一个封闭系统

假设某公司明年计划研发20种新产品，那么这只是开放性地说明了做事的基本方向，指向最终要达成的结果。而预算是一个封闭系统：研发20种新产品，需要购买多少原材料，开发多少供应商，准备多少现金，招聘多少员工？研发人员的工资、福利及奖金要支付多少？研发和生产过程中要耗费多少水电气？各

项固定资产的折旧成本是多少？……也就是说，计划思考的仅仅是一个动作，而预算要描述这个动作的投入和产出的全部过程，后者是一个完全封闭的系统。企业只有把开放的计划推演成封闭的预算，才能把计划落地为可实际操作的细节，形成商业运营闭环。这就是我们所说的"数学题"，解题的每一步都要经过精密的测算，这样才能确保经营预算安全落地，真正指导业务经营。

一言以蔽之，从计划到预算企业要实现三个转变：一是将定性的计划变成定量的预算；二是将以文字为主的计划推演成数字表格；三是从开放走向封闭，将开放的计划推演成一个封闭的预算系统。这个推演过程就是验证计划是否可行的过程，而推演的目的只有一个：找到达成经营目标的最优路径。

输出绩效KPI：千斤重担万人挑，人人头上有指标

经营预算的另一个重要功能是输出绩效KPI。

我经常看见许多企业在讨论战略和计划时热火朝天，但真到了执行阶段，才发现没有抓手。因为企业没有将战略解码为可衡量的任务，没有将其转化为每个部门的绩效考核指标，这导致经营目标只放在一号位和极少数高管的身上，并没有分解至全体干部的头上。

那如何通过预算系统进行目标分解，输出绩效KPI，且确保指标完整、数据准确呢？

绩效是企业特别关心的一个话题，所有老板都知道：只有把绩效体系建起来了，员工的主动性才会被激发出来。但是，建立绩效体系的依据是什么？这是很多老板非常头疼的问题。许多老

板实在想不明白，就把这个问题丢给人力资源总监。其实，人力资源总监也不知道KPI该怎么定，只能盲目复制过去的经验。最后，我们会看到非常滑稽的一幕：经营团队的绩效完成了，公司的经营目标却没有完成。

曾经有一位老板告诉我，他管理着一家员工有3 000人的煤矿企业，虽然是经营一把手，但他对财务是零认知。为了提高管理层的积极性，他在公司内部导入绩效机制，但是由于没有科学的预算系统，他只能直接从计划跳到绩效，结果最后管理层的个人绩效完成了，公司的经营目标却还差一大截。问题出在哪里？绩效和预算是两层皮，绩效系统与预算系统没有关联起来。

企业只有将绩效和预算挂钩，才能保证每个人的工作都与战略强相关。为什么？因为预算是对战略的数字化，如果绩效系统和预算系统没有挂钩，就等于管理层的绩效考核奖金和战略执行没有挂钩，那么企业如何保证战略落地呢？每个干部和员工都应该清楚地知道：为了达成战略目标，我应该做什么？我的重点工作是什么？

企业只设定经营目标ROE还不够，需要通过预算系统将经营目标层层分解：先将ROE目标分解为三驾马车目标，接下来将三驾马车目标分解到各个业务单元，再分解到区域、部门、员工头上，这样每个经营型干部应该对哪些数据负责就一目了然了。每个部门的经营型干部都应该清楚地知道：为了达成ROE经营目标，我应该做什么？我的重点工作是什么？这些预算数据，就是未来评判经营结果的标尺，更是衡量经营型干部经营能力的唯一标准。

各个业务单元的预算出来了，绩效KPI其实就出来了，人力资源部门只需要从预算中提取各业务部门的关键数据作为KPI。而预算是干部们自己编制的，又经过多次讨论，因此他们对完成指标早已有了七八分的把握，自然愿意接受考核。相反，如果一家企业预算执行的结果与业绩评价不挂钩，与职位升降不挂钩，预算就失去了它的价值。企业考核什么，员工才会做什么，最终企业才能得到自己想要的。

不久前，一位企业家同我分享他的学习体会："企业经营是'战略—计划—预算—绩效'的闭环系统。战略是指想清楚我们到底要成为什么；计划是指说清楚每个人要做什么；预算是指算清楚我们要做成什么样；绩效是指做清楚，即将具体的措施落地执行，保证绩效分解到人。因此，预算系统和绩效系统是相辅相成的。预算是企业对有限的资源做高效配置，每个部门应该拿多少资源，必须跟业务挂钩。绩效则是对量化目标的落地保驾护航，干部们究竟干得好不好？如何激励大家？这需要绩效系统的配合。接下来，企业要基于绩效达标情况对人才进行盘点，干部为企业创造了ROE，就可以得到提拔；反之，则需要学习和提升，强化自己的经营能力。"

这位企业家的分享深刻地诠释了预算与绩效的内在关联。我十分赞同他的观点，经营预算本质上是分解经营目标，而分解经营目标的背后是明确经营责任，通过预算对各业务单元应该承担的经营责任进行量化，这是实施绩效激励的基础。企业只有通过经营预算将战略和计划转化为可衡量、可执行、可管控的KPI，才能确保战略闭环实现。

预算即经营之庙算：先胜后战，未战先赢

在课堂上，我经常分享一个观点：经营预算就是经营之庙算。《孙子兵法》有言："夫未战而庙算胜者，得算多也；未战而庙算不胜者，得算少也……吾以此观之，胜负见矣。"孙子所谓的"庙算"，其实是指古代各国在大战之前，要先做沙盘推演。这种沙盘推演有多重要呢？在孙子看来，胜负在很大程度上取决于庙算的结果。不进行庙算就盲目应战，往往没有胜算。

近年来，我一直跟随国防大学教授薛国安将军学习《孙子兵法》。从财务实践的角度我逐渐体悟到：经营预算本质上与《孙子兵法》的核心理念如出一辙。《孙子兵法》全文6 000多字，主要讲的就是先胜后战，未战先赢。你如果算不出来胜利，那么必然无法赢得胜利。孙子曰："兵者，国之大事，死生之地，存亡之道，不可不察也。故经之以五事，校之以计而索其情：一曰道，二曰天，三曰地，四曰将，五曰法。道者，令民与上同意也，故可以与之死，可以与之生，而不畏危。天者，阴阳、寒暑、时制也。地者，远近、险易、广狭、死生也。将者，智、信、仁、勇、严也。法者，曲制、官道、主用也。"从中不难发现，《孙子兵法》不是教大家上了战场该怎么打仗，而是教大家开战之前如何做好谋略计算。

对于企业而言，商场就是战场。企业家手里掌握着几十亿甚至几百亿元的现金，数以千计、万计的员工，以及数十亿、百亿甚至千亿元的资产，如果没有提前做好经营之庙算，那么一切都可能在顷刻之间化为乌有。真正懂经营的企业，其实胜负早就定在前一年的预算当中。本质上，经营预算就是经营之庙算，是对

第二年的经营状况做沙盘推演：企业要达成什么样的经营目标？为了完成目标，企业要投入多少人、财、物资源？这些投入放在哪里，各个业务单元应该怎么分配？什么时候投入？投入了这些资源后，每个岗位需要承担的绩效指标分别是什么……企业想要的结果如果无法通过经营预算计算出来，那么最终一定达不成。只有提前算赢，企业在未来的实际经营中才有可能真正赢。

遗憾的是，在接触企业的过程中，我发现很多企业一年忙到头，到了年终结算的时候，才发现自己根本没有赚到钱。为什么生意看起来红火却没有赚到钱呢？因为缺了"庙算"这个环节，没有事先算赢。真正的经营型干部一定是先算后做、先胜后战、未战先赢的。如果老板与高管连目标都无法达成共识，也没有定好经营路线图，那么企业在经营过程中很容易跑偏。

有些企业家告诉我，做了那么多年的预算，总感觉没用，就像是走过场，费时费力，大家的积极性不高。尤其是在和各级主管定目标时，大家一直讨价还价。记得有一次，我为一家华南地区的教育机构做经营预算方面的专项辅导，该公司有几位核心高管都对收入目标有抵触心理：老板第二年想达到5亿元的收入，但几位高管怎么算都只能达到3亿元。不难想象，高管们连目标都算不出来，怎么可能做得到呢？为此，老板希望我能为高管团队统一思想，并通过经营预算找到达成5亿元目标的路径和方法。

这个案例非常典型，许多企业很容易将定预算目标的环节变成公司与高管之间的零和博弈。但是，我建议大家把预算目标分为增量和存量两个部分来考虑：如果上述企业的高管只愿意承担3亿元的收入目标，那么我们可以将3亿元作为这家企业的存量目标，而将另外2亿元作为增量目标。对于3亿元的存量部分，我们可以将高管的KPI与其挂钩，一旦完成存量目标，就奖励利润的1%；对于2亿元的增量部分，我们可以拿出利润的3%作为奖励。如此一来，高管就会竭尽全力完成增量目标，而不是费尽心思地与公司博弈。

一旦大家对预算目标达成共识，接下来就是推演达标路径：未来企业要拿到多少投资回报率？如何达成预期回报目标？企业要将目标的推演过程完全以数字的方式呈现出来，即将收入、成本、费用、现金流等全部分解到市场、研发、采购、生产、销售、售后、行政、人事、财务等部门。这样一来，未来企业的经营管理就有了数字标尺，这个数字标尺也是绩效考核KPI。过去，企业之所以不能准确地进行绩效考核，就是因为没有封闭的预算体系，抓不到数据标尺，或者抓到的数据不够完整。

企业家梦寐以求的状态是"千斤重担万人挑，人人头上有指标"，然而如何达到这种状态呢？如果没有通过预算系统将所有目标提前细化并分解到每一个员工身上，那么企业想实现这一点无异于痴人说梦。从某种意义上说，预算是提前一年做出财务报表，而财务报表中的每一项数据都来自业务预算，每一项业务数据都对应着一个或若干个业务动作。因此，预算其实是为业务经营找到导航。企业只要跟着导航走，就能完成目标。

每当我讲到这里，课堂上都会出现一种声音："付老师，这不是把公司的秘密都泄露出去了吗？公司不就变成透明的了吗？"不会的！预算是公司的核心机密，并不会向所有层级和所有岗位开放，每个层级和岗位只需要了解与自己有关的数据。企业要对预算数据进行分层管理：部门总监只能看到总监这一层级的数据，不可能看到总经理的数据；同样，部门经理只能看到经理这一层级的数据，而不会看到部门总监的数据。

如此一来，企业就有了一张完整的经营施工图，每个经营型干部都只需要围绕自己的数据抓经营管理。最终，只要每个干部都完成了自己的经营目标，企业整体的预算目标就完成了。

第3章

搭班子：
预算即育人，推动管理者升维为经营者

预算不是财务部单打独斗，而是全员做经营预演

既然经营预算要贯通整个经营闭环，它就必须落实到组织中：谁来干？每个角色负责什么？只有组织保障到位了，经营预算才能真正落地。因此，企业要想搭建经营预算体系，首要工作是搭建一套科学的预算班子。如果没有预算班子来负责这件事，那么最终预算必然会流于形式。

人在事前，这是永恒的法则。预算班子要发挥什么作用呢？

- 首先，它是战略落地的执行人。没有科学的预算班子，战略就如同海市蜃楼，一切皆是幻想，根本无法落地。
- 其次，它是经营目标的责任者。企业要站在资本的角度看经营，站在经营的角度看预算，以ROE为经营目标。谁来为这个经营目标负责呢？预算班子。
- 最后，它是经营预算的编制者和管理者，这一点极其重要。谁来编预算？谁来管预算？许多企业没有搞清楚这两个问

题，从而导致预算无法发挥导航作用。

企业在搭建预算班子这件事上经常会犯三个比较典型的错误。

责任不清

有些企业已经认识到，预算不是财务部门的事情，而是业务部门自己的事情。因此，企业要求各个业务部门自己做预算。但是，预算本质上是对整个企业的价值链做经营预演，如果各部门之间没有经过多次头脑风暴，那么到执行时，各部门一定会相互扯皮。预算的责任不清会导致一个后果：看起来好像谁都在管这件事，其实谁都不管。

不搭班子

如果企业不搭建预算班子，那么预算大概会由财务部门主导，事情又会落到财务总监头上。由于财务总监不可能完全了解各个业务部门的战略、计划，因此即便预算做出来了，那也是虚假预算。虚假预算又怎能指导得了真实业务呢？

搭错班子

如果班子搭错了，那么问题更大。任何事情都是靠人来落地的，企业一定要遵循先人后事、人在事前。人找错了，事对不了。曾经有一位创始人向我吐槽：为了在集团内部导入预算系统，他特意在全国一流大学招聘了七八个会计专业的高才生，专门负责编制集团预算。结果，这些高才生根本不懂业务，业务部门叫苦不迭，痛斥公司找了一堆只会做表格的"表哥""表姐"。其实，没有人愿意做这样的"表哥""表姐"，大家都希望自己能够真正帮助企业创造价值。

因此，预算班子的问题不解决，后续所有的动作都是浪费资源，只会将经营预算引向歧途。

预算的组织模型：自上而下全覆盖

一个合理的预算班子应该包括哪些角色呢？每个角色在班子中的定位是什么？经营预算不应该由财务部门唱独角戏，而是需要全员参与。何谓全员参与呢？在搭建预算班子时，企业要实行自上而下全覆盖。

董事会

预算班子必须由董事会牵头。董事会是股东的代言人，而股东要的是尽快得到投资回报，最好是几十倍、几百倍的回报。如果企业不能给股东带来回报，或需要很长时间才能带来回报，股东就可能撤回投资。因此，你如果关注上市公司的公告，就会发现预算都要经过股东大会批准。公司的年度财务预算方案、决算方案由公司董事会制订，经股东会或股东大会审议批准后方可执行。

这里要解释一下"三会一层"的治理结构："三会"是指股东会、董事会、监事会，"一层"是指公司高级管理层。其中，股东会是企业的最高权力机构，公司是由股东出钱创立的，股东拥有公司的所有权。而股东是通过股东会来行使自己的权利的，所以股东会是一家公司的最高权力机构。股东经由股东会选举董事会成员，并把决策权授予董事会，董事会负责做出战略、预算、投融资、任命和激励高管等方面的重大决策。董事会虽然掌握着生杀大权，但通常来说，董事会就是一个举手表决机构。那谁来负责经营公司？董事会再任命CEO（首席执行官），由CEO组建管理班子，赋予管理层经营权。与此同时，股东会还会选举监事会来监督董事会和管理层，以防他们损害股东的利益。理解了这些，你就明白了预算为什么要从董事会开始。

由于历史因素，很多中小企业一开始都是家族企业，这导致它们在治理结构上不规范，创始人往往集董事长、总经理等多个角色于一身。这造成企业一开始在预算目标的设定上很难站高一线，即站在投资人的高度思考经营目标，反而陷入经营管理层的视角。这就是为什么经营型干部首先要升维经营目标。

预算委员会

董事会既包括内部董事，还包括外部独立董事，这些人不可能经常聚在一起。因此，企业内部必须成立预算委员会，确保有专门机构负责预算体系的落地。在调研企业的过程中，我发现很多企业已经认识到了预算的重要性，它们跟风成立了预算委员会，但由于选错了人，预算执行效果"差之毫厘，谬以千里"。

事实上，整个预算委员会中只有三种角色：一是组长，二是执行组长，三是预算委员。

预算委员会的组长由谁担任？很多企业选择让财务总监担任，这导致预算从一开始就走偏了。组长只能是企业的一号位，因为预算要贯通整个经营闭环，上接战略，下接绩效，一号位不参与，整个组织和资源就无法被拉动，这件事情就不能真正落地。

执行组长应该选择谁呢？这个岗位也非常重要，直接关系到预算的成败。在辅导企业时，我推荐的第一人选是财务总监。但是，具体问题具体分析。我最近服务了两家企业，发现这两家企业的财务总监有一个共同的特点——性格内向，这会导致各部门之间沟通不畅。怎么解决这个问题呢？我转而选择人力资源部门的负责人来担任执行组长。预算的功能之一是输出绩效KPI，所以人力资源部门的负责人对编制预算的积极性非常高。如果人力资源部门的负责人认知高、能力强，那么企业不妨考虑由他来担任执行组长，推动预算体系的落地。

预算委员应该包括哪些人呢？分管副总。预算委员会的核心任务是分解三驾马车目标，而三驾马车来自业务预算，业务预算又是对战略的数字化解码，因此企业必须让各个业务部门的分管副总参与其中。只有各个业务部门的分管副总充分讨论，企业才能找出最优的三驾马车方案。由此可见，预算委员会几乎涵盖了核心经营团队，上至老板，下至各个业务单元的分管副总，全部都要参与其中。

预算办公室和预算管理员

为了保证经营预算的落地，企业还要设置预算办公室，专门负责协调和支持各部门进行预算编制和预算管理。这个预算办公室通常设在财务部。预算办公室要设立预算经理和预算管理员两类岗位。通常情况下，预算经理由财务经理担任，而预算管理员由各业务部门的部门经理担任，这两类岗位是经营预算能否落地的关键。

如表3-1所示,整个预算班子从预算委员会、预算办公室到预算经理、预算管理员,自上而下实现全面覆盖,整个经营团队全部参与其中。需要强调的是,预算班子并不需要企业多花一分钱,额外多招一个人,因为所有人员都来自企业内部,企业只需要把每个干部安排在正确的位置上。

表3-1 经营预算的组织架构

预算委员会			预算办公室			
组长	执行组长	预算委员	预算经理	预算管理员		
^	^	^	^	部门	姓名	职务
总经理	财务总监	分管副总	财务经理	(1)	×××	部门经理
^	^	^	^	(2)	×××	部门经理
^	^	^	^	(3)	×××	部门经理
^	^	^	^	……	……	……

预算组织搭建好了,组织中的角色如何分工,他们分别负责哪些事情呢?

董事会:设置高维的预算目标

编制预算的第一步,就是确定预算目标。这个预算目标由谁来定呢?董事会,因为董事会代表的是股东的意志。

假设股东明年计划投资1亿元,那么这1亿元要拿到多少回报呢?只有先设定了目标,企业才知道这1亿元如何分配,才有可能达到股东的期望。总之,预算目标会牵引资源流向高回报的地方。管理学大师德鲁克有一句名言："目标不能决定未来，而是为了创造企业的明天而调集资源和努力的一种手段。"如果没有目标，资源可能就被浪费了。

在现实经营中，我发现许多企业在做预算时从不设定目标，一开始就给业务部门下发模板，让管理层照着模板来填空，这种行为危害巨大。为什么？因为人性是趋利避害的。假设一位销售经理去年用了8 000万元的资金，那么今年他一定会找100个理由要9 000万元。与此同时，他还希望调低绩效目标。如此一来，所有人都会争夺资源，将企业搞得乌烟瘴气。资源是有限的，欲望是无限的，所以企业一定要先有清晰的目标再去做预算。

企业应该选择哪个指标作为预算目标呢？只要站在董事会的角度，这个问题的答案就清晰了。董事会代表的是股东的利益，股东进行投资是为了获取高额回报，因此董事会设定的预算目标应该是股东投资回报率——ROE。

以我的老东家为例，其董事会要求所有分公司的ROE预算目标都不得低于18%。每年到了预算季，总会有一些分公司总经理来总部诉苦："报告董事会，由于国际形势的变化，原材料价格大幅上涨，我们要求调低预算目标。"而无论遇到何种情况，董事会都坚决不降低目标，而是反过来提醒经营团队："如果盈利能力下降，那么你们可以将资产效率提上去，这同样可以保证ROE不低于18%。"

除了设定预算目标，董事会的另一个职能是审议年度预算。年度预算通过审议后，董事会再将其提交给股东会。

预算委员会：让管理型干部升维为经营型干部

董事会定好ROE目标后，预算委员会要做什么呢？它的任务有四个。

将ROE目标分解为三驾马车目标

假设董事会设定的预算目标是ROE为15%，那么怎么实现这个目标呢？预算委员会要将其分解为三驾马车数据。假设预算委员会按照去年的经营情况，将白马盈利设定为10%，赤马效率设定为1，黑马杠杆设定为1.5倍，那么三驾马车数据相乘，正好达到15%的ROE。

是不是将数据拆出来就可以了呢？当然不是，预算委员会要反复讨论，综合国内外市场形势对三驾马车数据进行兵棋推演。假设预算委员会经过讨论，发现受国际形势的影响，企业的原材料成本明年至少翻一倍，故盈利能力达不到10%，甚至可能跌至5%。而董事会设定的ROE目标是刚性的，必须达到15%。

怎么办？预算委员会要从其他两驾马车入手：既然无法赚得更多，那就赚得更快。过去赤马效率1年转1次，现在能否1年转2次？请注意，这不是简单地修改一个数字，因为数字背后对应的是多个部门若干项业务的优化。比如，要实现赤马效率翻一倍的目标，销售部可能需要加快产成品的销售速度，采购部需要控制原材料的采购周期，生产部需要加快产品的生产速度，从而将库存周期从30天降到20天，同时销售部需要将应收款账期从50天降到40天……总之，每个数字都需要各个业务部门反复推演和沟通，保证其真正落实到业务中。

在我的印象中，预算委员会几乎就是一个"吵架委员会"。预算委员都是公司各个业务板块的分管副总，他们吵得越凶，预算的执行效果就越好，因为吵架的过程就是寻求共识的过程。在吵架的过程中，大家把分歧都消化了，对最终推导出来的方案和数据早已达成共识。相反，那些看起来和和气气的预算委员会，其第二年预算的执行效果反而很差，因为他们的数据没有经过充分的质疑和讨论，这给未来留下了许多不确定性。

需要提醒的是，在拆解三驾马车数据时，企业一定要结合自己的商业模式来选择，不能盲目模仿他人。我曾经服务过一家做定制家具的企业，其制造成本很高，白马盈利只有2%。但是，由于客户提前定制，它可以采用预收款模式，因此它的黑马杠杆高达4倍，ROE数据最终非常亮眼。而另一个做零售业务的老板，过去要求采购人员尽量用现金采购，以换取更低的采购成本，这样一来，白马盈利就提高了。这位老板听了我的课后，认为现金采购会影响黑马杠杆，因此决定改变现金采购的策略。我提醒他不要贸然放弃过去的策略，而是要根据自己的实际情况来选择：放弃现金采购，改为应付款采购，确实拉升了黑马杠杆，但采购成本也可能更高，这时就要比较这两种采购方式下的ROE水平。因此，三驾马车的方案选择没有好坏之分，企业需要根据自己的实际情况来做取舍。

组织各部门编制和执行预算方案

预算方案来自哪里呢？各个业务部门。因此，预算委员会要组织各部门编制预算方案。

在访谈企业时，不少部门经理向我道出实情："过去我们都是把部门预算表格交给助理来填的。严格意义上讲，我们对预算管理员的定位就是数据统计员，只负责帮助财务部门收集数据。"这完全偏离了预算的本质：预算是对战略和计划的数字化解码。部门负责人如果对计划都没有认认真真进行数字化推演，那么如何保证后续的经营管理是对战略的落地呢？因此，在预算这个问题上，企业必须遵循一个原则：谁负责，谁编制，谁管理。采购部的预算要自编自管，同样，销售部、生产部也要自编自管……

审查公司预算方案

各部门编制好业务预算后，交由预算经理平衡三大财务报表预算、三驾马车预算和 ROE 预算，形成完整的 ROE 预算方案。之后预算经理将其提交给预算委员会进行审查，审查通过后，再提交董事会。

审查公司《月度预算执行分析报告》

编预算是为了找到各个部门的经营导航。经营导航有了，那么每个月的执行情况如何，有没有偏航？各部门还要对预算进行管理，形成《月度预算执行分析报告》，并将其提交给预算委员会审查。

预算办公室：架起业财融合的桥梁

每当我强调预算应该由各部门自编自管时，最开心的一定是财务总监。既然预算交由各部门自编自管，那么财务部门在预算编制中发挥什么作用呢？企业要成立专门的预算办公室，而预算办公室一般由财务经理负责。

预算办公室的角色定位是什么呢？它是业务和财务融合的一座桥梁。

正如哲学家尼采说的："人之所以伟大，是因为他是一座桥梁，而非目的。"预算办公室就是如此，这座桥梁的一端是业务预算，另一端是财务预算。各部门编制出业务预算后，预算经理要据此平衡出预算利润表、预算资产负债表、预算现金流量表。有了这三大报表，企业就能测算出第二年的白马盈利、赤马效率、黑马杠杆，再根据这三驾马车数据得到ROE预算。也就是说，预算办公室充当的是翻译角色，它将业务语言翻译成财务语言。没有这个翻译过程，三驾马车数据出不来，ROE也算不出来。

预算办公室的职责包括以下四项。

- 指导各部门编制预算方案：预算办公室要准备好相应的表格模板，并向各部门培训编制业务预算的方法。
- 汇总各部门预算方案：各部门提交的预算方案由预算办公室进行汇总，并平衡出财务预算。
- 监督各部门执行预算方案：预算方案确认后，预算办公室要监督各部门执行。
- 生成各部门《月度预算执行分析报告》：每月根据各部门的实际执行情况，生成《月度预算执行分析报告》。

现在问题来了：预算办公室不了解各部门的实际业务，如何监督各部门执行预算呢？企业需要一个纽带，即预算管理员。

预算管理员：培养经营型干部

预算办公室不可能深入了解各部门的实际业务，但又需要与各部门建立联系，这就需要在各部门设置一个预算管理员。这些预算管理员充当财务和业务之间的纽带：一方面，预算管理员要向预算委员会汇报；另一方面，预算管理员要向预算经理汇报。因此，预算管理员的选择是整个经营预算落地的根本保障，也是搭建预算管理组织体系的关键所在。从我辅导数百家企业导入预算系统的经验来看，一家企业的经营预算体系能否落地，预算管理员起到至关重要的作用。一旦预算管理员选错了，业务和财务之间的纽带就断了，业财融合也无从谈起。

具体来说，预算管理员需要做哪些工作呢？

- 编制本部门预算方案。
- 上报本部门预算方案。
- 执行本部门预算方案。
- 生成本部门《月度预算执行分析报告及改进计划》。

根据预算管理员的岗位职责，我们可以倒推出预算管理员的画像。

画像1：懂业务

预算是经营闭环的一部分，因此预算管理员必须懂业务。采购部的预算管理员必须懂采购，销售部的预算管理员必须懂销售，生产部的预算管理员必须懂生产……

我辅导过一家规模达10亿元的企业，它曾花了3年时间导入预算体系，可是不仅没有达到预期，反而让公司管理层对预算体系怨声载道。对管理层进行调研访谈后，我发现是公司的预算管理员出了问题。原来，为了确保预算落地，这家企业专门在集团成立了预算管理中心，招聘了一批从知名财经院校毕业的高才生来担任预算管理员。结果，这些人的财务专业知识相当厉害，但他们不懂业务，根本无法推动预算方案落地。只有熟悉整个业务部门的战略、计划、预算和绩效的人，才有可能使预算贯穿整个经营闭环。

画像2：善沟通

预算管理员的第二个画像是善沟通，因为他要负责大量的对内、对外沟通工作。对内，预算管理员要协调部门内部员工，编制出本部门的预算方案，同时督促本部门执行预算方案；对外，预算管理员要向预算委员会汇报本部门的情况。因此，这个岗位的人员必须具备一定的内外沟通能力。

画像3：有潜力

预算管理员的第三个画像是有潜力。预算管理员应该由各业务部门的经理亲自担任，这些经理是未来各个业务模块分管副总的接班人。

韩非子曾提出一个著名的用人主张："宰相必起于州部，猛将必发于卒伍。"为什么？因为优秀的治国人才必须有一线工作经验。只有深入一线、了解一线的人，才能承担更大的责任。治企如治国，最好的经营型干部也应该在一线经受锤炼。因此，我也提出了一个独特的用人主张：经营型干部必起于预算管理员。

松下幸之助说："经营课程既可以学也可以教，但是经营既不能教也不能学，只能自己领会。自己领会要有演练场，松下电器就是那个演练场，社会是更大的演练场。"要想培养经营型干部人才梯队，企业就要把自己打造成学习经营的演练场，并从中孕育出懂经营的干部。

预算上接战略，下接绩效，这意味着预算管理员对部门战略、计划、预算和绩效都要熟悉。经过3~5年的锤炼，他就可以成长为分管副总的接班人。一旦这个业务板块的分管副总晋升或离任，他自然而然就能快速接班。

在辅导企业的过程中，我发现最重要的任务就是将部门经理培养为合格的预算管理员。如果经过3~5年的修炼，部门经理已经成长为优秀的经营型干部，企业就可以考虑让他们加入预算委员会。之后，部门经理再从自己的部门中挑选一些懂业务、善沟通和有潜力的好苗子来担任预算管理员，确保企业后续能源源不断地输出经营型干部。这样一来，预算管理员的培养机制就打通了，企业可以快速激活优秀人才的积极性。

一位高管向我分享了他所在的企业实施这项制度后的变化："过去，大家都不愿意做预算管理员，觉得又不增加工资，还要操那么多心。但现在不一样了，他们知道预算管理员等于储备干部，所以纷纷争当预算管理员。"从这个意义上讲，设置预算管理员最大的价值不是落地经营预算，而是通过预算来育人，解决企业经营型干部短缺的问题。

我曾经服务过一家二代接班的企业。老父亲退休时，把接力棒交给从美国回来的女儿、女婿，但是，陪着老父亲打江山的元老还把持着公司的各个部门。这些元老的经营能力跟不上企业发展了,但又不愿意改变过去粗放式的管理模式。怎么解决这个问题?导入ROE经营预算体系,建立预算组织,把元老安排进预算委员会,再在每个部门选择一位懂业务、善沟通、有潜力的人担任预算管理员。果不其然,三年后,这些预算管理员都成长起来了,顺利地从一众元老手中接过了接力棒。

因此,预算本质上是借事修人,它是孵化经营型干部最好的系统。预算本身不是目的,而是手段,预算的目的是育人。通过预算系统的训练,企业的管理型干部逐渐升维为经营型干部。企业的经营型干部源源不断地涌现出来,老板才可能真正从经营者回归为投资者。

综上所述,经营预算不是靠财务部一个部门编制的,而是全员参与。既然是全员参与,企业就必须夯实组织,自上而下搭班子:董事会定预算目标,之后搭建预算委员会,建立预算办公室,培养预算管理员。人在事前,人对了,事就对了。

预算组织的协作流程:九步连贯预算法

预算班子搭好后,各个预算组织按照什么流程来分工协作呢?整个分工最难的是预算编制环节。很多企业在编制预算时,动辄折腾数月有余。其实难者不会,会者不难。预算分工必须严格按照预算班子展开,要遵循"从上到下、从下到上、上下结合、反复多次"的原则。基于此,我独创了"九步连贯预算法",流程如图3-1所示。

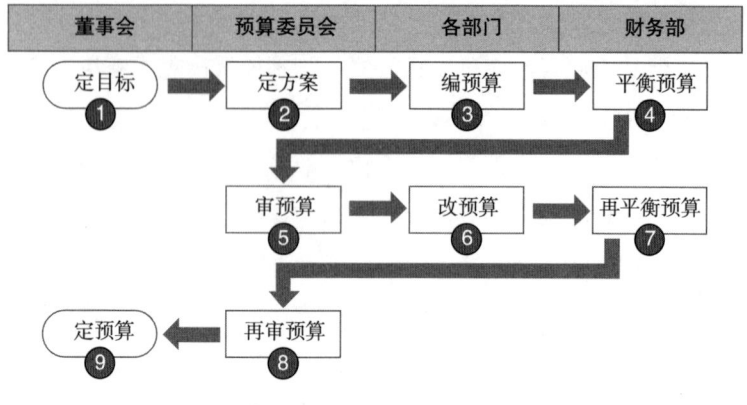

董事会	预算委员会	各部门	财务部
定目标 ❶	定方案 ❷	编预算 ❸	平衡预算 ❹
定预算 ❾	审预算 ❺	改预算 ❻	再平衡预算 ❼
	再审预算 ❽		

图3-1 九步连贯预算法

第1步：定目标

董事会下达预算目标，这是预算工作的起点。人性是趋利避害的，无论董事会提出什么样的预算目标，管理层都一定会"求情"。因为大多数人都希望支出预算越多越好，这样用钱方便，同时自己的绩效指标定得越低越好，这样完成起来容易。但是，如果每个人都这样做，那么预算目标一定无法达成。因此，董事会在制定预算目标时，一定不能轻易退让，要咬住目标不放松，引导预算委员会通过分解三驾马车来实现ROE目标。

第2步：定方案

预算委员会召开第一次会议，制订预算方案。在董事会定好ROE目标后，预算委员会经过多次磋商讨论，就可以制订出合理的三驾马车方案，即算出企业年度白马盈利、赤马效率和黑马杠杆目标。

第3步：编预算

预算管理员根据经营计划编制本部门业务预算。预算编制大体上分为三步：业务预算、财务预算和ROE预算。财务预算本质上是不需要编制的，由预算经理通过专业的会计方法平衡出三大报表。ROE预算则是通过三大报表的数据计算出来的。所以，预算编制的核心工作是各部门编制业务预算。

业务预算是对经营计划的数字化解码。因此，在启动预算编制之前，企业必须先完成经营计划，然后各业务部门根据经营计划编制业务预算，包括销售预算、采购预算、生产预算、费用和税金预算、应收款预算、存货预算、应付款预算、资本性支出预算等。

第4步：平衡预算

预算经理根据各部门提交的业务预算平衡三大会计报表和ROE预算。各部门编制出业务预算初稿后，就可以将其交给预算办公室。预算经理据此平衡三大财务报表，并试算出第一轮ROE预算结果。根据我的观察，95%以上的企业第一轮的预算编制结果往往与董事会制定的ROE预算目标相差甚远，这是人性使然。很多人根本没想清楚为什么要花钱，不理解投入和产出之间是什么关系。实质上，企业今天能赚到钱是因为昨天花对了钱，企业今天花钱是为了明天能活得更好。因此，企业必须让每一分钱都花得有价值。

第5步：审预算

预算委员会召开第二次会议，审查预算方案。预算经理提交第一轮预算草案后，预算委员会需要认真评估预算方案的可操作性，各部门也要结合自己的实际情况评估每个预算数据实现的可能性。最终由预算委员会综合每个成员的意见，协调各部门之间的矛盾，对预算草案提出修订意见。

第6步：改预算

预算管理员根据预算委员会的修订意见，修改业务预算。拿到预算委员会的修订意见后，各部门要根据修订意见修改本部门的经营计划和预算数据。

从预算委员会到预算办公室，这又开始了新一轮自上而下的预算编制。不少企业做预算的过程就是老板下命令的过程。如果老板要求明年增长50%，下面的员工就会按照这个指标来做预算。这种粗暴的自上而下命令式的方式，最终只会带来一个结果：预算都是老板想要的，而不是员工想要的。双方没有达成共识，预算执行效果当然不会理想。实质上，预算是为经营写脚本，沟通次数越多，写得越详细，上下都达成共识，认为这个脚本可操作、可执行，预算执行效果才可能更好。因此，我提倡多次沟通，先自上而下，再自下而上，循环的次数越多，预算执行起来就越靠谱。

第7步：再平衡预算

预算经理第二次根据各部门提交的业务预算平衡三大会计报表和ROE预算。预算经理第二次汇总并试算各业务部门调整后的预算方案，之后将其提交预算委员会审查。

第8步：再审预算

预算委员会召开第三次会议，再次审查预算方案。预算委员会要对调整后的预算方案再次审核，如果审核通过，就可以将其提交董事会进行审议。预算委员会如果对调整后的预算方案仍有异议，那么需要再次进行讨论。一般来说，讨论越细致，各部门对预算方案的认可度就越高，预算的执行过程就越顺利。因此，预算委员会不应局限于两三次的审核，而是要以达成共识为目标。为了实现这一目标，讨论和修订的次数越多越好，自上而下和自下而上循环的次数也越多越好，直至预算委员会通过预算方案，再提交董事会审议。

第9步：定预算

董事会对预算委员会提交的最终预算方案进行审议，通过后上报股东会批准，批准后形成决议，并将其印成正式文件分发给各部门，这是执行预算和绩效考核的依据。

需要提醒的是,"九步连贯预算法"是针对成熟企业的预算编制流程。对于刚刚导入经营预算系统的企业来说,前三年的程序可能远远超过九步,尤其是预算委员会对预算方案的审查次数,三次根本不够,甚至七八次都不算多。总而言之,预算委员会应投入更多的精力详细审查、反复论证预算方案的可行性,这样预算执行效果才会更好。只有整个预算编制流程经过了多次自上而下和自下而上的循环,企业的预算方案才能真正接地气,每个部门编制的预算才能经得起推敲,真正符合业务逻辑。

第4章

编预算：
分解经营目标，人人头上有指标

预算编制最常见的三个误区

预算编制的本质是什么？基于经营目标，为各个部门找到最佳的资源配置方式。那么，配置资源的逻辑是什么？如何保证资源最终流向回报最高的地方？这些都是预算编制要解决的问题。根据我对企业的调研，其在预算编制中经常会掉入三个大坑。

方法不当：找财务部要数据做"加减乘除"

谈起预算编制，企业最常见的做法是什么？财务经理先提交一个预算编制模板，然后各部门负责人填表。为了省事，许多部门负责人会把这项工作交给助理来做。因为在他们看来，填表格就是先找财务部要历史数据，然后在历史数据的基础上做"加减乘除"。毫无疑问，用这种方法编制出来的预算根本没有任何价值。

为什么？因为预算数据不是来自过去，而是来自未来。经常有企业家问我："付老师，我们的财务人员水平一般，连报表都做不准确，在这种情况下做预算行吗？"这个问题实际上暴露了企业对预算的误解。预算数据并不来自核算系统，而是来自经营计划。所谓先算后做，就是对经营计划进行预算。因此，只要有经营计划，预算就可以编制出来。相反，如果业务部门跑去财务部要历史核算数据，那么预算编制从一开始就走偏了。

我经常提醒企业家和财务总监：在编制预算的过程中，不要让财务部向各部门提供历史数据。因为财务部的数据是核算数据，核算数据体现的是过去的经营结果，而预算代表未来的数据，这个预测只能由各部门负责人来做。预算是对战略和计划的数字化推演：假设明年要实现ROE为20%的目标，那么三驾马车预算分别是多少？要想实现三驾马车目标，各部门分别需要投入多少资源？在哪些地方投入这些资源？在哪个节点投入这些资源？……企业要对整个达标过程进行兵棋推演，直到找出资源配置的最优方式。

耗时太长：用核算逻辑做预算，要么算不出，要么算不准

我曾经服务过一家上市公司，其在9月份就启动预算编制，一直到春节前还无法定稿，所有人都被折磨得疲惫不堪。为什么会这样？因为这家企业用核算逻辑做预算，财务经理无论怎样加班加点，都算不准。

核算和预算有什么不同？核算属于财务会计，它是按照国家会计准则编制报表的；而预算属于管理会计，它是按照企业的经营需要编制报表的。

为什么要强调这一点呢？因为我发现大部分企业做预算的逻辑还是基于财务会计，而用财务会计来做预算，企业根本无法把握准确度。以成本为例，财务会计和管理会计的逻辑是完全不同的（见表4-1）。在财务会计中，成本被细分为八大部分，即料、工、费、销、管、研、财、税。这是财经专业的学生花了四年时间学习的专业知识，而经营型干部大多是非财务专业出身，根本看不懂这么复杂的成本，更别谈用这个逻辑做预算了。而在管理会计中，成本只有两种：固定成本和变动成本。如此一来，做预算就简单了：一是用这个逻辑来推演，成本预算会更加准确；二是这套逻辑更容易推广到各个部门，让各部门在做预算时更容易上手。

表4-1 财务会计和管理会计中的成本差异

财务会计	管理会计
材料成本——料 人工成本——工 制造费用——费 销售费用——销 管理费用——管 研发费用——研 财务费用——财 税金费用——税	固定成本——固本 变动成本——变本

反之，企业如果用核算逻辑来做成本预算，就会出现问题：要么算不准，要么算不出来。一位百亿级企业的干部有过类似的经历：他从事了10年财务工作，后来转型做业务，负责管理工厂七八年。在做预算的过程中，他发现了预算编制不准确的问

题。如今回头来复盘，他才发现根源就是用了财务核算的思维来做预算，这导致预算偏差比较大。

因此，企业要牢记：核算属于财务会计，由财务部单独负责；而预算属于管理会计，由各部门共同参与。财务会计依据的是会计准则，它是报账型会计，核算过去，主要用于外部报送。而管理会计不一样，它是依据经营需要预算未来，是经营型会计，目的是给"老板"看，帮助经营型干部深度剖析经营结果和业务实况，主要用于内部决策。

低维预算：只算盈利，不算效率和杠杆

最后一个误区是什么？大多数企业只做白马盈利预算，不做赤马效率预算，更忽略了黑马杠杆预算。

如表4-2所示，假设你面前放着两套预算方案，请问你会选择A方案还是B方案？我在课堂上经常以这个案例和学员互动，结果发现99%的人都会选择A方案。因为A方案的白马盈利高达30%，而B方案的白马盈利只有10%。这个选择真的对吗？不一定！

表4-2　某企业的两套预算方案

方案	收入	成本	利润	白马盈利
A	10	7	3	30%
B	10	9	1	10%

我曾经服务过一家西北地区的企业，这家企业的老板选择的就是A方案。为了激励团队完成30%的利润预算，他承诺销售总

监只要能完成10亿元的销售目标，企业就奖励一辆宝马7汽车。同样，采购总监只要能够控制好成本，企业就奖励一辆宝马5汽车；生产总监只要完成产能目标，企业就奖励一辆宝马3汽车。到了年底，各个部门的绩效指标果然都完成了，三位总监如愿以偿开走了老板奖励的宝马汽车。但令老板百思不得其解的是：为什么公司的账上根本没钱，甚至连奖励高管的宝马汽车都是按揭贷款买的？

是什么原因造成这个后果？答案是这家企业做的是低维预算，只关注盈利预算。

如果企业只关注白马盈利，那会带来什么后果呢？销售部门只需要做一个简单的动作：改变信用政策。过去严格按照信用条款授信客户，而现在为了达成销售目标，销售总监只需要把信用条款放得更宽，给客户更长的账期，这样他就可以轻松完成销售及盈利目标。同样，采购部门为了完成节约成本的目标，改变了结算方法，从过去3个月的账期变成了现金结算；生产部门也睁一只眼闭一只眼，只顾完成生产部的产能，完全不管这些产能是不是变成了库存。

如此一来，企业的白马盈利是完成了，但这些利润并没有转化为真金白银，而是变成了应收款，躺在客户的口袋里。也就是说，企业的利润大多是账面利润，而不是现金利润。采购部门为了完成降本目标，全然不顾公司的死活，坚持现金结算，从而导致现金流越发紧张。同样，虽然生产部门完成了产能目标，但部分产能还堆在公司的仓库里，并没有真正转化为现金流。

由此可见，低维预算一定会带来低维绩效。因此，根据表4-2中的两套方案，我们是无法做出选择的。因为ROE是由三驾马车共同驱动的，仅仅看第一驾马车并不能判断哪个方案的ROE更高。

遗憾的是，大部分企业，甚至包括一部分上市公司做的都是低维预算，各部门做完销售预算、生产预算、采购预算及费税预算，就形成了利润表预算，预算编制工作就结束了。但是，如果不关注后面两驾马车，那么这极有可能带来低维绩效。因此，在利润预算的基础上，企业还要增加应收款预算、存货预算、应付款预算、投资预算、融资预算等，以保证三驾马车并驾齐驱，最终实现ROE目标最大化。

预算同心圆：业务预算—财务预算—ROE预算

如何编制出一份科学的经营预算呢？整个经营预算的逻辑可以用一个同心圆来阐释，而同心圆包括三部分（见图4-1）。

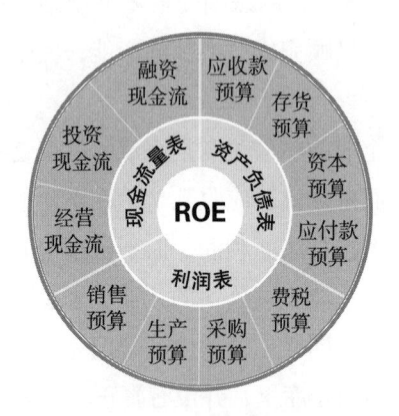

图4-1　预算同心圆

内环：ROE预算

预算同心圆的内环是ROE预算，因为经营预算是为了实现ROE最大化，进而对资源进行科学配置。而ROE是由三驾马车驱动的，因此ROE预算还要拆解为三驾马车预算：白马盈利预算、赤马效率预算和黑马杠杆预算。

中环：财务预算

三驾马车的数据来自会计报表：白马盈利数据源于利润表，赤马效率数据源于利润表和资产负债表，黑马杠杆数据源于资产负债表。这三大会计报表就是中环的财务预算。

外环：业务预算

财务预算来自外环的业务预算。

外环的业务预算应该从哪里开始呢？企业可以从销售预算开始，接着编制生产预算、采购预算及费税预算，这样就可以平衡出利润表预算。过去90%以上的企业编完这些预算就结束了，但如果只做到这一步，低维预算就会带来低维绩效。因此，企业还要编制应收款预算、存货预算、资本预算和应付款预算，由此平衡出资产负债表预算。最后，企业要编制经营现金流预算、投资现金流预算和融资现金流预算，以此平衡出现金流量表预算。根据三大报表预算，企业就可以得到三驾马车预算，并最终编制出ROE预算。

预算责任分工：谁负责，谁编制，谁管理

理解了预算同心圆的内在逻辑，接下来，预算同心圆中的每个模块应该如何分工呢？这个问题的答案弄错了，预算就编制不出来。

在讲解具体的分工之前，我要先提出一个基本原则：谁负责，谁编制，谁管理！也就是说，预算分工与经营责任要保持一致。这个原则听起来非常简单，但是我见过太多企业第一年还勉强坚持这个原则，随着时间的推移，很快又将预算责任移交给财务部。这就使预算丧失了一大半的价值，因为预算的核心价值是育人。坦率地讲，一套预算体系推行一年后，效果还无法呈现出来。企业要想培养出一群优秀的经营型干部，至少要经过三五年的锤炼。

表4-3是一张企业预算分工表。其中，预算编制最难的部分是业务预算，业务预算的主要内容及编制方法如下。

表4-3 预算分工表

预算项目	销售部门	生产部门	采购部门	……	行政部门	财务部门
销售预算	■■■					
生产预算		■■■				
采购预算			■■■			
销售费用预算	■■■					
管理费用预算					■■■	■■■
人力资源预算	■■■	■■■	■■■	■■■	■■■	■■■
应收款预算	■■■					

（续表）

预算项目	销售部门	生产部门	采购部门	……	行政部门	财务部门
存货预算	■■■	■■■	■■■			
应付款预算			■■■			
资本预算	■■■	■■■	■■■	■■■	■■■	■■■
应交税金						■■■
折旧与摊销						■■■
利润表						■■■
资产负债表						■■■
现金流量表						■■■

销售预算

销售预算是业务预算的基础，应该提前1周完成编制，由销售部门根据本部门的经营计划，采用零基预算法，按照产品、部门和客户3个维度展开编制。

生产预算

生产预算由生产部门根据销售收入预算，结合公司的安全库存政策，采用弹性预算法，按照不同的产品种类展开编制。

直接材料预算

直接材料预算由采购部门根据生产预算、材料消耗标准、价格预测及库存政策，采用弹性预算法，按照不同的产品BOM（物料清单）展开编制。

直接人工预算

直接人工预算由生产部和人力资源部根据生产预算、工时标准及薪酬福利政策，采用零基预算法和弹性预算法，按照年度招聘或解聘计划展开编制。

制造费用预算

制造费用预算由生产类部门根据生产预算、辅助生产车间成本报告、水电费供应政策及机器设备折旧政策，采用零基预算法和弹性预算法，按照年度经营计划展开编制。

人力资源预算

人力资源预算由人力资源部根据各个部门提交的人员招聘或解聘计划，结合公司薪酬福利政策及国家劳动法规，采用零基预算法、弹性预算法展开编制。

销售费用预算

销售费用预算由销售类部门采用零基预算法和弹性预算法，按照年度经营计划展开编制。

管理费用预算

管理费用预算由管理类部门采用零基预算法，按照年度经营计划展开编制。

财务费用预算

财务费用预算由财务部门采用零基预算法，按照年度经营计划展开编制。

资本性支出预算

资本性支出预算由各个部门采用零基预算法，按照年度经营计划和公司战略规划展开编制。

折旧与摊销预算

折旧与摊销预算由财务部门根据会计政策，按照资本性支出计划展开编制。

营运资产（应收款、存货、应付款）预算

营运资产预算由销售、采购、生产等相关责任部门采用账龄预算法，按照年度经营计划展开编制。

虽然整个预算分工表看起来比较复杂，但分工明晰后，每个部门都只需要编制与自己相关的几张表格。尤其是财务部门，其在整个预算编制当中所占的分量并不重。因此，如果每到年底财务部就因为预算编制而忙成一团乱麻，企业的预算逻辑就错了，财务经理忙碌的大概是一个没有经营价值的虚假预算。

至于每种业务预算涉及的编制方法，如零基预算法、弹性预算法及账龄预算法，后文将一一详述。

预算是设计成本：从管理会计的视角重新认识成本

预算编制要解决的第二个痛点是什么？预算的准确性。许多企业一开始兴致勃勃地编制预算，结果第二年就对预算丧失了兴趣，根源在于它们发现预算根本不准。而预算不准的根源是什么？成本算不清楚。

预算是预先配置资源，而资源是企业的成本。因此，预算就是预先设计成本。预算准确与否，关键取决于企业对成本的识别是否准确。

如表4-4所示，一家制造型企业生产环节的成本包括折旧摊销、厂房房租、基本工资和五险一金、材料成本、水电费、计件奖金。这几种成本有什么不同呢？其中，折旧摊销、厂房房租、基本工资和五险一金属于固定成本，无论这家企业生产20 000件还是10 000件产品，这些成本都需要支付；而材料成本、水电费、计件奖金属于变动成本，随着产量的变化而变化。当生产20 000件产品时，变动成本增大；当生产10 000件产品时，变动成本变小。

表4-4 固定成本与变动成本

项目	固定成本	变动成本	成本动因
生产环节	折旧摊销	材料成本	产量
	厂房房租	水电费	
	基本工资、五险一金	计件奖金	
销售环节	折旧摊销	运输费	销量
	办公室房租	佣金	
	基本工资、五险一金	销售提成	
	水电费		

再来看销售环节，成本包括折旧摊销、办公室房租、基本工资和五险一金、水电费、销售提成、佣金、运输费。同样，折

旧摊销、办公室房租、基本工资和五险一金、水电费都是固定成本，这些成本与销售部门的销量无关，无论销售部门这个月卖出20 000件还是10 000件产品，这些费用都要支出。而销售提成、佣金和运输费就不同了，这些成本会根据销售量的改变而改变。

细心的人可能已经注意到了：在上面所有成本中，最有意思的是水电费。生产环节的水电费是变动成本，会随产量的变化而变化。而销售环节的水电费是办公区电费，属于固定成本，不会随销量的增加而增加。这就是成本识别的复杂性，即便是同一项成本，成本性态也会不同。

通过拆解生产和销售两个环节的成本，企业要弄明白两个基本概念：一个是固定成本，一个是变动成本。

固定成本是指总额在一定时期及一定业务量范围内，不直接受业务量变动的影响，保持固定不变的成本，如销售部门的房租和水电费就不会受到销量的影响，即便一分钱收入都没有，这笔费用也要支出，属于固定成本。而变动成本是指总额在相关范围内随着业务量的变动而呈线性变动的成本，比如销售佣金是根据销量变化的，属于变动成本。收入越高，变动成本就越大。在这个过程中，驱动成本变化的因素被称为成本动因。

对于业务人员来讲，成本动因这个专业名词可能比较陌生。顾名思义，成本动因就是驱动成本增长的因素。比如，销量增加了，佣金和销售提成就会增加，因此销量就是佣金和销售提成的成本动因。同样，产量增加了，材料成本就会增加，因此产量就是材料成本的成本动因。

一旦识别出某项成本属于固定成本还是变动成本，预算编制的思路就清晰了。比如，采购部门要编制材料成本预算，因为材料成本属于变动成本，而变动成本是与业务量呈线性关系的，材料成本=数量×单价。同样，销售员的基本工资预算也非常简单。基本工资属于固定成本，根据公司的岗位工资标准计算即可。五险一金怎么计算呢？按照当地政府每年调整的比例来计算。

成本计算难在哪里呢？混合成本。成本的性态有三种：固定成本、变动成本和混合成本。在实际经营中，混合成本是无法管理的。因此，企业必须消灭混合成本，将混合成本拆分为固定成本和变动成本。

如表4-5所示，薪酬是典型的混合成本。会计核算的科目叫薪酬，但预算编制必须将其拆分为两个科目：一个叫变动工资科目，另一个叫固定工资科目。以工人薪酬为例，变动工资是指工人的计件工资，固定工资则是指工人的基本工资和五险一金。同样，电费也是混合成本，必须拆分为生产区电费和办公区电费。生产区电费随着产量的变化而变化，属于变动成本，而办公区电费属于固定成本。

表4-5　消灭混合成本

混合成本	变动成本	固定成本
工人薪酬	计件工资	基本工资、五险一金
销售员薪酬	销售提成	基本工资、五险一金
电费	生产区电费	办公区电费
混合成本 = 变动成本 + 固定成本		

企业要想保证预算准确，关键在于重新识别成本性态。在经营实践中，很多企业认为划分固定成本和变动成本有难度，因为

有些支出确实不容易区分。比如，同样是销售人员的差旅费，在不同政策下，成本性态截然相反。如果企业的报销政策是包干制，每成交100万元，报销3万元的差旅费，那么差旅费与业务量相关，属于变动成本；相反，如果企业的报销政策是实报实销，某次出差花了2万元，回来后凭票报销2万元，那么差旅费属于固定成本。因此，成本分类有一个特征，即不确定性，企业可以根据自己的经营情况来选择。例如一家企业销售部门的差旅费上半年采用包干制，属于变动成本，下半年又改为实报实销制，属于固定成本。也有企业规定一线销售人员采用包干制，差旅费属于变动成本，二线人员采用实报实销制，差旅费是固定成本……具体政策由企业根据经营需要自己决定。

一旦经营型干部能准确识别成本性态，成本预算的编制就简单了。对于固定成本，企业可以采用零基预算法；对于变动成本，企业则要采用弹性预算法。

预算固定成本：零基预算法，切忌照搬历史数据

谈到预算的编制方法，企业最常见的错误是什么？采用比例预算法。所谓比例预算法，是指将成本按照收入的一定比例上浮X%。例如，一家企业今年的营收达到了10亿元，明年老板想实现20亿元的目标。那么，销售部门是怎么做差旅费预算的呢？其逻辑很简单，把今年的数据调出来，发现今年的差旅费用了300万元，而明年的销售收入预算翻了一倍，因此明年的差旅费预算应为600万元，这就是典型的比例预算法。

这种方法的科学性取决于成本的性态。如果这家企业的差

旅费采用的是包干制,那么问题不大,因为包干制下的差旅费是变动成本。但是,如果这家企业的差旅费采用的不是包干制,而是实报实销制,它就属于固定成本,企业坚决不能按照比例来做预算。一旦按照比例预算法来做预算,兵棋推演就无法进行下去了——所有成本都混合在一起,公说公有理,婆说婆有理。我曾经亲眼见到一位销售总监就是这么干的,因为他想要更多的资源,所以要求预算同比例上浮。但是,资源的盘子一共就那么大,他拿多了,别人就没有了。因此,一堆人暴跳如雷,却都找不出什么依据。老板在一旁拿着佛珠,也束手无策。

如何解决这个问题?只有一个办法,采用零基预算法。零基预算法的原则是所有费用都要从实际业务需要出发来配置资源,不能直接按历史数据的总量进行简单的同比例浮动。比如差旅费用,不能以去年的发生额为依据预测下一年的,而是要根据下一年的出差计划重新预算。

零基预算法的逻辑是什么?一切重新想象。企业在编制预算时,以零为基底,不照搬过去的数据,从根源讨论每一项数据的可行性。如果要完成20亿元的销售目标,那么这个销售目标由哪些客户来完成?这些客户需要多少销售人员来服务?每个区域、不同级别的客户分别需要多少拜访频次?根据拜访频次,反推出每个销售人员需要多少差旅费?……只有将差旅费的产生过程从零开始推导,才能判断每一项费用是否合理。

因此,对于固定成本,我们坚决反对按照比例,坚决反对经验主义。许多企业在做预算时,第一反应是让财务经理把具体数据整理好并发放给各部门,坚决不能这么干!恰恰相反,我认为财务经理应该一句话都不要讲,一个数据都不能给。业务部门的数据不应该来自历史数据，而应该来自未来的经营计划。各部门要根据明年的经营计划，从零开始推导自己的固定成本。

前文反复强调：预算不是用历史数据作为起点，而是以未来的战略和计划作为起点。它与去年的历史数据没有关系，而是与战略目标有关系。如果你的思维方式是在去年的基础上加加减减，那么你的达标路径必然与去年如出一辙。这种思维方式最大的问题就是忽略了市场和客户需求的变化，忽略了竞争环境的变化。一旦市场变化了，企业的达标路径就要重新推导：企业瞄准的客户群体改变了吗？产品组合改变了吗？团队调整了吗？客户群体不一样，产品组合不一样，团队战斗力不一样，达标路径还能和去年一样吗？

当达标路径发生变化时，经营型干部必须从零开始复盘：哪些固定成本需要投入？哪些固定成本不需要投入？只有一切从零开始，重新想象，企业才能摆脱过去经验的局限性，找到更具创新性的达标方法，并基于此优化资源配置方案，尽可能地使有限的资源投入最有价值的经营活动，从而产生更高的ROE。

从这个角度讲，零基预算法也是难度最高的预算方法。除了固定成本预算要使用零基预算法，资本性支出预算也应该使用零基预算法。

预算变动成本：弹性预算法，找到成本动因

如果说固定成本预算反对使用比例预算法，要求经营型干部摆脱历史经验的束缚，一切重新想象，那么变动成本预算则恰好相反，它鼓励大家回到历史数据中寻宝，按照比例来做预算。因

此，编制变动成本预算要采用另一种预算方法：弹性预算法。

什么是弹性预算法？弹性预算法又称变动预算法，是以未来不同业务水平为基础分别确定相应支出的预算编制法。比如，一家企业的材料成本是跟随产量的变化而变化的，这家企业的产量越高，耗费的直接材料成本就越多。如表4-6所示，当该企业的产能为60%时，直接材料成本为120万元；当该企业的产能为80%时，直接材料成本为160万元；当该企业的产能为100%时，直接材料成本则为200万元。

换言之，变动成本预算要与经营目标完成率挂钩。经营目标完不成，成本预算就要同比例减少。经营结果超出预期，则自动获取同比例的增量预算。而固定成本预算与产量变化无关，相对固定。如表4-6所示，当产能达到100%时，企业需要投入的总成本为400万元；当产能仅为60%时，需要投入的总成本为280万元。因此，在编制生产成本预算时，企业需要考虑不同产量的情况，这个时候就适用于弹性预算法。

表4-6　产品成本表　　　　　　　　　　　　　单位：万元

产能	60%	80%	100%
产量（x）	60	80	100
单位变动成本（b）	180	240	300
直接材料成本（$b_1=2$）	120	160	200
直接人工成本（$b_2=1$）	60	80	100
固定成本（a）	100	100	100
折旧费等（$a_1=70$）	70	70	70
间接人工费（$a_2=30$）	30	30	30
总成本（y=a+bx）	280	340	400

比如，一家企业的总成本等于固定成本加变动成本，其中，变动成本等于单位变动成本乘以产量，则总成本用公式可以表示为y=a+bx。其中a代表固定成本，b代表单位变动成本，x代表产量。整个数学公式的推导过程如下：

$$产品成本 = 固定成本 + 变动成本$$
$$= 固定成本 + 单位变动成本 \times 产量$$
$$y=a+bx$$

为什么编制变动成本预算要采用弹性预算法呢？因为外部市场环境在不断变化，未来有很多不确定性，只有走得越近，才能看得越清。举个例子，假设你一开始预估今年能卖出2万件产品，结果年中复盘时发现外部环境恶化，整个行业的需求量萎缩了接近一半，这个时候，你预计只能卖出1万件产品，那么变动成本预算也应该减少一半。所以，变动成本应该保持一定弹性，以使预算真正贴近业务的真实场景。企业的产量较高时，变动成本预算就高；反之，企业的产量较低时，相应的变动成本预算就低。

如何保证变动成本预算编制的准确性呢？企业只需要抓住一个原则——找单价或单耗。对于企业来说，变动成本的预算总额并不重要，因为它是随着业务量的变化而变化的，关键在于找到变动成本的成本动因，控制单位成本。

预算营运资产：账龄预算法，不控余额控天数

零基预算法和弹性预算法主要用于编制固定成本和变动成本预算，它们解决的是白马盈利预算。成本控制得越好，企业的白马盈利就越高。但是，白马盈利预算只是低维预算，要想保证ROE最大化，企业还必须编制赤马效率预算和黑马杠杆预算。而影响赤马效率和黑马杠杆最关键的要素是什么呢？营运资产。

所谓营运资产，是指企业在其正常营业周期内能够实现并使用的资产。这些资产能够在一年内转化为现金流，为企业创造经济利益。具体来说，营运资产包括但不限于企业在短期内可以转换为现金的流动资产，比如应收款、存货、应付款等。

实际上，现金、应付款、存货、应收款等营运资产是可以相互转化的。企业为什么要储备现金？因为要准备好支付到期的应付款。无论一家企业的白马盈利有多强，赤马效率有多快，如果没有足够的现金储备，该支付给银行的贷款就无法支付，该支付给供应商的货款就会延期，这些都会给企业带来大麻烦。储备现金是为了支付应付款项，而应付款项是为采购存货而产生的，存货卖出去，就会形成应收款，应收款收回来，又会转化为现金。只要这个循环能快速完成，赤马效率就会提高。

从这个角度看，营运资产的管理逻辑非常简单：重要的不是管理营运资产的余额，而是管理营运资产变现的能力。企业要重点关注那些长时间不流动、不循环的高龄资产。账龄越长的资产，风险越高；应收款时间太长，很可能收不回来；存货时间太长，有可能卖不掉……因此，要想管理好自己的资产，企业就要从改善营运资产的周转天数入手。

营运资产周转天数＝应收款周转天数＋存货周转天数－应付款周转天数

营运资产周转天数越短,赤马效率就越高,现金流就越充足。从上面的等式中,我们不难发现:

- 应收款周转天数越短越好。
- 存货周转天数越短越好。
- 应付款周转天数越长越好。

经常有人问我,"付老师,我们公司有1 000位客户,怎么编制应收款预算呢?""我们公司有10 000多个零部件,怎么编制存货预算呢?""我们公司有几百家供应商,该如何编制应付款预算呢?"事实上,企业不需要以单个客户、单个零部件和单个供应商为基准来做预算,而是要以时间为单位来做预算。企业即便有几千个客户、几万个零部件、几百个供应商,也不需要管理它们的具体细节,只需要抓住"牛鼻子",管理好营运资产的账龄。这就是账龄预算法。

账龄预算法又称时间预算法,是一种先制定账龄目标,再计算资产余额的预算编制法。这种方法主要应用于应收款预算、存货预算、应付款预算的编制。简言之,业务部门在编制营运资产余额预算时,要先根据去年的资产余额数据计算去年的资产账龄,以去年的资产账龄为基数,确定预算年度的目标账龄,再根据目标账龄计算资产余额。

具体来说,营运资产预算的编制分为三个步骤:

- 第一步：根据余额计算实际账龄。
- 第二步：讨论确定目标账龄。
- 第三步：根据目标账龄计算资产余额。

编制营运资产预算看起来很简单，实则非常具有挑战性。如果各部门没有经过充分讨论，只是填写数据，那么可能一分钟就能填完。但是，经营型干部不能把这当成数字游戏，每一个预算数据都要经过销售、采购、生产、仓库等各个部门的充分沟通和讨论。经过充分讨论的预算数据，才会真正贴近业务的实际情况，真正起到导航的效果。

具体来说，企业的存货预算编制步骤如下。

第一步：计算存货的实际库龄

存货的每月库龄计算公式为：存货库龄 = 30 × 平均存货余额 ÷ 月度销售成本。做到这一步还不够，企业要将存货库龄拆解为原材料库龄、在制品库龄和产成品库龄，总之，企业要根据实际情况进行存货结构分解。一般来说，分解的颗粒度有多细致，账就能算多细，管理就能管多细。其中，各个模块的库龄计算公式如下：

原材料库龄 = 30 × 平均原材料余额 ÷ 月度销售成本
在制品库龄 = 30 × 平均在制品余额 ÷ 月度销售成本
产成品库龄 = 30 × 平均产成品余额 ÷ 月度销售成本

第二步：确定目标存货库龄

假设一家企业存货库龄的实际天数为60天，而第二年的预算目标为50天，那么如何缩短存货库龄呢？由于存货包含原材料、在制品和产成品，因此需要采购、生产、销售三个部门共同讨论如何缩短存货天数：采购部门需要考虑如何控制原材料的在库天数，生产部门需要考虑如何加快在制品的周转速度，销售部门需要考虑采用哪些动作才能加快产成品的销售速度。采购部门、销售部门和生产部门需要进行充分沟通和讨论，并写下详细的预算说明：缩短10天的存货库龄，企业需要对哪些产品进行调整？如何提升各类存货的周转速度？三个部门要给出具体的方案和措施。

第三步：计算存货余额

计算出目标存货库龄后，企业就可以进一步计算存货余额。其计算公式为：

存货余额=存货的目标库龄 × 月度销售成本 ÷ 30

根据这个公式，企业就可以计算出各类存货的预算余额。以此类推，企业可以编制出应收款预算和应付款预算。

囿于篇幅，本章只论述预算编制的底层逻辑以及重点、难点，其他细枝末节并未展开详述。我的上一本书《ROE预算管理》详细阐述了各部门预算编制的具体方法及工具，大家如果想了解预算编制的更多细节，那么不妨找来一读。

第5章

管预算：
全员目标管理与全员成本管理

预算管理的三个典型错误

经营预算编制完成，并不意味着预算工作结束，而恰恰是预算管理的开始。

为什么有些企业来回折腾三四个月做预算，最后却发现经营结果与预算目标相差甚远？为什么有些企业每年定下的预算目标几乎都可以达成呢？我研究发现，两者最大的区别在于：后者认识到预算管理是一个闭环系统，而前者将预算编完了就放在抽屉里，然后想怎么干就怎么干，结果当然是不可能达成预算目标。

为什么预算管理如此重要？因为预算管理本质上是实现两种管理。

- **一是全员目标管理**。经营预算是从经营目标ROE出发，将目标分解到各个部门的干部头上，输出干部的绩效KPI。因此，管预算就是管目标，防止干部偏离经营导航，导致最终实现不了目标。

- **二是全员成本管理**。为了达成目标，企业为各个部门配置了各种资源，而资源就是成本。因此，管预算就是管成本，成本管好了，利润就出来了。

从我对企业的调研来看，企业在预算管理上会犯哪些错误呢？典型错误有三。

预算躺在抽屉里发霉，预算与经营两层皮

曾经有一位老板向我倾诉他的痛苦："每次采购总监找我签字的时候，我总是进退两难。如果不签字，他告诉我原材料只够用6～7天了，生产线马上就要停工，赶不上交货日期；如果签字，看着数百万元的资金流出，我签字时手都发抖，因为我根本不知道这笔钱该不该付。"

我不解地问道："你们没有做预算吗？"

他答道："有啊！预算去年年底就做完了，放在抽屉里！"

类似的案例不胜枚举，许多企业都把预算当成一种年底的固定仪式，而不是经营导航，这就导致预算和经营是两层皮：预算是预算，经营是经营。实际上，要解决签字的问题，只需要对照预算就可以了：如果预算里有这笔钱，那就签字；如果预算里没有这笔钱，这笔钱就不能付！

过去我们接触过很多类似的企业：每年花三四个月加班加点做预算，但是，第二年却将预算束之高阁，不闻不问。因为在很多管理者心中管预算就是砍费用，所以他们从内心深处抵触预算。事实上，预算不是为了控制管理层花钱，而是为了指导他们

正确地花钱，把钱花在刀刃上，花在真正有高回报的地方。因此，预算是为了优化资源的利用效率，提前计算如何使用每一分钱才能获得最大的回报。一旦找到花钱的最优路径，就能为经营型干部的经营决策提供经营导航。因此，如果让预算躺在抽屉里发霉，那么预算就失去了原有的价值。

成本"刹不住车"：收入多，利润少

如果不做预算管理，那么企业就会遭遇第二个困境：增收不增利。

我曾经服务过深圳的一家上市公司，这家公司是一家电子材料制造商。这家公司幸运地抓住了风口，连续数年高速发展，因此招聘了大量的年轻干部。但是，这群人普遍不会管理预算，导致成本根本"刹不住车"。到了年底一算账，该公司才发现收入增长喜人，利润却还在下降。

"富了和尚穷了庙"：员工绩效目标脱离公司经营目标

如果不做预算管理，那么企业会遭遇的第三个困境是"富了和尚穷了庙"。当干部的绩效目标没有与预算目标衔接起来时，他们只会实现一个目标——个人绩效目标，没有人会记得公司目标。

经常有企业家向我抱怨：公司目标没有达成，但干部们个个年薪百万。事实上，这不能怪员工，而是公司自身的系统出了问题。为什么干部只实现个人绩效目标，却没有实现公司经营目标？因为公司目标和干部的个人目标没有衔接。衔接靠什么？靠预算管理。因此，前面反复强调，预算有两个功能：一是推演计划可行性，二是输出绩效KPI。输出绩效KPI的目的就是实现两个目标。

无论是全员目标管理还是全员成本管理，本质上都只是手段。目的是什么？实现两个目标：一个目标是公司的经营目标，另一个目标是个人的绩效目标。许多干部只想着实现一个目标——个人绩效目标，但是，如果个人绩效目标和公司的经营目标脱节，那么企业就会非常危险。

正如德鲁克所言："绩效的要求是：每一项工作必须以整个组织的目标为导向，特别是每个管理者的工作必须关注整个组织的成功。企业期望管理者的绩效必须指向整个企业的绩效目标。管理者的成果是根据他对整个企业成功所做的贡献来加以衡量的。管理者必须清楚地了解企业目标在绩效方面对他有何要求，他的上司也必须明白这些要求以及对他在绩效贡献上的期待。如果这些要求未能实现，那么管理者就会被误导，他们的努力也就付诸东流了。"因此，预算管理本质上是为了实现两个目标，把公司目标和个人目标紧紧地绑定在一起，让个人目标与公司目标强关联，让个人与公司形成利益共同体甚至是命运共同体。

预算管理 = 全员目标管理

绩效KPI全景表

预算输出绩效的结果是什么？绩效KPI全景表。每年年底，人力资源部门都在寻找第二年的绩效KPI数据。如果公司有预算体系，那么这些数据会自动生成。

预算目标就等于经营目标ROE。对于投资人来讲，他们要的是ROE这个大目标。对于经营者而言，这个大目标需要进行层层分解。除了总经理和公司级别的干部的绩效是ROE，其他部门级别的干部绩效KPI就不是ROE，企业要将ROE分解为三驾马车数据：白马盈利、赤马效率和黑马杠杆。

这三驾马车如何分解到各个部门呢？这里以销售部和采购部为例，来阐释三驾马车是如何与经营型干部的绩效KPI挂钩的。

销售部的绩效KPI

销售部门的白马盈利指标是什么？一是销售收入，这个毋庸置疑，因为销售是开源和创造收入的部门；二是销售利润，这个指标可能大部分人都没听过，它是一个管理会计的指标。在财务会计中，没有销售利润，只有销售收入、毛利和净利润。销售利润的计算公式如下：

销售利润=销售毛利–销售部可控费用

为什么不是销售费用，而是销售部的可控费用呢？因为有些费用虽然在财务会计上是属于销售部的，却是集团分摊给销售部的，因此它们不可控，需要被剔除。这就是管理会计和财务会计最大的区别。你会发现，财务会计的各项指标是可以横向对比的，而管理会计的各项指标做横向对比就没有意义，只会给自己徒增烦恼，因为每家企业的标准不一样。

白马盈利的绩效指标找到了，那么赤马效率的绩效指标是什么呢？

一是销售回款。如果销售部门不回款，那么应收款就会增多，赤马效率就会很慢。那么，应收款这个指标怎么抓呢？抓应收款周转天数，而不要去抓应收款余额。因为销售一直在波动，导致应收款余额也一直在波动。

二是成品天数。为什么企业的库存会有积压呢？因为销售部门卖得太慢了。所以，销售部门除了抓应收款周转天数，还要抓成品天数。这是销售部门赤马效率的经营指标，也是它的绩效指标。

黑马杠杆的绩效指标是什么呢？

黑马杠杆的底层逻辑是用别人的钱赚钱，销售部能做到这一点吗？能，通过预收款来实现。一流的销售模式是预收款结算，二流的销售模式是现金结算，三流的销售模式是应收款结算。因为应收款结算不仅没有带来现金，还会增加应收款余额，降低赤马效率。

综上所述，人力资源部门对销售部门需要管理5个绩效指标：销售收入、销售利润、应收款周转天数、成品天数以及预收款天数。当然，具体选择哪几个指标，企业要根据自己的实际情况做取舍。

以行动教育为例，行动教育没有应收款，也没有存货，因此不必考核应收款周转天数和成品天数。与此同时，行动教育对价格管控得很严格，一线销售伙伴不用抓销售利润，只需要关注销售收入和预收款。因此，乍一看销售部门涉及5个指标，实际上只需要选择其中的2~3个指标，这就是管理会计和财务会计最大的区别。通常来讲，财务会计是财务经理需要学习的，而管会计是所有经营型干部都需要学习的。每家企业都要有自己的管理会计，只有将这套模型建立起来，才能真正从管理走向经营。

采购部门的绩效KPI

再来看采购部门。采购部门要负责的白马盈利指标是什么？采购成本。采购部既要确保采购到符合公司需求的原材料和服务，也要控制好采购成本，才能确保实现白马盈利目标。

为了降低采购成本，增加与供应商谈判的筹码，采购部门惯用的手段之一是增加采购量，本来一次只需要采购1万吨原材料，现在一次性采购2万吨，因为价格是取决于量的。采购量越大，成本就越低，白马盈利就越多。但是，采购部门忽视了一个问题：三驾马车是联动的，增加采购量确实可以降低采购成本，但会增加存货余额，影响赤马效率，导致赤马效率变慢：原材料买多了，原材料的周转天数就会变长。因此，采购部门还需要关注第二个绩效指标：原材料周转天数。

为了降低采购成本，采购部门另一个惯用的手段是改变结算方式，将过去30天的应付款账期结算改为现金采购，甚至给供应商预付款，这不仅会占用企业的资金，还会影响黑马杠杆，导致黑马杠杆更小。因为黑马杠杆的底层逻辑是借力，是用别人的钱赚钱，所以一流采购是应付款结算，二流采购是现金结算，三流采购是预付款结算。因此，采购部门还要关注第三个绩效指标：应付款天数。供应商给的账期越长，企业的黑马杠杆就越大。实际上，资本非常喜欢应付款和预收款带来的杠杆，因为这两种负债不用担保，不用抵押，不用利息，不仅风险极低，还可以放大企业的ROE。

以此类推，每个部门都可以从三驾马车的角度抓取部门的经营指标，找到自己需要承担的绩效KPI。接下来，再从一级部门分解到二级部门，从二级部门分解到三级部门……逐级向下分解，使得公司的大目标与各个层级的经营型干部形成强关联，最终真正实现"千斤重担万人挑，人人头上有指标"。这个指标不是财务经理给经营型干部的，也不是总经理强派下去的，而是经营型干部自己推演出来的。

最后，如表5-1所示，企业会得到一张绩效KPI全景表。对于经营型干部而言，每个经营决策都应该围绕自己的绩效指标来做。谁负责，谁编制，谁管理！只要每个经营型干部都能实现自己的绩效KPI指标，企业的经营目标ROE就可以达成了。

表5-1 绩效KPI全景表

部门	白马盈利		赤马效率		黑马杠杆
销售部	销售收入	销售利润	应收款天数	成品天数	预收款天数
采购部	采购成本	—	原材料天数	—	应付款天数
……					
……					

三标合一：力出一孔，利出一孔

今天相当一部分企业中都出现了一种耐人寻味的现象：企业的经营目标由董事会来定，预算目标由总经理来定，各部门的绩效目标又由人力资源部门来定，三方各说各话。到了年底盘点，企业发现经营目标没有完成，预算目标完成一部分，但各部门的绩效目标居然都完成了。

这说明什么？经营目标、预算目标和绩效目标三者之间没有衔接。实际上，这三个目标应该是出自同一个目标ROE的。企业的经营目标就是预算目标，因为经营预算是为了达成经营目标而配置资源，因此，企业的预算目标应该就是企业的经营目标。

而个人绩效目标来自哪里？经营预算。推演经营预算的过程，就是将企业的经营目标分解到各个经营型干部头上的过程，也是将经营责任分解到经营型干部头上的过程。正如彼得·德鲁克所言："企业中的每个成员的贡献各不相同，但所有贡献都指向一个共同的目标。他们的所有努力必须朝着同一方向，他们的所有贡献必须联合起来形成一个整体，没有缝隙，没有摩擦，没有不必要的重复劳动。"

通过经营预算的推演，确保组织战略执行的纵向一致和横向协同，实现上下一致，左右对齐，打通个人绩效目标与公司经营目标的一致性，将企业目标与个人目标统一，这样企业在执行层面就找到了最好的资源配置方式。归根结底，预算管理是要实现一个目标，即将个人和公司变成命运共同体，因为部门绩效目标与公司目标是一脉相承的。

因此，一个成功的企业应该只有一个目标：无论是公司目标还是预算目标，抑或是个人的绩效目标，都来自一个孔——ROE。《管子·国蓄第七十三》有言："利出于一孔者，其国无敌；出二孔者，其兵不诎；出三孔者，不可以举兵；出四孔者，其国必亡。"经营企业也是如此，只有将所有资源全部导向ROE这一个孔，才能确保ROE最大化。只有企业上下一心，都向ROE这个孔发起冲锋，企业的ROE才能提升。

古人云："上下同欲者，胜；同心同行者，赢。"一旦三标合一，企业只需要激活每个经营型干部，确保他们的个人绩效目标能够如期完成，整个企业的经营目标ROE也就可以完成了。

预算管理 = 全员成本管理

预算是进行资源配置，而资源就是企业的成本，因此，管预算就是管成本。当增收不增利甚至面临亏损时，企业就需要把成本管理好。一旦成本管好了，利润就出来了。

那成本怎么管呢？下面来看两个决策场景，它们也是预算管理中比较典型的易错题。

一份正确的成本分析报告：成本节约了吗

如表5-2所示，假设财务经理向你提交了一份预算分析报告，报告显示：生产部门的总生产成本预算是3 900万元，而实际只用掉了3 600万元，节省了300万元。根据这个报告，你认为企业需要奖励生产经理吗？我在课堂上与企业家互动时，大部分人都认为应该奖励他。

表5-2 某企业的成本分析报告　　　　　　　　　　　　单位：万元

预算项目	实际	预算	节约	节约率
材料成本——料	1 900	2 000	−100	−5%
人工成本——工	700	800	−100	−15%
制造费用——费	1 000	1 100	−100	−9%
总生产成本	3 600	3 900	−300	−8%

如果你根据上面这份报告做出了奖励生产经理的决策,那么你就用貌似正确的方法做出了错误的决策。为什么?因为这份预算报告本身就是错的。

这份预算报告是根据财务会计制作出来的,而预算管理属于管理会计。在管理会计中,成本不是料、工、费,而是要被重新分类为变动成本和固定成本。因此,要想做出正确的决策,预算经理首先要按照管理会计的逻辑重新制作一份预算报告。

如表5-3所示,这是预算经理站在管理会计的角度重新制作的成本分析报告。报告显示:生产经理的预算是3 900万元,其中,变动成本预算是3 100万元,固定成本预算是800万元。导致预算与实际产生差异的是变动成本,其中:直接材料成本预算是2 000万元,而实际只用了1 900万元;直接人工成本是1 100万元,实际只用了900万元。现在请你重新思考一下:成本节约了吗?

表5-3 管理会计角度的成本分析报告　　　　　　　　单位:万元

预算项目	实际	预算	差异	差异率
变动成本	2 800	3 100	−300	−11%
直接材料	1 900	2 000	−100	−5%
直接人工和变动制造费用	900	1 100	−200	−22%
固定成本	800	800	—	—
间接人工	500	500	—	—
折旧等固定制造费用	300	300	—	—
总生产成本	3 600	3 900	−3%	−8%

大多数老板和高管都认为成本节约了8%,应该奖励生产经理。但仅仅凭这份预算分析报告,还无法得出这个结论。为什

么？因为这位生产经理节约的不是固定成本，而是变动成本，而变动成本预算管理的逻辑不是看总额，而是看单耗和业务量。变动成本是否节约，取决于这家企业的业务量，即产能。所以，这位生产经理是否应该受到奖励，取决于公司的产能。如果生产部门的产能100%实现了预算目标，就说明这位生产经理确实为公司节省了300万元，公司必须奖励生产经理。

相反，如表5-4所示，如果生产部门的产能只实现了80%的预算目标，那么预算中的变动成本就应该同比例缩减到80%，也就是3 100×80%=2 480万元，而这位生产经理的实际变动成本是2 800万元。也就是说，这位生产经理的变动成本超支了320万元。生产成本不仅没有节约，还超支了10%。因此，公司不仅不能奖励生产经理，还应该对生产经理进行处罚。

表5-4　正确的成本预算分析报告（产能=80%）　　　　　　单位：万元

预算项目	实际	预算	差异	差异率
变动成本	2 800	2 480	320	11%
直接材料	1 900	1 600	300	15%
直接人工和变动制造费用	900	880	20	2%
固定成本	800	800	—	—
间接人工	500	500	—	—
折旧等固定制造费用	300	300	—	—
总生产成本	3 600	3 280	320	10%（超支）

这是一个非常经典的案例。在编制预算分析报告时，不能用财务会计的逻辑来编制，而要用管理会计的逻辑。另外，在核算成本时，要区分固定成本和变动成本。固定成本可以控制总额，

而变动成本控制的应该是单耗，而不是总额，因为变动成本会根据业务量上下浮动。但是，经营者如果没有梳理清楚预算管理背后的逻辑，却又想用数据来做管理决策，那么很可能会用正确的办法做了错误的决策。

边际贡献与边际贡献率：负毛利产品是否要砍掉

月初，财务部的刘会计向你提交了一张产品利润表。如表5-5所示：1月的销售收入为100万元，其中，A产品收入70万元，利润13万元；B产品收入20万元，利润–1万元；C产品收入10万元，利润–2万元。请问：你是否应该砍掉B产品和C产品？如果你看到B产品和C产品亏损，就想要砍掉这两个产品，那么你可能又做出了错误的决策。

表5-5　某企业的产品利润表　　　　　　　　　　　　单位：万元

产品类别	A产品	B产品	C产品	总计
收入	70	20	10	100
利润	13	–1	–2	10

如何判断一款产品是否该保留呢？我要介绍一个新的指标：边际贡献率。这是管理会计领域的一个专业名词，但有不少财务人员都没有关注过这个概念。因为预算管理不属于财务会计，而属于管理会计的范畴。

什么是边际贡献率呢？它指的是边际贡献在销售收入中所占的百分比。要计算边际贡献率，首先要了解边际贡献：边际贡献=销售收入–变动成本，它是管理会计中经常使用的一个概念。

这个指标有非常好的经营管理价值，其推导过程如下：

收入－成本＝利润

收入－变动成本－固定成本＝利润

边际贡献－固定成本＝利润

根据上述等式，我们可以发现以下规律：

- 边际贡献＞固定成本，企业就盈利。
- 边际贡献＜固定成本，企业就亏损。
- 边际贡献＝固定成本，企业既不盈利也不亏损，这就是我们经常提到的盈亏平衡点。

在实际经营的过程中，有些财务经理经常会问老板类似的问题："老板，咱们的产品制造成本100元，客户报价90元，到底卖不卖？"如果从毛利的角度看这个问题，毛利＝90-100＝-10元，那么这笔生意肯定不值得做，因为卖得越多，公司亏得越多。

然而，一位合格的财务经理不会问老板这个问题，因为它会误导老板做出错误的决策。财务经理应该按性态重新分析产品成本：如果制造环节变动成本为70元，销售环节变动成本为30元，总变动成本＝70+30＝100元，边际贡献＝90-100＝-10元，那么回复显然是不能卖。如果制造环节变动成本为60元，销售环节变动成本为20元，总变动成本＝60+20＝80元，边际贡献＝90-80＝10元，就要具体问题具体分析了：如果公司的库存太多，那么这款产品可以卖；如果这款产品是战略性产品，那么它也可以卖；如果这款产品已经进入了衰退期,那么负毛利产品仍然是有价值的,因为它有边际贡献,虽然不能为企业带来利润,但可以分摊企业的固定成本。

由此可见,判断一个产品能不能卖,不取决于毛利,而是取决于边际贡献。一般来说,只要有边际贡献,就可以卖。因为企业的固定成本永远都存在,即便这款产品只有10元的边际贡献,也向企业贡献了价值。所以,边际贡献用于内部管理比毛利更加准确。

遗憾的是,许多中小企业甚至上市公司通常都是用毛利率来管理产品结构的,比如砍掉毛利率低的产品,这就导致它们用貌似正确的方法做出了错误的决策,因为他们混淆了毛利和边际贡献的概念。

毛利和边际贡献有什么区别呢?我们来区分一下这两个概念(见表5-6)。

毛利 = 收入 – 制造成本

边际贡献 = 收入 – 变动成本

表5-6 毛利与边际贡献的差异

毛利 (收入 – 制造成本)	边际贡献 (收入 – 变动成本)
制造环节——变动成本 1. 材料成本 2. 生产计件工资 3. 电费等变动制造费	制造环节——变动成本 1. 材料成本 2. 生产计件工资 3. 电费等变动制造费
制造环节——固定成本 1. 车间管理人工 2. 其他固定制造费	销售环节——变动成本 1. 销售提成 2. 其他变动销售费

简言之，毛利是收入减去制造环节的全部成本，而边际贡献则是收入减去全部环节的变动成本。

在预算管理中，边际贡献是一个非常重要的概念。每个部门都要计算和管理边际贡献。而找到边际贡献的前提是找到变动成本。实际上，任何一个部门的成本大部分都是固定成本，变动成本只有少数几项，如材料费、水电费等，甚至许多公司连水电费都是固定成本。比如我服务的一家冶金企业，其生产线一旦开动，就不能随便停电，这个时候水电费就不再是变动成本，因为它与业务量无关。

那边际贡献率是如何计算出来的呢？

边际贡献率＝边际贡献 ÷ 收入

按照这个逻辑，我们可以将案例中A产品、B产品和C产品的边际贡献表制作出来。如表5-7所示，A产品的边际贡献率为50%，可以作为主推产品；C产品虽然亏损，但其边际贡献率却高达60%，因此必须保留。事实上，C产品之所以利润比较低，是因为它是一款新产品，一旦销售量上去了，这款产品就会盈利。B产品就要具体问题具体分析了：如果生产线满负荷了，仍然没有边际贡献，那就应该砍掉B产品；如果生产线闲置，有边际贡献，那么B产品可以保留。也就是说，B产品是否保留，取决于其生产线有没有产能。

表5-7　某公司产品边际贡献表　　　　　　　　　　　　　　单位：万元

预算项目	公司	A产品	B产品	C产品
收入	100	70	20	10
变动成本	55	35	16	4
边际贡献	45	35	4	6
边际贡献率	45%	50%	20%	60%
固定成本	35	22	5	8
利润	10	13	−1	−2

从财务会计到管理会计

通过对上述案例的分析，聪明的读者一定已经看出了端倪：整个预算体系千万不能掉入财务会计的陷阱，而是要及时转换到管理会计的逻辑。为什么预算体系要采用管理会计的逻辑呢？管理会计和财务会计的区别到底体现在哪里？如表5-8所示，两者的差异主要体现在以下几个方面。

表5-8　管理会计与财务会计的区别

管理会计	财务会计
以人为主体	以企业为主体
经营型会计	报账型会计
依据经营需要	依据会计准则
预算未来	核算过去
内部决策——老板	外部报送——局长

管理会计以人为主体，财务会计以企业为主体

管理会计能以一个部门为单位进行核算，也能以一个产品为单位进行核算，甚至一个人一套账也没有关系，它是为了方便经营者做决策；而财务会计只能以企业作为核算单位，也就是一个企业法人一套账。财务会计按会计科目算账，而管理会计按责任中心算账。只有弄清楚一个部门、一个产品甚至一个人是赚钱还是亏钱，才能判断经营型干部有没有承担起相应的责任。

管理会计是经营型会计，财务会计是报账型会计

很多企业家和经营者不愿意看财务报表，是因为他们所理解的会计是财务会计，而财务会计是报账型会计，不是经营型会计。财务会计只追求结果，不解释过程。例如，利润表只报告本月盈亏，不报告盈亏原因，也不揭示责任人。假设一家企业赚了5 000万元，财务会计回答不了这5 000万元是怎么赚的。对于外人来说，只要知道这个结果就够了。但对于内部经营者而言，只知道结果远远不够，还必须知道赚这5 000万元的过程，明确这5 000万元是由哪个产品、哪个项目、哪个部门或哪个人赚的？只有知道了过程，明确盈亏的责任人，才知道如何改善未来：如果经营型干部调整资源配置，还有没有可能赚1亿元？

管理会计依据经营需要，财务会计依据会计准则

管理会计是对内决策需要，而财务会计是对外报送需要。财务会计最大的优势是什么？全球趋同。财务报表是全球所有公司对外披露财务信息的通用语言，中国的企业可以去美国上市，是因为中国企业与美国企业的会计准则趋同。

管理会计预算未来，财务会计核算过去

财务会计是核算过去，而管理会计是预算未来。财务会计只负责报告过去一段时间的经营成果，而管理会计主要关注对未来的预算和控制，思考的是如何帮助业务部门更好地达成目标。

一言以蔽之，管理会计报表用于内部决策，是给老板看的，而财务会计报表用于外部报送，是给局长看的。通过对比财务会计与管理会计的差异，我相信你已经明白了为什么管理会计被称为经营型会计。那么，这种经营型会计是如何发挥其经营效用的呢？下一节可以视为对这个问题的一个注解。

多维盈亏平衡点分析：激活经营者的自驱力

前文强调，边际贡献是管理会计中的一个重要概念。那么，这个重要概念到底发挥什么作用呢？经营型干部了解边际贡献的意义是什么？这就不得不提到另一个重要概念：盈亏平衡点。

众所周知，不同职业有不同的职业习惯。同样开展一项业务，销售人员更多考虑的是如何占领市场，而财务人员思考的则是怎样才能保本，先保证不要亏，因此财务人员经常会提醒业务人员注意盈亏平衡点。但是，由于销售人员不理解背后的逻辑，即便财务经理告诉他这个数字，他通常也没什么感觉。

怎样才能让经营型干部重视盈亏平衡点呢？我的建议是，让经营型干部自己动手计算盈亏平衡点。这项工作并不复杂，比如一名店长只要梳理清楚这个门店有哪些变动成本，很容易就能算出这个门店的盈亏平衡点。尤其当他计算出自己设定的收入目标还远远低于盈亏平衡点时，他的触动会非常大，这会激发他主动思考如何控制成本和提升收入，因为他看到了企业的成本压力，能够理解老板的不容易。

对于经营型干部而言，盈亏平衡点的重要性不言而喻。

盈亏平衡点是预算的基本点

经营型干部花的每一分钱都应该视作股东对经营目标的投资。既然花了钱，股东就必须关心投资回报。从这个角度来看，资源配置是为实现目标服务的，没有赚钱的目标，就没有花钱的资格。因此，任何一个业务单元都必须提交盈亏平衡点预算，否则它们做的预算就是假预算，因为它们对自己是赚钱还是亏钱都是糊里糊涂的。

盈亏平衡点是企业的保本点

保本点意味着收入等于成本，只有做到这个数字，企业才不会亏损。因此，它是企业的最低目标，保证企业不会亏钱。

盈亏平衡点是经营型干部的生死点

过去管理型干部只管理流程、制度，才不管企业是盈利还是亏损。但是，作为经营型干部，如果不能保证盈利，就代表你不是合格的经营者，因为你无法给投资者带来回报。

既然盈亏平衡点如此重要，那么如何才能管控好它呢？

如图5-1所示，这个坐标轴的横轴为业务量，纵轴为金额。卖出产品后，企业会得到收入；收入减去变动成本，会得到边际贡献；边际贡献再减去固定成本，才会得到利润。变动成本与业务量呈线性正相关，是一根射线；固定成本与业务量无关，是一根水平线。为了方便理解，我们把固定成本线由水平线调整为与变动成本平行的直线，总成本=变动成本+固定成本，那么这根线就是总成本线。将固定成本线画出来以后，我们会发现：这条线与收入线存在一个交点，这个交点就是盈亏平衡点。

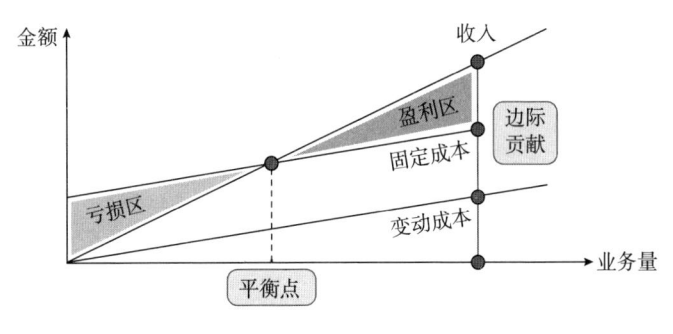

图5-1　盈亏平衡图

当收入位于平衡点左侧时，企业就处于亏损区；当收入位于平衡点右侧时，企业就处于盈利区。经营型干部不能只管局部业务，还要关心企业是否盈利。因此，经营型干部要竭尽全力把这个平衡点往左移，缩小亏损区，放大盈利区。

怎样才能让盈亏平衡点左移呢？一种方法是降低固定成本。因为企业把产品卖出去以后，首先得到的是边际贡献。边际贡献能不能带来利润呢？不一定，这取决于固定成本。如果边际贡献大于固定成本，企业就是盈利的；反之，如果边际贡献小于固定成本，企业就会进入亏损区。也就是说，固定成本越低，企业就会越早盈利，固定成本越高，企业就会越晚盈利。因此，企业在做预算管理时，一定要控制好固定成本。如果固定成本很低，盈亏平衡点就会往左移，盈利区会扩大，企业会越早盈利。

表5-9是一家企业的盈亏平衡表。表中数据显示：收入100万元，利润10万元；收入90万元，利润6万元；收入80万元，利润2万元；收入70万元，亏损2万元……

表5-9　某企业盈亏平衡表　　　　　　　　　　　单位：万元

收入	100	90	80	70	60
变动成本	60	54	48	42	36
材料	50	45	40	35	30
员工提成等	10	9	8	7	6
边际贡献	40	36	32	28	24
固定成本	30	30	30	30	30
固定工资	15	15	15	15	15
房租折旧等	15	15	15	15	15
利润	10	6	2	-2	-6

为什么不是100万元赚10万元，90万元赚9万元，80万元赚8万元呢？因为虽然收入在下降，但是固定成本永远都是30万元。这就是经营型干部懂得用盈亏平衡表的原因。盈亏平衡表可以让管理层看到老板的压力，无论这款产品的销售收入是100万元还是60万元，无论公司是盈利还是亏损，固定成本30万元——公司承担的固定工资、房租折旧等都是不会变的。一旦收入低了，产品的边际贡献就会下降，导致白马盈利越来越低。因此，经营型干部一定要严格管控盈亏平衡点。

再请大家思考一个关键问题：这款产品的盈亏平衡点是多少呢？要想解答这个问题，就要了解盈亏平衡点的计算公式。

盈亏平衡点＝固定成本÷边际贡献率
=30÷（40÷100）
=75（万元）

也就是说，这家企业的盈亏平衡点是75万元。当收入低于75万元时，企业就是亏损的；当收入高于75万元时，企业才是盈利的。需要说明的是，盈亏平衡点可以直接使用收入指标，但是，收入指标还不够直观。如果把收入指标转化为预算管理员熟悉的业务量指标，那么他们所受的触动就更大了。比如，如果你的公司是装修公司，那么完成多少平方米的装修服务才能保本；如果你卖的是方便面，那么要卖多少箱才能保本……以此类推，从产品、部门和客户维度形成多维盈亏平衡点，以此作为预算管理的依据。

曾经有一位著名鞋业品牌的店长告诉我："管理门店本质上就是要增长、要利润，但是，以前我不了解管理会计的知识点，如固定成本、边际贡献、盈亏平衡点，只知道做业绩。然而业绩上去了，利润却没有上去。实际上，这里面有许多成本是可以节省的，只是我从未关注，未来我一定会加强门店的固定成本管控，实现真正的增收又增利。"这是一位企业基层干部真实的心声。因此，企业有责任将盈亏平衡点植入每位经营型干部心中：作为一名店长，你要知道自己的门店达到多少收入才能保本；作为团队一号位，你要知道自己的团队达到多少收入才能开始盈利；作为营销一号位，你要知道每个区域的客户至少创造多少收入才会盈利。这就是经营型干部和管理型干部的区别。管理型干部只管流程和制度，不管公司有没有利润，都必须给他们发工资，不发工资就跳槽。但是，经营型干部必须经营好财务结果，为企业的经营结果负责。

2023年底，我辅导了一家做ICU（重症监护室）设备的企业。这家企业的产品比较特殊，主要服务ICU的重症患者，因此它必须配置一个专业的售后服务部，保证能及时响应客户的售后问题。然而，这个部门的处境却很尴尬：如果人太少，一旦设备出现问题，就没办法快速响应客户需求，给医院和病人造成的损失难以计量；如果人太多，成本又太高。为了保证客户体验，这家企业每年要耗费上千万元的售后服务费，但实际上，这些人根本没什么活干。显然，这个部门的成本是固定成本。按道理来说，售后部门没活干，老板应该高兴，这说明公司的产品质量好。但是，企业养这个部门却要耗资千万，又不能裁掉这个部门，老板也不知道该怎么办。

最后，有一位经营型干部想到了一个解决办法：把员工变成供应商，让售后服务部的老大出去单干，按照服务的次数来计费，有服务就给钱，没服务就不给钱。这样一来，公司的固定成本就变成变动成本了，成本节省下来了，盈亏平衡点也往左移了，企业就能更早盈利了。

预算管理 = 日管控 × 月分析 × 年决算

最后，再来谈谈预算管理的具体流程。预算管理的流程包括三大动作：每日管控、每月分析、每年决算。

每日管控

许多老板向我表达过类似的困惑：刚刚创业的时候，每一次签字都清清楚楚，知道每一笔钱该付不该付；然而随着业务量越来越大，对于每一笔钱该不该花，心里根本没数。怎么解决这个问题？唯一的办法是用预算来管理。因为预算是先算后做，先胜后战。有了预算做参考，该不该签，就能做到心中有数。

预算的本质是什么？提前定好花钱的规则。许多管理者特别讨厌预算，因为他们认为预算是老板用来砍成本的帮手，事实恰恰相反，预算会让他们花钱更容易。因为过去企业没有提前做预算，管理者每花一笔钱都要与老板协商，而从在《经营目标责任书》上签字的那一刻起，就意味着双方就明年的目标和投入的资源达成共识。接下来，花钱就简单了：需要付款的时候，各部门只需要填报付款申请单及相关单据等，提交预算委员会审查。预算委员会审查的逻辑也非常清晰：有预算就审批通过，财务就可以付款了。付款完成以后，每个月会形成预算执行分析报告并反馈给各个部门，这就是每日管控预算的基本流程（见图5-2）。

过去企业没有导入预算管理时，花钱只需要老板点头就可以了，但实际上，老板也不知道这钱该不该花，这就造成"会哭的孩子有奶吃"，资源配置效率低下。现在，对于预算内支出，老板可以直接授权给预算委员会执行。到了月底，预算委员会再提交一张汇总表给老板过目即可。当然，预算管控也并非完全刚性的。当下的市场环境变化得越来越快，如果业务部门捕捉到了新机会，却苦于没有预算，怎么办？企业可以启动预算外审批程序。同理，在市场严重萎缩或市场需求发生重大变化时，企业也要启动预算调整程序。总而言之,预算管控要保持一定的柔性,刚柔并济才能更好地应对变化。

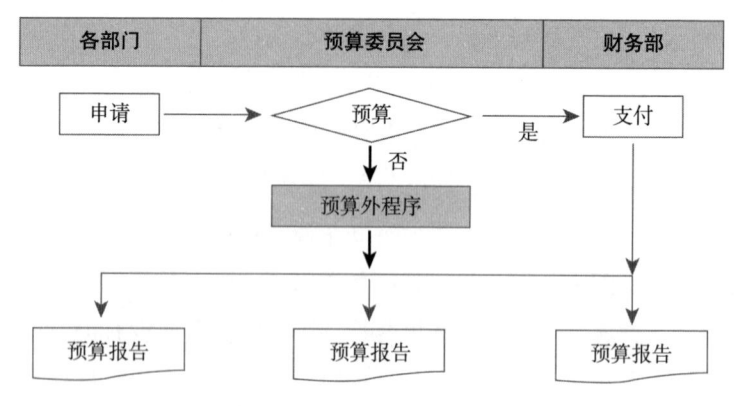

图5-2 预算的每日管控流程

那如何确保每日管控的落地呢？

在辅导企业的过程中,我们发现了一个非常典型的问题：许多预算管理员经常陷入"只编不管"的误区——明明预算已经编制好了,但在执行和管理的过程中却常将预算抛诸脑后。怎样才能杜绝这个现象呢？最好的办法就是要求预算管理员及时登记预算备查台账。

如表5-10所示,企业要求预算管理员每日填写预算备查台账。在动用预算之前,都要检查这个项目是否有预算？预算有多少？已经使用了多少？还剩下多少余额？这样就能及时提醒预算管理员不要偏离预算导航,每时每刻控制好成本。

表5-10 日管控：预算备查台账

预算项目	预算 ①	实际 ②	完成率 ②/①	本月实际 1日	本月实际 2日	本月实际 ……	本月实际 合计②
（1）							
（2）							
……							

每月分析

预算管理就是全员目标管理，那么如何进行全员目标管理呢？一个关键抓手是每月经营分析会。

企业每月要召开一次经营分析会，对月度预算执行结果进行分析。因为任何资源都是有成本的，谁占用了资源，谁就要承担占用资源的责任。通过每月分析，企业可以检视资源配置给经营型干部带来的影响如何？是否达成预算目标了？即便没有达成，也可以帮助经营型干部提前控制风险，提前发现问题，找到应对的方法。

我经常听到一些企业管理者抱怨："我们团队执行力很差，年初定的预算目标，年底还差一大截。"事实上，这不能简单地归因于团队执行力不行，而是因为企业对目标没有进行过程管理。只有通过每月分析，才能发现差距，检讨形成差距的原因，并采取措施来改善经营结果。否则，等到年底的时候，才发现预算目标完不成，再补救就来不及了。因此，企业每个月都要召开经营分析会，及时追踪目标。

如表5-11所示，经营分析会首先要分析每月的ROE及三驾马车的经营数据。通过比预算,看目标完成率是多少?通过比同期,看增长率是多少?通过比标杆,看达标率是多少?企业还要通过经营分析,对实际经营情况进行对比量化分析。如果实际经营数据优于预算,企业可以从中萃取标杆经验,再将其复制给其他部门;如果实际数据未达预算目标,企业也能及时复盘未达标的原因,持续改善经营管理。

表5-11 月分析:经营分析会(部分内容)

预算项目	实际	比预算		比同期		比标杆	
		数据	完成率	数据	增长率	数据	达标率
白马盈利							
赤马效率							
黑马杠杆							
ROE							

找问题,找原因,找方法

例如,本月预算的白马盈利是15%,然而实际却只有13%,为什么会有偏差?问题出在哪里?原因是什么?后续该如何进行改进?干部们要透过经营分析,找到完成率低、增长率低、达标率低的项目。经营分析不是目的,目的是找问题、找原因、找方法。通过月复一月的经营分析,干部们的经营能力就慢慢培养起来了。

当然,经营分析远不止于对ROE及三驾马车的分析,还可以层层往下拆解,拆解到每个业务单元、每个产品、每个员工、每个客户……颗粒度越细致,经营分析就越有效。

每年决算

经营预算要遵循"事前预算，事中管控，事后复盘"的闭环管理原则，因此，既然每年要做预算，那么到了每年年底，企业也要进行决算。

决算的作用是什么呢？决算的作用有三个。

第一，及时确认收入、成本费用，不能跨期。人性是趋利避害的，由于决算结果与干部绩效挂钩，因此有些干部为了让绩效结果更好看，就把一部分本年度产生的成本和费用放到了明年。这样做导致的结果是什么？虽然今年的绩效指标看起来还不错，但明年就麻烦了。

第二，核实资产负债的完整性，确保不遗漏。账面资产是否真实存在？是否存在毁损？企业必须开展全面核查。比如，往来资产应收款要对账，实物资产存货要盘点……

第三，出具年度决算分析报告。通常来讲，上市公司每年都会出具一份审计报告，其本质上就是一份年度决算分析报告。其实，即便是非上市公司，也应该严格按照这个逻辑进行财务决算。

综上，通过每日管控、每月分析和每年决算，企业就可以确保预算管理形成闭环，将预算管理落到实处。

第三篇

经营分析会——追踪目标

第6章

经营分析会：
用经营雷达追踪经营目标

要想完成从管理型干部到经营型干部的转型，每个人都要经历五项修炼：升维目标、分解目标、追踪目标、达成目标、超越目标。上一篇主要阐述了如何通过经营预算来分解目标，将公司的ROE目标层层分解到一级部门、二级部门、三级部门……并且确定每位经营型干部的绩效指标。

目标定好后，接下来就是"拿结果"。但是在拿结果的过程中，各种问题肯定层出不穷。那么，如何及时发现目标差距，找到影响目标达成的障碍？企业还需要追踪目标，而追踪目标最好的工具就是月度经营分析会。因为目标管理不只是追求一个结果，它应该是一个周而复始、复盘优化、持续改进的动态管理过程。通过每月一次的经营分析会，企业可以对公司目标和个人绩效目标进行对照，引导经营型干部找问题、找原因、找方法。通过集体反省，不断优化资源配置、调整经营策略和管理动作，进而达到改善绩效、达成目标的效果。

为什么要开经营分析会

说起开会，上到老板，下到基层管理者，每个人都不陌生。经常有人向我提出疑问："付老师，开会有什么难的？我们每月也开经营分析会，但目标完不成还是完不成，根本没什么效果啊！"其实，这不是因为经营分析会无效，而是因为他们开的经营分析会无效。

根据我对一线的观察，各个企业的经营分析会质量良莠不齐，能把经营分析会开对的企业屈指可数。对于大部分企业，业绩好的时候，经营分析会成了"庆功会"和"表彰会"；业绩不好的时候，经营分析会又成了"吵架会"和"甩锅会"，各个部门相互推诿，你指责我，我指责你，最终浪费了一整天甚至几天的时间，却对目标达成没有产生任何积极的效果。究其根本，问题出在认知上，大多数企业只是东施效颦，模仿大企业开经营分析会，但并不知道经营分析会的真正价值。

其实，经营分析会是围绕经营目标展开的，它有三个核心功能：一是追踪经营目标；二是提升组织能力；三是培养经营型干部。

追踪经营目标：找问题、找原因、找方法

经营分析会的首要功能是追踪经营目标。

通过预算系统，企业将ROE目标分解到了各部门的经营型干部头上。经过一个月的时间，经营目标达成了吗？这个问题要交给经营型干部来回答。而许多老板拿到财务总监送来的报表，

一看到亏损就立刻质问财务总监:"为什么会亏这么多?"财务总监支支吾吾,说不清楚,最后老板把一腔怒火都发在财务总监头上。

其实,财务总监只是坏消息的报告者,这个结果是经营团队干出来的,不是财务总监造成的。聪明的老板应该将坏消息和传递坏消息的人分开:财务总监只是传递坏消息的人,真正的病灶在各个业务部门。因此,经营分析会不是老板和财务总监开,而是老板和所有的经营型干部一起开。

本质上,召开经营分析会就是对组织目标和个人目标进行过程管理。管理不能只管结果,不管过程,好过程才能带来好结果。许多企业从来不开经营分析会,不对达标过程进行管理,结果是到了年底才发现目标完成不了,这时候连亡羊补牢的机会都没有了。因此,月度经营分析会相当于把一整年的经营目标化整为零,拆分至12个月。接下来,企业要增加检查频次,从每年检查一次到每月检查一次,帮助经营型干部及时发现问题。即便在月度经营分析会上发现了问题,那么这时候也来得及纠偏,不至于到无法挽回的地步。

召开经营分析会的目的是追踪目标,但追踪目标不是最终目的,而是手段。最终目的是通过经营分析会,找问题、找原因、找方法。

问题来自哪里?差距。而差距又来自三个方面:一是与预算目标相比,有没有差距?二是与历史同期相比,有没有差距?三是与行业标杆相比,有没有差距?差距的背后就是问题。

问题的背后是什么?原因。找原因不能浮于表面,要找到根因。经营型干部要通过财务数据倒推经营过程,判断业务执行过程中的哪些经营决策造成差距。假设你所在公司的赤马效率只有1，而标杆企业的赤马效率是2，那么这1倍的差距来自哪里？是大量的应收款未收回还是存货积压拖慢了赤马效率？

找到了问题的根因，才能找出缩小差距的方法，提出有针对性的解决方案。如果是应收款出了问题，那么接下来企业要加强应收款的全周期管理。前期加强对客户的信用调查，不要随意给予客户账期；对于已经延期的客户，下一步要思考如何"威慑"才能尽快收回应收款，防止其沦为坏账。只有像剥洋葱一样对经营结果进行层层剖析，才能发挥经营分析会真正的作用。

提升组织能力：直面经营问题，集体反省

经营分析会的第二个功能是提升组织能力。经营分析会不仅仅是对目标的追踪，更重要的是培养组织的经营能力。因为企业的运营归根结底不是靠一个人驱动的，靠的是一群人的推动。有效地组织这群人协同作战，让他们发挥出"1+1>2"的互补效果，这就是组织能力。华为创始人任正非很早就悟出了这个道理："组织的力量、众人的力量，才是力大无穷的。人感知到自己的渺小，行为才开始伟大。"

如何判断企业的组织能力是否提升了呢？最简单的方法就是检查企业的经营成果。譬如，企业的ROE是否持续增长？企业的人均收入、人均毛利、人均净利润是否比同期有所增长？企业的资产周转率是否越来越快？企业的造血能力是不是越来越强了……这些财务指标才是评估组织能力是否提升的标准。如果这些数据相比过去越来越好，不就证明企业的组织能力越来越强

了吗？

经营分析会是如何提升组织能力的呢？每个月对经营结果进行评价时，各部门要共同直面经营问题，不断地找问题、找原因、找方法。因此，这个会议就是集体反省和集体改进的一个契机。会上所有数据反映的都是当月的经营结果，通过共同分析经营结果，评估ROE是否达标，反省白马盈利多不多？赤马效率高不高？黑马杠杆好不好？然后，有针对性地制订改进计划，不断改善经营指标。而改善达标能力的过程本身就是提升组织能力的过程。

在这个过程中，各部门之间的协同效率也会大大提升，因为所有经营型干部都基于同一个经营目标，用同一套评价标准，在同一个语境下对话。一个很有意思的现象是：过去各个部门经常围绕人、财、物等具体事务的安排吵得不可开交，谁也不服谁。为什么？因为大家没有一个统一的底层逻辑，思维方式不统一，所以吵来吵去基本上是鸡同鸭讲。但是，一旦大家统一了认知，统一了经营的底层逻辑，很多问题就迎刃而解了。

因此，在我的课堂上，经常有高管发出类似的感慨："自从开了经营分析会，我终于理解财务人员了。过去业务部门不懂财务的逻辑，总感觉财务部门在捆绑他们的手脚，这不能干，那不能干。现在我明白了，业务部门的行为虽然使收入看上去提升了，但影响了赤马效率，影响了最终的ROE。"所以，一旦统一语言、统一认知、统一共识，业务部门和财务部门就不会对立起来，业务和财务自然就融合了。某位营销总监也有类似的感悟："营销是把全公司员工的劳动成果变现的环节，不管分多少个部门，我们都是一个整体，各部门经营数据及指标环环相扣，经营的整个过程少不了全员的参与。"

我常常听见不少企业宣称要打通部门墙，但往往只停留在口头上。如果没有付诸组织层面的努力，没有在流程上固化，没有用同一套标准来对话，那么"打通部门墙"只能是一句空话。而经营分析会就是打通部门墙最好的工具。所有经营型干部一起查漏补缺，共同优化达标路径，持续提升驾驭三驾马车的能力，共同驱动ROE增长。

培养经营型干部：最好的MBA课堂

经营分析会是培养经营型干部最好的MBA课堂。

前面我讲过在老东家工作的那段经历。当集团发现收购过来的公司中都是管理型干部，不是经营型干部时，怎么办？我们采用"培训+辅导"的方式来育人，边学边练，先用培训帮助他们打通ROE经营的底层逻辑，再通过经营分析会来训练他们掌握这套逻辑。当这群人学会了经营逻辑后，我们又遇到一个新问题：干部不足。这个时候，我们意识到必须培养后备经营型干部，因此公司有了预算管理员这个岗位。

接下来，问题来了：如何培养这些预算管理员呢？不需要送他们去参加各种昂贵的培训，只需要让他们每月列席经营分析会即可。因为经营分析会已经将企业的愿景、使命、战略、计划、预算、绩效全部贯通。在经营分析会上，预算管理员能看到经营型干部们如何通过报表数据找问题、找原因、找方法，能了解企业经营的底层逻辑。通过比预算、比同期、比标杆，大家永远都能发现新问题，而沿着新问题又可以找到原因，找到企业迭代的新方法。甚至有些企业还会在经营分析会中引入"红蓝对抗"机制,"蓝方"专门针对经营数据挑毛病、找问题、找卡点……对于预算管理员而言,这绝对是每月都不能错过的一堂精彩绝伦的MBA课程。因此,企业必须充分利用这个机会,培养后备干部。经过两三年的训练和打磨,企业能培养出一大批具备经营思维的后备干部,而此时他们早已对企业的经营实况了然于胸。

从这个角度看,召开经营分析会不仅仅是一个短期管理行为,更是一项培养经营人才的长期工程。企业要借事来修人,通过召开经营分析会来持续推动后备干部经营水平的提升,打造经营型干部人才梯队。只要企业把这个动作执行到位,后续经营型干部就会源源不断地涌现出来。因此,在辅导企业时,我要求其每月3号提交经营雷达,每月5号召开月度经营分析会,除了预算委员会和预算办公室全体成员参会,企业还要邀请各个部门的储备干部列席。

经营分析会的三大误区

经常有企业家和高管同我交流:"付老师,我们原来也开过经营分析会,但是大家都感觉没什么效果。一开就是一整天,甚至经常开到凌晨,浪费了所有人的时间,还不如干点实际业务,所以干脆就不开了!"如果你也有类似的想法,那么这很可能是因为你踩到了一些坑,导致经营分析会没有发挥出应有的作用。

没有量化分析：无法评估目标是否达成，隔靴搔痒

要想让经营分析会开出成效，企业必须做经营预算。如果企业没有做预算，一上来就开会，那么这样的企业是开不好经营分析会的。因为开经营分析会不是上语文课，而是上数学课，必须对经营目标和达标过程进行量化分析。所以，经营分析会要围绕既定的月度目标和实际完成的业绩数据展开讨论。

德鲁克说："不能衡量，就不能管理。"管理层如果没有准确的经营数据，对业务问题就分析不清，不知道是哪些部门、哪些产品、哪些动作出了问题。只有找到对这个数据负责的经营型干部，才能有针对性地进行改善，否则只是隔靴搔痒。关于这一点，我们从稻盛和夫拯救日航的故事中可见一斑。

稻盛和夫刚接手日航时，发现这家公司出具完整的业绩报告最快也要3个月。换言之，经营者拿到的数据是3个月前的经营结果。为了改变这种现状，稻盛和夫要求会计部门必须在一个月内提交完整的业绩报告，并且报告中的数据要细分到各部门甚至各条航线。

为什么稻盛和夫会这样要求会计人员？举个例子你就明白了：如果公司有从东京羽田机场到台北松山机场及桃园机场两条航线，那么经营者应该在最短的时间内看到这两条航线的盈亏情况。如果盈利，那么能不能增加航班？如果亏损，那么有没有改善的办法？无论是加开航班还是合并航线，这都要有明确的财务数据作为依据，从而帮助经营者做出最科学的决策。如此一来，稻盛和夫就把每一条航线都变成一个利润中心，这条航线是否赚

钱和每个人的绩效强相关。过去飞行员只要负责开好飞机就可以了，至于乘客多少、票价高低都和他没有关系。但是，如果航线赚钱与否会影响飞行员的绩效，那么效果就不一样了，飞行员会主动思考怎么做才能让这条航线更赚钱。这就是为什么稻盛和夫强调："会计是经营的中枢，不懂会计就不会经营。"

稻盛和夫在《稻盛和夫的实学：经营与会计》一书中明确指出："经营者自己必须懂会计，不能充分理解仪表盘上数字的意义，就不能说是一个真正的经营者。"为什么稻盛和夫会发出如此感慨？因为企业的经营质量正是通过财务数据揭示的。从500多年前意大利商人发明了簿记开始，会计就是为了记录和说明经营成果，以帮助商人更好地了解自己的生意，找到经营中存在的问题。

因此，财务从诞生开始，就是为经营者服务的。举个最简单的例子：财务经理不能只告诉老板这个月赚钱了，还要对数据进行"庖丁解牛"：哪些产品在盈利，哪些产品在亏损，哪些员工在赚钱，哪些员工在亏损，哪些客户在盈利，哪些客户在亏损……有了这些数据，老板才知道：谁在创造价值，谁在消耗价值，往哪里发力可以挖掘出更大的价值？怎样把资源投向有更高价值回报的人和事？这就是财务驱动业务的过程。

甚至可以说，商业逻辑的底层就是财务逻辑，经营企业就是经营数字，因为经营结果最终都会转化为数字。而经营分析是做什么？是用财务数字内在的因果关系来反推经营中存在的问题。经营分析就是说清楚什么样的因产生什么样的果，以及为什么会有这样的因果关系。如果经营结果不好，那么究竟是哪个数字出了问题？哪些业务决策导致这个数字出现了问题？后续如何调整经营决策才能改善这个数字？

然而，在一大堆杂乱的财务数据中，哪些才是最关键的牛鼻子数据？如何对牛鼻子数据进行解剖和深度加工，找到背后的经营逻辑？这是每一位经营者都要上的必修课。正如稻盛和夫发出的感慨："在阅读会计报表时，经营者必须立即听到利润停滞不前的呻吟声，或者资产缩水的哭泣声。"做不到这一点，就无法做好经营决策。

这就好比医生要评判一个人是否健康，靠的是体检报告中的数据指标。经营分析会就如同每月给企业做一次体检，企业是否健康，不是靠经营型干部自己来评价，而是靠对比各项经营数据。通过量化经营数据，经营型干部可以观察自己的决策是否科学有效，执行落地的效果是否良好。即便没有达成目标，经营者也能从中发现哪些数据出了问题，再分析根因，提出有针对性的改善措施，快速让经营团队回到正确的轨道上。

没有标准模板：脱离经营、随意发挥

由于工作的关系，我参加过不少企业的经营分析会。我观察到许多企业的经营分析会根本没有标准模板，没有固化流程。老板一个人滔滔不绝、随意发挥，把经营分析会变成老板的培训会。实质上，经营分析会应该由经营型干部当主角，会上分析各部门的达标情况，找问题、找原因、找方法。但在实际经营场景中，但凡遇到问题，各部门就会相互推脱、扯皮，把经营分析会开成"甩锅会"。因此，许多企业名义上开的是经营分析会，实质上开会内容与经营分析一点关联都没有，对达成经营目标毫无裨益。

再者，由于没有标准模板，没有固化流程，各部门的汇报质量很难控制，每个负责人都围绕自己关注的主题长篇大论，会议开着开着就跑题了，最后一堆人从白天开到黑夜，甚至通宵达旦。看似人人都很勤奋，实则这完全是浪费时间，对于改善经营、达成目标毫无建设性。因此，经营分析会一定不能脱离经营目标，要紧扣ROE这个大目标，紧扣三驾马车的逻辑，生成一套固化的标准模板。

按照我的经验，只要按照标准模板来开会，一个主体公司的经营分析会基本上能控制在1~2小时之内。即便是拥有多个主体的集团公司，开会时间也不会超过1天。因为经营型干部只需要按照标准模板汇报，关注表格中过高或过低的异常数据，分析异常数据背后的原因有哪些，哪些动作做对了，哪些动作做错了？好的经验能否复制到其他业务板块，不足之处该采取哪些措施来弥补？哪些问题可以当场解决，哪些问题需要留到会后讨论？如果当场无法决断，就要及时暂停讨论，安排专题工作会议另行讨论。

没有改进计划：会后无法跟进

许多企业把经营分析会当成针对经营结果的汇报会，这是对经营分析会最大的曲解。因为开会只是手段，不是目的。企业的目的是追踪目标、明确差距、找到问题，然后分析问题并找到原因，针对原因找到达标方法，然后再进行迭代改进。所以，经营分析会不能开完就算了,还必须有改进计划,要针对问题设计跟踪闭环管理机制,不断提高经营型干部的达标能力。

譬如,一家企业发现影响ROE达标的最大因素是白马盈利,那么与预算相比,白马盈利的完成率是多少?与去年同期相比,增长率是多少?与标杆相比,达标率是多少?通过数据对比,先找到白马盈利的差距。接下来,经营型干部要分析造成差距的原因是什么。

为了找到责任人,财务部门要从产品、员工和客户维度,绘制产品利润表、员工利润表和客户利润表。通过这些表格,企业可以发现哪些产品是尖刀产品,哪些是亏损产品;哪些员工是高效员工,哪些是低效员工;哪些客户是优质客户,哪些是劣质客户。

白马盈利之所以出现差距,是不是因为企业把资源投在不正确的地方?接下来,各部门要有针对性地给出改进计划:是否调整产品结构,引导各部门将资源投入尖刀产品?哪些员工需要做调整?哪些大客户需要被重点关注,并对其进行资源倾斜?

只有列出详细的改进计划,会后企业才能跟进改进措施,观察其是否奏效。当企业把这套分析模式固化下来,从一级部门到二级部门、三级部门……企业从上到下全部按照这个模式来召开经营分析会,找到改进计划,并对改进计划的执行进行跟踪管理,这样才能真正解决达标率低的问题。

解决方案:"三比三找四落地"

怎样才能确保改进计划可落地呢?我们在实践中摸索出一套

"三比三找四落地"的改进方法。所谓"三比",是指对比三条参照线;所谓"三找",是指找到改进三板斧;"四落地"则是指确保改进计划落地的四要素。

对比三条线:比预算、比同期、比标杆

如何评估经营型干部某个月的经营成果呢?企业要用对比来做差距分析。如果没有参照标准,经营型干部的经营水平到底是提升了还是下降了,就无从判断。那么,企业应该选择哪些数据作为参照系呢?一般来说,企业可以设置三条数据基线:一是对比预算数据,看完成率;二是对比去年同期数据,看增长率;三是对比标杆数据,看达标率。这三条基线是从不同角度来丈量经营型干部的标尺。

基线1:比预算,看完成率

经营分析会是为了追踪目标,而目标来自哪里?经营预算。经营预算是各个部门进行经营分析的标准,因此要开好经营分析会,经营预算是基石。如果经营预算没有做好,那么每月开经营分析会时就缺少有效的预算数据作为标尺,企业自然无法检查经营目标是否达成,也无法深入剖析影响目标达成的根因,更无法追责相关责任人,后续的绩效改进也无从谈起。

基线2:比同期,看增长率

经营团队的经营能力是否提升,可以通过"看历史"来判断。与去年同期相比,今年的经营数据是否增长?增长率是多

少？如果没有增长，就说明经营团队的经营能力没有提升。

基线3：比标杆，看达标率

无论是比预算还是比同期，这都是内部视角，强调的是"与自己比"。然而，企业面对的竞争是外部市场的竞争，因此还需要外部视角。如何识别自己在市场坐标系中的位置呢？企业必须与业界水平最高的标杆企业比。与标杆相比，企业的各项经营数据有哪些差距？这些差距就是经营团队未来的优化方向。企业只有瞄准标杆、找到差距，才能进行有针对性的改善，进而不断缩短与标杆企业的差距，甚至最终超越标杆。

如表6-1所示，有了这三条基线，企业就有了三个参照系。根据这三组对比数据，经营型干部一定能找到差距背后的问题，深度分析根因，并制订改进计划。

表6-1 经营分析会——追踪经营目标

项目	实际数据	比预算		比同期		比标杆	
		预算数据	完成率	同期数据	增长率	标杆数据	达标率
白马盈利							
赤马效率							
黑马杠杆							
ROE							
找问题、找原因、找方法							

改进三板斧：找问题、找原因、找方法

改进的逻辑是什么呢？这可以归纳为改进三板斧：先找问题，后找原因，最后找方法。这个顺序不能错。

一般来说，经营分析会由预算委员会主持，当预算经理将绘制好的一套报表——经营雷达拿过来后，经营型干部能清楚地看到：与预算相比，每个经营数据的完成率是多少；与同期相比，增长率是多少；与标杆相比，达标率是多少。过去许多管理者之所以对财务报表无感，是因为他只看当期经营数据，而这根本看不出经营情况是好还是坏。一旦有了预算数据、同期数据和标杆数据，管理者就会发现到处都是问题。譬如，完成率低是问题，增长率低是问题，达标率低也是问题，尖刀产品赚得多却卖得少还是问题……

需要注意的是：不要把经营分析会开成财务分析会。经营分析不是在财务数据上做一些数据分析，而是要从数据中发现经营中存在的问题，从而推动各个部门解决问题。因此，经营型干部必须具备一种穿透数字看本质的能力，要通过异常数据想到背后的经营逻辑：到底是哪些经营动作出了问题？

许多企业看到问题后，就开始跃跃欲试找方法。其实，问题和方法之间还有一座桥梁，那就是原因。为什么仅仅知道问题并不代表能给出解决方案？因为我们往往并不了解问题背后的根因。请注意，不是表面原因，而是深层次的根因。只有找到问题背后的根因，才能对症下药。

什么是根因呢？它是导致问题发生的初始原因，藏在因果链的最深层。企业只有找到根因，才能找到根本解——从根本上解

决问题。

因此，在改进三板斧中，最难的不是找方法，而是找根因。原因找对了，答案自然会浮现出来。

落地四要素：责任人、检查人、完成时间、验收标准

根据我的观察，大部分企业做到改进三板斧这一步就结束了。在经营分析会上，经营型干部针对问题分析得头头是道，也找到了问题背后的根因，对症提出的改进计划也很清晰。但是，会后一切又打回原形。明明已经找到了新方法，为什么就是无法落地呢？因为这些企业还缺少落地四要素。

责任人

经营分析会结束后，企业必须进一步落实会议通过的改进计划，并且要落实到具体部门、岗位、责任人。再好的方法和措施，也必须靠人去执行。一件事情如果没有人负责，那么大概率会不了了之。因此，会上每列出一条措施，都要明确责任人是谁。只有责任到人，改进措施才能真正落地。

检查人

大部分人只会做领导布置并检查的事情，这是由人性决定的。因此，除了责任人，还要明确检查人是谁。只有检查到位，计划才能执行到位。如果会后无跟进检查，就无法保障责任人会落实会议通过的改进计划。

完成时间

每项改进措施的截止日期分别是哪一天？如果没有截止日期，那么这件事大概率会被无限期拖延。因此，会上一定要明确每项改进措施的完成时间。

验收标准

如何判断改进措施是否执行到位了呢？企业要事先明确验收标准。如此一来，执行者就能知道怎样才算把改进措施做到位了，检查者也能明确了解执行结果是否达到预期。

如表6-2所示，企业要安排专人负责会议记录，形成实效方案表并在会后进行公示，同时安排专人跟进。这一步看似简单，但在实际操作中大多数企业都没有执行到位。有些企业每个月都在开经营分析会，但是最终讨论的落地措施却无人跟进，导致前面所有努力都化为乌有。因此，经营分析会必须先对照三条基线找问题、找原因，然后对症下药找方法。此外，还要明确改进计划落地的责任人、检查人、完成时间和验收标准，形成问题改善的闭环管理系统，确保事事有回应、件件有着落。

表6-2 经营分析会——实效方案表

改进三板斧			落地四要素			
问题	原因	方法	责任人	检查人	完成时间	验收标准

经营雷达：全方位追踪经营目标

读到这里，你大概对经营分析会有了一个基本的认知，但是还有一个核心问题没有解决：一场高质量的经营分析会需要分析哪些关键的经营指标？如果说经营分析会是对一个月的经营成果进行一次全面体检，那么这份"体检报告"应该长什么样？企业如果没有一套行之有效的分析工具和分析模板，那么最终还是无法检视经营预算的执行效果，也无法及时发现执行中的问题，更无法及时纠偏，从而导致经营目标完成不了。

为了解决这个问题，我自创了一套"经营雷达"，这基于我在多家世界500强企业所接受的系统培训和实践，同时凝聚了我过去30年的思考总结。这套经营雷达的底层逻辑是：从ROE出发，逐项分析三驾马车数据，全方位追踪企业的经营目标。这套经营雷达可以充分验证企业经营型干部的资源配置和经营策略是否有效，可以帮助企业完成"战略规划—经营计划—经营预算—经营绩效"的经营闭环，推动企业战略落地。

具体来说，经营雷达包含以下几个模块。

看ROE

ROE反映的是企业最终的经营结果。对比预算数据，ROE经营目标是否完成？如果未完成，那么企业紧接着要分析三驾马车数据，因为ROE是由三驾马车驱动的。到底是白马盈利、赤马效率，还是黑马杠杆出了问题？对比去年同期，ROE和三驾马车数据是否有增长？对比标杆数据，ROE和三驾马车数据是否达标？企业看到差距，才能找到原因，找到未来改进的方向。

看增长

企业要的不是过去，而是未来。如何判断一家企业是否有未来？看营业收入增长率。即便企业当前的利润是负数，只要收入规模高速增长，就说明这家企业未来可期。尤其是成长期初期的企业，其产品刚刚打入市场，这个时候没必要关注ROE，而是要关注营业收入的增长。对比预算数据，增长是否达到预期？对比去年同期，企业规模是否增长？对比标杆数据，收入差距是否缩小？

看成绩

利润表是经营者的成绩单。这个月的经营成绩如何？收入、毛利率和净利率是否达到预算目标？与去年同期相比，经营数据是否有增长？与标杆相比，哪些指标还存在较大的差异？通过分析利润表，这些都可以看得一清二楚。但是，企业如果只分析利润表，就很难找到差距存在的原因。因此，企业还要对利润表进行加工，从产品、员工和客户的维度分别分析产品利润表、员工利润表和客户利润表。

产品

在辅导企业时，我发现许多企业一开始做的主营产品其实是非常赚钱的。但是，随着市场需求的增加，企业被市场推着开始延伸产品线。企业最后做了一大堆产品,结果A产品盈利,B产品和C产品亏损,加加减减,企业就赚不到钱了。

怎样规避这种情况呢?企业每个月都要分析产品利润表,分析哪些产品为企业贡献了利润,哪些产品一直在亏损?如果亏损产品不是企业的第二曲线,那么企业就要考虑将其砍掉,将多余的资源投入尖刀产品。

请注意,尖刀产品不是指目前卖得最好的产品,而是指未来能给企业贡献最大利润的产品。在辅导企业时,我发现销售团队往往喜欢好卖的产品,但有时候产品好卖正是因为它不赚钱。因此,企业每个月都要分析产品利润表,重新思考是否调整产品结构、定价,甚至考虑砍掉某些产品。这可以倒逼企业以经营目标为出发点,优化自己的产品线。

此外,企业还要考虑新产品的战略价值。如果某项业务是企业努力培育的第二曲线,并且当前还处于培育期,那么企业要单独对这类产品进行分析,跟踪这个产品的发展趋势是否符合预期。

员工

同样,企业每个月都要分析员工利润表。请注意,这里的员工利润表特指销售部门的,看哪些员工赚钱,哪些员工亏钱?然后将资源向赚钱的团队倾斜,撤掉亏损团队的领导,经领导力评估后,判断是否将盈利团队的金牌员工调到亏损团队做领导。

客户

不是所有客户都是上帝。有些客户是上帝,而有些客户是魔鬼。如何判断客户是上帝还是魔鬼？企业必须分析客户利润表，然后将更多的资源集中到上帝客户那里，砍掉那些魔鬼客户。

人效

人效代表的是人力的投入产出比。对于企业而言，最终比拼的不是谁的人数多，而是谁的人效高。因此，人效才是竞争的原点。人效可以从三个方面来评估：人均收入、人均毛利和人均净利润。与预算数据相比，企业的人均收入、人均毛利和人均净利润是否达标？与去年同期相比，人效是否有所增长？如果能找到标杆数据，那么企业与标杆的人效差距有多大？这还只是企业层面的人效，这些数据还可以细化到各个部门，分析哪些部门的人效高，哪些部门的人效低？

单耗

人效分析的是人力的投入产出比，而单耗分析的是产品的产出投入比。比如，产出单台产品的材料费、人工费、电费、运费分别是多少？与预算数据相比，是否出现了超支？与去年同期相比，是增长了还是下降了？通过单耗指标，企业可以看到各部门是否控制好了成本。

看家底

资产是企业的家底。前文讲过，企业因节约成本而结余的利润会变成资产，主要包括应收款、存货、固定资产以及长期投资。如果存在收不回的应收款、卖不掉的存货、闲置的固定资产和没有回报的长期投资，则这些资产就是高风险资产，它们会变成成本，"杀死"利润。

如何找到这些高风险的不良资产呢？企业还要对资产负债表进行深度加工。

风险

风险最高的资产是什么？应收款。应收款是企业给予客户的一笔无息贷款，这笔贷款没有担保、没有抵押，也不需要利息，因此许多别有用心的客户会拖欠款项。然而只要确认收入，不管有没有收到现金，企业都要支付增值税和所得税。因此，一旦这笔钱变成坏账，收不回来，企业的损失是巨大的。

如何评估客户的应收款有没有风险呢？用账龄来评估。应收款逾期的时间越长，收回的可能性就越小。所以企业要分析应收款的账龄，找到那些高龄的应收款，高龄资产就是高风险资产。

伤疤

企业要警惕高龄资产，因为高龄资产是高风险资产，极有可能转化为成本，反过来"杀"利润，因此，我们把高龄资产定义为伤疤。

刚刚已经介绍了第一大高风险资产——应收款。那么第二大高风险资产是什么？存货。存货和应收款的内在逻辑是一样的，对于大部分企业而言，存货在库时间越长，滞销的可能性就越大。因此，企业要对存货的账龄进行分析，找到那些卖不出去的存货。

除此以外，企业还要分析有哪些闲置的固定资产以及没有回报的长期投资,将这些不良资产罗列出来,找到资产中存在的伤疤,并揭示伤疤存在的原因。如表6-3所示,这是我多年前收购一家医疗器械企业时,通过经营雷达看到的这家企业的伤疤。仅仅是超过两年的不良资产(不包含应收款)就高达1 730万元。一旦剥离这些不良资产,这家企业的利润将大幅降低。

表6-3 经营雷达——看伤疤

资产种类	余额(万元)	形成时间超过2年的数额(万元)	形成原因
预付款	139	88	发票丢失
其他应收款	263	150	股东借款
应付款	1 199	131	不用支付
存货	1 643	731	卖不掉
固定资产	1 303	630	闲置

我还辅导过一家制造型企业,团队经过盘点,很快就找出了超过3亿元的不良资产,而它当年的净利润只有1亿元。换句话说,这相当于3年的利润都没有了。因此,企业只有通过经营分析,才能看出资产的质量。

看健康

看健康分析的是账面利润与现金利润的关系。账面利润是指利润表中的利润,而现金利润是指现金流量表中的经营活动现金流净额。现金流代表的是利润的质量。我见过太多账面利润很高,却因为资金链断裂而破产的企业。这些企业所谓的"利润"

只是纸面富贵，实则囊中羞涩。

如表6-4所示，企业可以通过对比账面利润和现金利润来观察自己的现金流是否健康。净利润加上折旧及摊销，再加上营运资金投资，就等于经营现金流。对于企业来说，投资和融资要由董事会来决定，经营型干部只需要关注经营现金流。如何判断一家企业的现金流是否健康？这留到后文揭晓。

表6-4 经营雷达——看健康

预算项目	实际数据	比预算		比同期	
		预算数据	完成率	同期数据	增长率
净利润（账面利润）					
加：折旧					
加：营运资产投资					
经营现金流——造血（现金利润）					
投资现金流——抽血					
融资现金流——输血					

血液

经营现金流相当于在为企业造血，那如何判断自身的造血能力强不强呢？企业还要分析造血能力表。造血能力是由营运资产周转天数决定的。若用数学公式来表示，则营运资产周转天数=应收款周转天数+存货周转天数-应付款周转天数。最终得到的数字越小，说明营运资产的周转效率越高，企业的造血能力越强，现金流越充沛。

如表6-5所示，企业可以分析与预算数据相比，周转天数是否达成目标；与去年同期相比，周转效率是否加快。

表6-5 经营雷达——造血能力表

预算项目	实际数据	比预算		比同期	
		预算数据	完成率	同期数据	增长率
应收款周转天数					
存货周转天数					
应付款周转天数					
总计					

未来

任何企业都应该有一个现金蓄水池，那池中的"水"能维持多久？这是一个重要的安全指标。因此，除了分析造血能力，企业还要管控未来6个月的现金流。表6-6揭示的是企业运营是否有风险。正如巴菲特所言："现金是氧气，99%的时间你都不会注意它，直到它没有了。"因此，企业每个月都要分析未来半年的现金流，最好能预测未来13个月的现金流是否充足，警惕企业因"缺氧"而死。

计算现金流有两种方法：一种方法叫间接法，一种方法叫直接法。表6-4采用的就是间接法，通过净利润加折旧，再加营运资产投资来计算经营现金流，以此判断利润的质量。有些企业明明显示账面利润有几千万元，手头却没有钱，这就是因为利润的质量太差。而直接法更像是生活中所记录的流水账，每获得1万元的收入就记加1万元；每付出去5 000元，就记减5 000元。

表6-6就是一张未来6个月现金流的滚动分析表：销售产品收到的现金有多少？采购原料付出多少现金？薪酬支付用了多少现金……与预算数据相比，哪些方面有差距？接下来，企业要预测未来6个月的现金流，以保证自身的现金流始终为正。

表6-6 经营雷达——未来6个月滚动现金流

预算项目	n月累计			未来6个月滚动现金流			
	实际数据	预算数据	完成率	(n+1)个月	(n+2)个月	……	(n+6)个月
1. 销售产品收现							
2. 采购原料付现							
3. 薪酬付现							
4. 税金付现							
5. 其他付现							
经营现金流——造血							
投资现金流——抽血							
融资现金流——输血							
期初现金余额							
期末现金余额							

以上就是经营分析会的核心工具——经营雷达的基本框架。非财务专业人员一旦拥有了"经营雷达"这个趁手的宝物，瞬间就拥有了一双可以洞察经营本质的"火眼金睛"。现在，你可能对这些表格背后的逻辑还略感陌生，但没关系，在接下来的三章，我将从三驾马车入手，逐一拆解经营雷达背后的底层逻辑，帮助你了解每一个表格背后的细节，以及熟练掌握经营雷达的使用方法。

第7章

分析白马盈利：
赚得多不多

白马盈利指标反映企业赚得多不多

企业的经营目标是ROE，而ROE是由三驾马车驱动的。因此，要想分析一家企业的经营水平，就要对三驾马车进行各个击破，逐一分析。本章分析第一驾马车——白马盈利。

白马盈利指的是净利润率，它反映的是每1块钱收入能贡献多少净利润。通过这个指标，我们就能判断一家企业赚得多不多。

净利润率如何计算呢？其计算公式如下：

$$\text{净利润率} = \text{净利润} \div \text{收入} \times 100\%$$
$$= (\text{收入} - \text{成本}) \div \text{收入} \times 100\%$$
$$= (1 - \text{成本} \div \text{收入}) \times 100\%$$

从这个数学公式可以看出，白马盈利由两个指标决定：收入和成本。这两个数据都来自利润表。因此，要想分析白马盈利，经营型干部首先要学会看利润表。利润表又叫损益表。没有学过专业会计的经营型干部，不需要了解专业的财务知识，只需要了解利润表的逻辑，化繁为简，抓住三个牛鼻子指标就可以了。

利润表的底层逻辑可以简化为一个公式：收入－成本＝利润。假设一家企业投入7亿元成本，得到10亿元的收入，那么最终的利润就是3亿元，即10-7=3。其中，10是企业为客户提供产品或服务而得到的回报，7则包括财务会计中的八大成本：料（材料成本）、工（人工成本）、费（制造费用）、销（销售费用）、管（管理费用）、研（研发费用）、财（财务费用）、税（税务费用），3是收入扣除总成本后的余额。利润表是经营者的成绩单，它展示的是一个经营周期的经营结果，体现的是一个经营者为公司做出的贡献。在实际经营中，许多企业只考核收入，不考核利润，这会导致企业增收不增利。实际上，收入不是全部，收入扣除成本后的余额才是企业所需要的。

为什么要看利润表呢？分享一个我亲身经历的故事。

多年前，有位企业家慕名到上海找我，他听闻我在复星集团做过8年的财务总监，擅长兼并收购交易，想聘请我担任他们公司的并购顾问。细问之下，我才了解到事情的原委：这是一家做专用设备的制造商，经营的是To B（面向企业）业务。经过十几年的摸爬滚打，该企业沉淀了几亿元的闲置资金，但是老板做得并不开心，因为他发现从事制造业太辛苦了，从原材料、市场、研发、设计到采购、生产、销售、售后，整个链条太长，一年到头辛辛苦苦做了八、九亿元的营业额，好像没有谁能记得他的品牌。因此，他决定转型做服务业，经营To C（面向个人）的业务。

在他所在的城市，恰好一家美容美发品牌的发展势头很迅猛。短短两年时间，这个品牌就如雨后春笋般，陆续开了几十家品牌连锁店，装修得比五星级酒店还要豪华，生意也十分火爆。他的一位朋友是这个品牌的投资合伙人。朋友告诉他这家公司月月分红，这令他羡慕不已。因此，他下定决心收购这个品牌。

听到"月月分红"这四个字，我心里咯噔一下："哪个企业能做到月月分红呢？"从业30多年，我从来没有遇到过这么赚钱的公司。

根据《公司法》的规定，企业要分红，必须经历以下4个步骤。

补：补5年亏损

假设一家企业成立第一年亏了2亿元，第二年保本，第三年盈利1亿元，那么第三年能分红吗？不能，因为它要补前两年亏损的2亿元。弥补后的利润是：$-2+0+1=-1$，企业还是亏损1亿元。如果第四年赚了2亿元，弥补亏损后的利润是：$-2+0+1+2=1$，只有1亿元，可用于分红的利润就是1亿元，而不是2亿元，这是《公司法》的规定。

缴：缴纳25%的所得税

假设你是股东，虽然拥有分红权，但在分红之前，国家先分。弥补亏损后，企业要先向税务局缴纳25%的所得税。

提：10%的法定公积金

弥补了5年亏损，也缴纳了所得税，现在能分红吗？不能，企业还要提取10%的法定公积金。因为国家担心企业过度分红，从而导致后续没有发展资金。

扣：扣除20%的分红税

按照法律规定，分红给个人时，个人要缴纳20%的分红税。

由此可见，分红程序极其复杂，且经过以上4个步骤后，可分配利润会大大少于1亿元。因此，月月分红的企业，几乎没有。

为了解开心中的疑团，我提出看一下这家美容美发企业的会计报表，结果他们根本就没有利润表，只给了我一份流水账，这果然验证了我的猜测：合伙人口中的分红，分的根本不是利润，而是客户的预收款。也就是说，当客人在这个品牌的门店充值后，充值卡里的预收款就被合伙人分掉了。因此，我果断地奉劝这位董事长打消并购的想法，因为这家企业存在三处明显的硬伤。

没有收入思维

这家企业连什么是收入都不明白，错误地把预收款当成收入。实际上，预收款是负债，是企业欠客户的钱。现实生活中，我们经常听到健身房、教培机构、美容美发店的老板跑路的消息，这是因为他们没有收入思维，前期把预收款分掉了，等后期要向客户交付产品时，才发现成本扛不住，这个时候就只能溜之大吉。

没有成本思维

这家美容美发企业看似生意火爆，收入确实也不少，但实际上，它没有控制好成本，装修得比五星级酒店还要豪华。因此，这家企业看似收入很多，但成本更高。

没有利润思维

并购的目的是什么？并购是为了退出，而退出最好的方式是上市，而美容美发行业极少有公司可以上市。为什么？因为这个行业虽然现金流特别好，但利润其实并不高，并且很少有规范的财务报表。

从上述案例可以看出：经营型干部如果看不懂利润表，就看不清企业的风险；而老板的大脑里就会有一笔糊涂账，甚至连企业赚钱不赚钱都懵懂不知，更不必谈驾驭白马盈利了。

识别利润表中的三个"牛鼻子"指标

前文的预算管理模块介绍了管理会计中的利润表。在经营分析中，我们还要认识财务会计中的利润表（见表7-1）。财务会计中的利润表有哪些关键指标？经营型干部不需要像专业会计一样了解每一个专业名词，也不需要看懂密密麻麻的所有数据，只需要从中识别出影响经营决策的三个"牛鼻子"指标，了解其背后的经营逻辑。

表7-1 简化的利润表　　　　　　　　　　　　　单位：万元

收入	1 000
减：料工费三项成本	400
毛利	600
减：销管研财四项费用	200
减：所得税	100
净利润	300

第一个"牛鼻子"指标：收入

经营型干部要关注的第一个指标是收入。收入代表什么？企业的规模。

这里要说明一下：我们在评判一家公司的规模时，通常用的是不含税收入。许多企业在开经营分析会时，销售经理和财务经理打得不可开交，财务经理说收入是1亿元，销售经理立马拍桌子，说财务算错了，明明是1.13亿元，怎么会是1亿元呢？其实，他们都没有错，财务经理说的是不含税收入，而销售经理想的是合同金额。大家讲的是同一件事，只是口径不一样。但是，利润表属于财务会计，主要用于外部报送，因此需要统一口径，按照会计准则来计算，利润表中的收入都是指不含税收入。

收入还代表什么？市场占有率。市场占有率也应该用收入来衡量。它是指本企业的销售额在行业总体销售额中所占的比例。所占比例越大，市场占有率也越大。假设表7-1中的企业所在的行业市场总额为10亿元，那么这家企业所占的市场份额就是1%。市场份额越高，企业在市场上的话语权就越大。

第二个牛鼻子指标：毛利率

用收入减去料、工、费三大成本，就得到了毛利。料、工、费三大成本如何结转呢？这个过程极其复杂，经营者不需要了解细节，只需要将其交给专业财务人员核算就可以了。但需要注意的是：收入要看绝对值，而毛利要看相对值，因为你与对手的体量不同，比较毛利的绝对值没有什么意义，但从毛利率的对比中，企业能发现很多端倪。

毛利率等于毛利除以收入。毛利率能反映什么呢？企业在行业中的竞争力强不强。同样是销售白酒，贵州茅台的毛利率高达92%，而有些企业的毛利率不足60%。这就说明茅台的竞争力要远高于其他企业，客户对茅台的认可也高于对其他品牌的。

为什么要关注毛利率呢？因为只有高毛利率，才能确保企业未来还能持续赚钱。企业要想赢得未来，就要进行技术创新和产品迭代，要用更多的钱来建设品牌、开拓渠道。企业如果没有高毛利率，就没有资金投向研发，产品后劲会不足。同样，没有高毛利率的支撑，企业就没有资金建设品牌，品牌溢价上不去。为什么有人爱喝茅台，有人爱买奢侈品？这些都是品牌带来的高溢价，而品牌建设需要持续投入大量资金，这些资金都源于产品的毛利。再者，没有高毛利率，企业就没有钱进行渠道建设。没有渠道帮你销售产品，即便你的品牌声名远播，客户在终端渠道买不到它，那也无济于事。因此，不管是产品研发还是品牌推广、渠道建设，都需要高毛利率的支撑。

其实，从利润表可以看到：从毛利到净利，还需要扣除销售费用、管理费用、研发费用、财务费用和所得税，因此，企业的毛利必须足够高，给这些费用留下空间。但在实际经营中，我发现许多企业只关注净利润，没有认识到毛利率的重要性。如果没有足够高的毛利率，那么企业未来将举步维艰。

尤其是当企业对接资本时，毛利率指标甚至会影响企业上市。近年来，拟IPO（首次公开募股）企业因为毛利率异常且解释不充分而被否决的案例不在少数。如果一家企业的毛利率太高，那么交易所就会猜测它有造假的嫌疑；反之，如果一家企业的毛利率太低，就说明这家企业在同行之中没有竞争力，不能持续地为投资者创造价值。因此，经营型干部在分析利润表时，不仅要关注收入和净利润，还要看毛利率指标是否健康，在开发新产品时更要分析毛利率能否支撑后续的研发迭代、品牌建设和渠道建设。

第三个牛鼻子指标：净利润率

用毛利减去销售费用、管理费用、研发费用、财务费用和所得税，就可以得到净利润。

净利润是什么？净利润反映了收入的质量。收入的质量越高，净利润就越高。如果一家企业的收入增加了，利润却在下滑，这就说明其收入的质量很差。

与毛利一样，净利润也要比较相对值——净利润率。净利润率等于净利润除以收入，代表企业每赚1元钱能创造多少净利润。例如，贵州茅台的净利润率高达50%，这意味着该企业每1元钱的收入可以创造5毛钱的净利润。净利润率越高，企业的盈利能力就越强，说明企业驾驭白马盈利的功夫就越高超。

在正常经营的情况下，大部分企业的盈利能力都非常稳定。如表7-2所示，无论是贵州茅台、海天味业还是格力电器，其每年的净利润率都相差无几。2021年，智飞生物受到新冠疫情的影响，净利润率上升了11%，而2023年回落到15%。

当然，白马盈利也会受到行业周期的影响，以万科为例，由于房地产行业周期下行，万科的净利润率逐年下降。但是，这并不意味着万科的ROE也在逐年下降。后文我们就会看到，虽然万科的白马盈利逐年下降,同时万科在不断地去杠杆,降低黑马杠杆,但经营团队在赤马效率上寻找到了突破口,最终基本稳住了ROE。

表7-2 各行业标杆连续5年的净利润率

行业	公司名称	2023年	2022年	2021年	2020年	2019年
白酒	贵州茅台	52%	51%	51%	51%	51%
食品	海天味业	23%	24%	27%	28%	27%
医药	智飞生物	15%	20%	33%	22%	22%
地产	万科	4%	7%	8%	14%	15%
家具	索菲亚	11%	10%	1%	14%	14%
家电	格力电器	14%	12%	12%	13%	12%

资料来源:各公司每年年报。

最有意思的是索菲亚,为什么2021年的净利润率突然暴跌至1%?原来,它是受到了大客户恒大地产的连累,计提了3.7亿元的坏账准备,这充分说明了三驾马车是联动的。如果赤马效率没有管理好,又会反过来杀掉利润,拉低白马盈利。

从静态报表到动态报表

如表7-1所示,当财务经理交给你这样一份利润表时,你可能只需要一分钟就看完了,因为你只要抓住收入、毛利率和净利润率这三个牛鼻子指标就可以了。但是,这张报表中的信息量太少了,仅仅三个数据还无法支持你做出经营决策。这使得许多老板形成一个错误的认知:看了财务报表也没啥用嘛!

其实，不是财务报表没用，而是财务经理提供给你的是一张静态报表，它只是简单地描述了上个月的经营结果。但是，这个经营结果是好还是坏，你并不知道！未来经营团队应该往哪个方向努力，你也不知道！因此，正确的做法是把静态报表变成动态报表，如表7-3所示，用三把"尺子"去量一量经营结果的优劣。

表7-3 动态利润表

预算项目	实际数据	比预算		比同期		比标杆	
		预算数据	完成率	同期数据	增长率	标杆数据	达标率
收入							
毛利率							
净利润率							

第一把尺子：比预算

与预算目标相比，实际收入完成率是多少？实际毛利率的完成率是多少？实际净利润率是否达标？市场是动态变化的，企业如果在后期执行的过程中偏离了预算，核算时发现产品的净利润率偏离了预算结果，这时就要及时分析根因，对症找到解决方案，回应市场变化，及时调整产品结构和价格策略。

第二把尺子：比同期

与去年同期的成绩单相比，收入、毛利率和净利润率是增长还是下滑？我们经常看到有些企业的收入增长了，净利润率却比同期低，这说明企业在成本控制上出了问题。

第三把尺子：比标杆

只与自己比较远不够，企业要把自己放到外部市场上比较。与行业标杆相比，企业的收入、毛利率和净利润率还有多大的提升空间呢？

比较不是目的，而是手段。目的是什么？通过这三把尺子，找到经营短板：到底是预算完成率低还是同期增长率低，抑或是达标率低？只有找到差距，才能找到问题。然后，找到问题产生的原因，最后才能找到缩短差距的方法。但是我发现许多企业会跳过找原因的环节，从找问题直接跳到找方法。如前文所述，企业找不到根因，就找不到根本解。

怎样才能找到根因呢？仅凭这张动态利润表，我们是找不到的。动态利润表最多只能让企业看到自己的差距，但这些差距是由谁造成的？到底是谁拖了白马盈利的后腿？要想解开这些谜团，企业必须拆开利润的"黑匣子"。

拆开利润的黑匣子：分析白马盈利"五看法"

想象一下这样的场景：本来预算利润表上显示10-7=3（收入-成本=利润），结果到了月底，财务总监胆战心惊地递给你一张利润表：10-13=-3，这时你该怎么办？当我把这个问题一抛出来，立即引起了学员的激烈讨论。许多人瞬间化身"财务专家"，从成本的角度分析：哪些成本高了，从而导致净利润率下降？这是走入"歧途"。

千万别忘了自己的身份：你是一名经营型干部。你应该从经营的维度分析。经营企业最基本的三要素是什么？产品、员工和客户。因此，财务部门要将利润表进一步加工，细分为产品利润表、员工利润表和客户利润表，这样才能真正找到问题背后的根因。

前文曾讲过稻盛和夫拯救日航的故事。为什么稻盛和夫要求会计部门将利润表细分到各条航线？因为只有看到每条航线的盈亏，他才能真正找到问题产生的根因。只有找到根因，他才能有针对性地做出经营决策：如果某条航线赚钱，那么可否增加航班？如果亏损，那么是否需要合并航线？每一个经营决策的背后都需要明确的数字，这样才能真正做好经营分析。

再例如，一家卖蔬菜和鱼的小店，由一个人掌管，为了分别计算蔬菜和鱼的销售额，老板把卖蔬菜得到的钱放在身边的篮筐里，把卖鱼得到的钱放在另一个篮筐里；而进货时一早就去中央市场，蔬菜的进货发票放在身边的篮筐里，鱼的进货发票放在另一个篮筐里。为什么？如果把蔬菜、鱼的销售和成本混在一起，老板就分不清哪个在赚钱，哪个在亏钱。同样，这个小店如果还卖干货、罐头、调料，那么也要分别对其进行核算。也许小店只是小本经营，但还是要把蔬菜、鱼、干货的核算分开管理，这样哪个赚了，哪个亏了，每个月都一清二楚。

因此，要想拆开利润的"黑匣子"，就必须把核算的颗粒度变细，像剥洋葱一样，将利润表一层层往里剥，直到看清楚每个产品的利润、每个员工的利润、每个客户的利润，接下来再看人效、看单耗，直到找到真正影响白马盈利的根因。

看产品：多卖尖刀产品

首先，企业要从产品维度来拆分：哪些产品赚得多，哪些产品赚得少？如表7-4所示，这是一张加工后的产品利润表。某公司一共有三类产品：

- A产品的收入占比为50%，但净利润率却是-60%。也就是说，A产品虽然卖得最好，但实际上卖得越多，亏得就越多。
- B产品的收入占比为30%，虽然收入规模排名第二，但也是亏损的状态。
- C产品的收入占比最少，只有20%，但它的净利润率却高达50%。因此，虽然C产品看起来贡献最小，但它才是真正的尖刀产品。

表7-4 产品利润表　　　　　　　　　　　　　　　　　　单位：万元

产品	收入	毛利	毛利率	净利润	净利润率
A产品	500	200	40%	-300	-60%
B产品	300	100	33%	-100	-33%
C产品	200	150	75%	100	50%
合计	1 000	450	45%	-300	-30%

为什么这家企业的净利润率是-30%？因为A产品和B产品都在亏损销售，它们吃掉了C产品贡献的利润。如果这两个产品不是为了引流而造成的战略性亏损，就说明A产品和B产品的定价出了问题。但是，销售人员并不知道，他们发现A产品在市场

上最好推销,因此拼命向客户推荐A产品。殊不知,A产品之所以好卖,是因为公司在亏本销售。而这家企业真正的尖刀产品C产品由于收入占比最小,根本不受营销团队的重视,最终造成现在这个局面。

找到了亏损的根因,接下来解决方案就清晰了:要想提升净利润率,企业就要引导销售人员多卖C产品,并将所有的人、财、物资源全部集中到C产品上。除了前端的销售人员要熟悉C产品,市场部门要针对C产品做好策划方案,加大对C产品的推广力度;人力部门在招聘研发人员时,也要以C产品所需的技术为招聘标准,加大对C产品的研发投入;在供应链和产能上,企业也要向C产品倾斜资源……

根据对产品利润表的分析,企业会相应调整产品结构,而产品结构的调整,又会引导各部门的经营型干部优化企业资源配置的方向,调整部门的工作重心。

看员工:多用高效员工

分析完产品利润表,接下来企业要分析员工利润表。准确地说,企业要分析的是销售部门的员工利润表,因为销售部门是开源的部门。有些企业认为这个方法非常好,将其推广到其他部门,分析采购部门、行政部门、财务部门的员工利润表,这样就必须搞内部转移定价,结果各个部门吵得不可开交,事情反而弄复杂了。因此,我建议企业抓住"牛鼻子",直接分析销售部门的员工利润表(见表7-5)。

表7-5 员工利润表　　　　　　　　　　　　　　　　　　　　单位：万元

部门	收入	毛利	毛利率	净利润	净利润率
销售一部	500	300	60%	100	20%
销售二部	300	100	33%	−200	−67%
销售三部	200	50	25%	−200	−100%
合计	1 000	450	45%	−300	−30%

哪些销售团队做得好，哪些销售团队做得差？如果没有这张表，那么老板可能会凭借自己的主观好恶来评价。然而有了这张表，老板很快就会发现自己的感觉并不准确，他喜欢的团队不一定是贡献最大的，而平时不太关注的人，反而对企业的贡献更大。因此，用数据来识人更准确、更客观。只要列出每个团队当月的销售收入、毛利率和净利润数据，结果一目了然。

如表7-5所示，销售一部贡献了50%的收入，净利润率达到20%，它是这家公司最高效的团队。而销售二部和销售三部都在亏损。如果它们不是新成立的部门，就说明这两个团队的领导者能力不行。

如何解决这个问题呢？你可以撤掉两个失职团队的领导者，经领导力评估后看看是否可以从销售一部抽调金牌员工来接手这两个团队。通过金牌员工，将高效团队的管理经验复制到亏损团队，进而提升后者的战斗力。

看客户：多盯优质客户

企业还要从客户的维度进行拆分，加工出客户利润表。

许多企业评价客户的逻辑很简单：大订单客户就是大客户。

事实果真如此吗？我服务过一家做工程项目的企业，该企业某个客户的订单金额高达两三亿元，最后一算账，反而亏了两三千万元。企业如果不看客户利润表，就会以为所有客户都是上帝。一旦分析了客户利润表，你就会发现：有些客户是上帝，而有些客户是魔鬼。这些魔鬼客户不仅不会为企业输血，反而在吸企业的血。表面上，客户购买了你的产品，实际上，你在贴钱为客户打工。

如表7-6所示，这家企业东部战区的客户看似收入占比最大，实则亏损了20%；最可怕的是北部战区，收入占比高达30%，净利润却亏损了100%。如果它的战略不是以亏损来换取市场规模，那么北部战区负责人的经营能力非常值得怀疑；南部战区看起来收入最少，实则净利润率高达50%，是这家企业唯一一个盈利的市场。基于此，这家企业应该调整资源配置的方向：将资源从东部战区和北部战区转移到南部战区，将公司的资源向南部战区的客户倾斜。

表7-6　客户利润表　　　　　　　　　　　　　　　　单位：万元

客户	收入	毛利	毛利率	净利润	净利润率
东部战区客户	500	250	50%	-100	-20%
北部战区客户	300	50	17%	-300	-100%
南部战区客户	200	150	75%	100	50%
合计	1 000	450	45%	-300	-30%

以我所在的企业为例，行动教育2023年的业绩收入同比增长49%，利润同比增长98%，我们做对了什么？核心发力点在于选择优质大客户。只要列出客户利润表，你就会发现开发一个小

客户跟开发一个大客户所投入的成本差不多，但回报却天差地别：小客户消费后很难产生复购，但是大客户会源源不断地输送新人过来，一条"大鲸鱼"远远胜过一千条"小鱼"。

从这个意义上讲，分析白马盈利就是做选择题：通过分析产品利润表，选择尖刀产品；通过分析员工利润表，选择高效员工；通过分析客户利润表，选择优质客户。然后，把企业的人、财、物资源投放到更能产出价值的产品、员工和客户身上。

看人效：分析人力的投入产出比

经营企业归根结底是经营人，而评估人力的投入产出比就要分析人效。因此，分析完经营三要素后，企业还要分析人效。所谓人效，是指人力的投入和产出的关系。

人效看的是什么呢？人均价值，包括人力投入回报率、人均收入、人均毛利和人均净利润。当然，也可以是人均回款、人均产值或部门薪酬产出率等指标。企业不能只评估公司层面的人效，还要将其细分到各部门。比如，前文通过员工利润表，分析出该企业销售二部和销售三部的净利润率都是负数，接下来就要进一步分析：这两个部门的人均收入和人均净利润是多少？是不是因为管理者盲目增加人员，导致人效过低？

在实际经营中，人效是一个经常被忽略的重要指标。每年制定更高的收入目标时，管理层都会要求招聘更多的人。公司是同意还是反对呢？有时候老板也搞不清楚。怎样保证各部门不随意招人呢？只有一个办法，那就是要求人效。例如，管理者可以要求加人，但每加一个人，就必须增加100万元的收入。这个时候，管理者会掂量一下：增加的这个新人，能不能带来100万元的收入？如果不能，那么除了加人，还有没有别的办法来达成目标。这会倒逼经营型干部的心中必须有人效的概念。

根据我辅导企业的经验，当一家企业出现增收不增利的情况时，大概率是人效出了问题。而人效出现问题是因为管理层都是管理型干部，他们只关心自己能否做大地盘，而不关心公司是否盈利。所以，让他们从管理型干部转变为经营型干部最好的办法是用人效来倒逼。

怎么看人效呢？其计算公式为：人效=产出÷投入，产出通常是指收入、毛利和净利润，以及其他可以量化的指标，而投入是指公司或部门的平均人数（也可以将人数换成薪酬）。

分析人效的底层逻辑与前文一样，制作动态报表，然后比预算、比同期、比标杆。与预算数据相比，实际人效的完成率是多少？与去年同期数据相比，人效增长率是多少？与标杆数据相比，人效的达标率是多少，差距有多大？这样企业就能发现哪些部门的人效较低，之后分析其人效低的原因（见表7-7）。

表7-7 经营雷达：看人效　　　　　　　　　　金额单位：万元/人

项目	实际数据	比预算		比同期		比标杆	
		预算数据	完成率	同期数据	增长率	标杆数据	完成率
人均收入	50	120	41%	100	−50%	150	33%
人均毛利	20	70	28%	60	−67%	80	25%
人均净利	10	40	25%	30	−67%	50	20%

看单耗：分析产品的产出投入比

所谓单耗，是指产出单位产品耗费多少资源。人效分析的是人力的投入产出比，而单耗分析的是产品的产出投入比。其中，投入是指企业具体消耗的资源，包括料、工、费等，而产出是指产品。比如，生产一台设备要投入多少原材料，生产一吨产品要耗费多少能源，这就是单耗。

要理好单耗的前提是企业已经有单耗数据预算。没有预算数据，经营分析会就没有可以参考的标尺，企业就不知道经营数据是好还是坏，最终开的就是假的经营分析会。

怎么看单耗呢？如表7-8所示，这是一家企业的单耗分析表。从这张表可以看出：理想很丰满，现实很骨感。这家企业单台材料费的预算是每台2万元，实际上每台却投入了3万元；单台人工费的预算是每台5 000元，实际上却花了8 000元……再来看同期数据，材料费和人工费都大大超过了去年同期。考虑到标杆企业的单耗数据很难找到，因此在这里不做比较。

表7-8 经营雷达：看单耗

项目	实际数据	比预算 预算数据	比预算 完成率	比同期 同期数据	比同期 增长率	比标杆 标杆数据	比标杆 完成率
单台材料费（千元/台）	30	20	150%	25	20%	—	—
单台人工费（千元/台）	8	5	160%	5	60%	—	—
单台电费（元/台）	350	300	117%	300	17%	—	—
单台运费（千元/台）	2	1.8	111%	1.9	5%	—	—

这还只是公司层面的数据，颗粒度比较粗。接下来，企业要细化到每一个层级的单耗，分析到底是哪个业务单元的哪一项单耗没有控制好。企业只有将颗粒度做细，才能更好地找到成本上升的根因，进而将单耗控制到最低。

综上所述，分析白马盈利的核心是做好以下"五看"：

- 看产品：选择尖刀产品。
- 看员工：选择高效员工。
- 看客户：选择优质客户。
- 看人效：分析人力的投入产出比。
- 看单耗：分析产品的产出投入比。

最终，通过这五个层面的分析，企业可以真正找到影响白马盈利的根因，进而对症下药。

第8章

分析赤马效率：
赚得快不快

赤马效率指标反映企业赚得快不快

ROE是由三驾马车共同驱动的，上一章分析了第一驾马车——白马盈利，接下来分析第二驾马车——赤马效率。

赤马效率指的是企业的资产周转率。"周转率"这个概念是个舶来品，源自西方的游商，他们走街串巷贩卖货物，直到卖完才回去，重新装货之后再次出发。在这个过程中，他们发现：一个月内出去的次数越多，周转率就越高，赚的钱也就越多。所以，提升资产周转率的核心是快。

如何计算资产周转率呢？其计算公式为：

$$资产周转率 = 收入 \div 总资产$$
$$= 收入 \div (流动资产 + 非流动资产)$$

赤马效率越高，企业赚钱的速度就越快，说明企业的资产使用效率较高，即同样的资产投入能带来更多的收入。

表8-1 部分行业标杆的赤马效率

行业	公司名称	2023年	2022年	2021年	2020年	2019年
白酒	贵州茅台	0.6	0.5	0.5	0.5	0.5
食品	海天味业	0.7	0.8	0.8	0.8	0.9
医药	智飞生物	1.2	1.1	1.4	1.2	1.2
地产	万科	0.3	0.3	0.2	0.2	0.2
家具	索菲亚	0.9	0.9	0.9	0.9	0.9
家电	格力电器	0.6	0.6	0.6	0.6	0.8

资料来源：各公司每年年报。

如何判断企业的赚钱速度快不快呢？在分析赤马效率时，企业不能脱离自己所在的行业。正确的做法是什么？与同行业的标杆企业比较，这是因为赤马效率有自己的行业属性。

如表8-1所示，贵州茅台和海天味业的赤马效率就不能进行比较：茅台基酒至少要存放3年以上才能保持浓郁的口感，因此贵州茅台的资产周转率比较低；而海天味业的酱油保质期较短，存放3年就过期了，因此海天味业的资产周转率一定高于贵州茅台。

再来看万科，前文在分析白马盈利数据时，发现万科受到地产行业下行的冲击，白马盈利逐年下降。当万科的白马盈利无法提升时，它的注意力开始放在赤马效率上，这说明万科的经营团队发现：当无法赚得更多时，就要想办法让自己赚得更快。如此一来，即便白马盈利持续下降，万科依然可以活下去。

在分析赤马效率时，企业是否应该直接和行业标杆进行对比呢？以我的经验来看，这要具体问题具体分析：如果是一家上市公司，那么可以直接对标行业标杆；如果还没有上市，而标杆企业已经上市了，那么将标杆企业的赤马效率乘以1.5~2，才是一个相对合理的数字。为什么？因为赤马效率等于收入除以总资产，而公司上市后会获得一大笔融资，总资产会瞬间大幅增长，从而大大拉低上市公司的赤马效率。

除了对标行业标杆，下文提供了部分行业的经验数据，以供企业参考：

- 机械制造业的赤马效率为1~1.5，如果小于1，那么说明企业的赤马效率控制得不好。
- 化工制造业的赤马效率应该为2~3，因为相较于机械制造业，化工制造业的资产投入同样较多，但这个行业比较特殊，设备一旦开始运转就不能随便停，所以这类企业的产出往往是连续的。如果小于1.5，就证明团队的经营能力比较差。
- 零售业的赤马效率应该为3~5，因为零售业需要快速流通，赤马效率必须足够高。
- 平台公司的赤马效率最高，一般为13~15。我曾辅导过一家卖钢材的互联网平台公司，这家企业的白马盈利不到1%，但赤马效率高达15，最终ROE也能达到30%。这也从侧面提醒我们：即便企业的利润率很低，白马盈利上不去，也不必灰心。只要企业赚得快，把赤马效率提上去，ROE甚至可以远超那些白马盈利较好的企业。

资产负债表是企业的家底

分析企业赚得快不快,要计算赤马效率,而赤马效率的计算公式为收入除以总资产。收入指标来自利润表,而总资产来自资产负债表。因此,要想分析赤马效率,经营型干部除了要看懂利润表,还要看懂资产负债表。

说起资产负债表,我发现大多数人都有一个误解:总以为三大报表是三张独立的报表。事实上,三大报表之间是有内在联系的。

资产是什么?资产是企业的留存利润。

假设一家企业的利润公式为:10-7=3,即收入为10亿元,成本为7亿元,利润为3亿元。那么,这3亿元会变成什么呢?大概率会变成资产。通常来讲,没有人会把这3亿元全部分红,因为分红的成本太高了,要经过补、缴、提、扣四个步骤。再者,股东也花不了这么多钱,钱闲置在手里,他们又会心慌,因此股东会将这些利润变成资产,比如投资厂房、生产线等固定资产,或者投资一些其他项目。

一旦利润变成资产,企业就必须好好管理,否则这些资产会变成"有毒"资产,反过来杀掉利润。同时,这些"有毒"资产还会占用企业的现金流,从而导致企业的资金紧张甚至资金链断裂。这就是为什么老板和经营型干部一定要会看资产负债表。资产是企业辛辛苦苦赚来的利润,如果资产没有管理好,利润就打水漂了。

然而在现实中,我发现许多老板连利润表都懒得看,更别提密密麻麻的资产负债表了。他们通常会打开资产负债表,瞄一眼左上角的货币资金，看到银行还有几千万元的存款就结束了。老板不仔细看资产负债表，会带来什么后果呢？给大家讲一个真实的故事。

几年前，我受邀去一家企业调研。刚一落座，老板就问了我一个问题："付老师，我看了财务经理给我的报表，利润有6 000万元，利润率高达30%，但为什么我却穷得叮当响，完全靠银行贷款在维持呢？"

为了解答他的问题，我打开这家企业的利润表，发现去年收入2亿元，利润为6 000万元，看起来确实赚得挺多。紧接着，我打开了资产负债表，结果看到了3个触目惊心的数据：

- 应收款高达1.5亿元。
- 存货高达1亿元。
- 固定资产高达2.5亿元。

也就是说，这家企业投入5亿元的资产，才创造了2亿元的收入，赤马效率只有0.4。该企业1元钱的资产投入只能产生0.4元的收入，这意味着，总资产需要2.5年才能周转1次。由此可见，这家企业虽然赚了很多，但赚得很慢。

赚得很慢会导致什么后果呢？所有资金都沉淀在资产里。从这家企业的资产负债表中可以看到，年收入只有2亿元，应收款却高达1.5亿元。看到这个数据，我知道这家企业的销售部门一定出了问题。因为该行业普遍只有3个月的账期，而这家企业的账期却高达9个月。因此，我要求销售部门马上对账。

听到这个要求，销售总监马上质问道："你是不信任我还是不信任我的客户？"在这位销售总监看来，对账就是不信任客户的表现。这家企业卖的是电缆，面对的都是大客户，而这些大客户从来不对账。当我进一步说明了这件事对公司的影响后，他仍然不为所动，表示没空安排对账。与此同时，老板又征求财务部门的意见，财务总监也不愿意对账。看到这种情况，我给老板出了一个主意："你们不需要上门对账，财务部门只需要从系统中调出这1.5亿元应收款涉及的客户名单，然后将订单明细全部打印出来，形成对账单，用顺丰快递寄过去，与客户方的财务直接对账就行了。"

果然不出我所料，财务部门前后花了三个月的时间对账，发现有6 000万元的应收款无人认领。其中有一笔380万元的应收款，客户表示一年半以前就将货款支付给某位销售经理了。

再来盘点存货，我发现两年内没有卖出去的呆滞存货高达5 000万元，这部分资产的价值接近于0。同样，在2.5亿元的固定资产中，有4 000万元的固定资产闲置不用。

对全部资产盘点下来，合计有1.5亿元的资产属于不良资产，这是有毒资产，而这1.5亿元的资产又会变成成本，杀掉利润。虽然这家企业有6 000万元的利润，但扣除这1.5亿元的有毒资产后，其实际利润是亏损9 000万元。这才是该企业靠银行贷款度日的真相。

我经常提醒企业：资产负债表是企业的家底。如果企业不关注资产负债表，不清楚自己的家底，那么可能会产生一系列问题。

往来资产对不上

如果企业不去分析堆积起来的应收款,那么很可能导致往来资产对不上。因此,除了业务部门要对账,公司层面一年至少要对账2~3次。当然,公司层面的对账不需要财务亲自跑到客户那里,可以直接寄快递,一旦对账单无人接收,那问题就大了。

实物资产账目乱

许多企业资产闲置、库存积压,如果不进行盘点,这部分资产就会吃掉利润。

内部管理风险高

当公司内部管理不严格时,人性中的恶念就会被激发出来:偷窃、侵占、挪用,各种手段层出不穷。就像上述案例中的销售经理,当发现公司对应收款没有规范管理时,他利用了这个漏洞,公司不收钱,他就来收钱。

识别资产负债表中的"牛鼻子"指标

怎么看资产负债表呢?如果说利润表可以表示为"收入-成本=利润",那么资产负债表也可以用一个公式来表示:资产=负债+股东权益。资产负债表左右两侧的数据永远相等,是一张平衡表。如表8-2所示,资产负债表的左边是资产,包括流动资产和非流动资产,右上部分是负债,右下部分是股东权益。

表8-2 资产负债表的结构

流动资产		负债	
银行存款		银行借款	
应收款		应付款	
存货		应交税金	
非流动资产		**股东权益**	
长期投资		实收资本	
固定资产		未分配利润	
总资产		**总负债和权益**	

资产负债表的左侧代表资金占用，它能告诉你企业的资金用在什么地方？

资金占用分为两大类：一类叫流动资产，另一类叫非流动资产。流动资产是指流动性比较强的资产，比如银行存款、应收款、存货；而非流动资产指的是流动性比较差的资产。其中，对外投资叫长期投资，比如兼并收购、财务投资等，对内投资叫固定资产。

在报表左侧，各项资产按照变现的速度依次排列，变现速度最快的资产列在最上方，变现速度最慢的资产列在最下方。因此，从下往上看，资产的流动性越来越强。

左侧代表资金占用，右侧则代表资金来源。也就是说，右侧能告诉你：企业的钱来自哪里？

经营企业的钱如果是自己的，就是股东权益。股东权益分为两种：一种是股东投入的钱，叫作实收资本；另一种是公司赚的钱，还没有被股东分走，叫作未分配利润。

经营企业的钱如果是别人的，就叫负债。具体来说，负债分为三种类型：对银行的负债叫银行借款，对供应商的负债叫应付款，对税务机关的负债叫应交税金。

同样，在报表右侧，各项资金按照风险高低依次排列，风险最高的资金列在最上方，风险最低的资金列在最下方。从下往上看，资金的风险越来越高。

由于工作的关系，我接触了数以万计的企业家和高管。经常有人告诉我："只要一想到财务报表，我就头皮发麻……"这几乎说出了大部分非财务专业管理者的心声。尤其是资产负债表，这看起来很复杂，上面各种密密麻麻的数字令人望而生畏，但正如老子所言："天下难事，必作于易；天下大事，必作于细。"我们只需要关注底层逻辑就可以了，抓住其中的"牛鼻子"指标就可以盘清企业的家底。

从股东权益看分红

股东投资企业的目的是获取高额回报，要的是分红。因此，查看资产负债表的第一步是看右下角的股东权益，重点是看未分配利润。未分配利润越大，说明股东可以获得的分红越多。毫无疑问，一家没有利润的企业是无法给股东分红的。

从负债看融资

看完右下角的股东权益，再来看右上角的负债。融资包括向银行、客户、经销商、供应商融资。一家企业的融资越多，说明这家企业的借力越大，相应的经营风险也越大。因此，通过融资可以看出一家企业的经营风险大不大。

从非流动资产看投资

紧接着，再来看左下角的非流动资产，它包括固定资产和长期投资。固定资产是企业对内部的投资，长期投资是企业对外部的投资。

从流动资产看变现

最后看表格左上角的流动资产。只有现金才具备支付能力，因此企业要密切关注流动资产：它们是否能及时变现？如果某公司的应收款和存货居高不下，就说明其变现能力较差，更容易遭遇现金流危机。

《公司法》规定，投资、融资、分红决策都是由董事会决定的。如果你是公司董事长或者董事会成员，那么你要关注资产负债表中的这三大要素。但是，如果你是公司的经营型干部，那么你需要重点关注企业的变现能力，了解应收款、存货、应付款和银行存款的状况，这些被统称为营运资产，这些营运资产才是一名经营型干部真正要抓的"牛鼻子"，它们是决定赤马效率的核心资产。

资产负债表的来龙去脉：从业务交易到报表形成

资产负债表到底是如何形成的呢？所有报表都来自实际的业务交易。接下来，我们用一个实际业务案例来诠释资产负债表的形成过程。同时，这个报表不是独立的，而是与利润表强关联：如果利润的质量好，那么它会变成银行存款；如果利润的质量不好，那么它会变成其他资产。因此，管理者要将资产负债表与利润表结合在一起看，才会更清楚报表的来龙去脉。

- **业务交易1**：股东投资600万元，资金已到账。

资产负债表：左侧的银行存款增加600万元，右侧的实收资本增加600万元。这时，公司总资产为600万元，左侧数据=右侧数据=600万元，报表左右平衡。

- **业务交易2**：买入货物花费800万元，货物已入库，款未付。

资产负债表：左侧的存货增加800万元，右侧的应付款增加800万元。这时，公司总资产高达1 400万元，左侧数据=右侧数据=1 400万元，报表左右平衡。

- **业务交易3**：收购公司花费100万元，交易完成，款已付（说明这家企业是资本经营的高手，已经开始做兼并收购）。

资产负债表：左侧的银行存款减少100万元，长期投资增加100万元，右侧不变。这时，公司总资产仍然保持在1 400万元，左侧数据=右侧数据=1 400万元，报表左右平衡。

- **业务交易4**：购买设备花费400万元，设备已到，款已付。

资产负债表：左侧的银行存款减少400万元，固定资产增加400万元，右侧不变。这时，公司总资产仍然保持在1 400万元，左侧数据=右侧数据=1 400万元，报表左右平衡。

- **业务交易5**：向银行借款300万元，资金已到账（说明这家企业没钱了,开始通过银行融资)。

资产负债表:左侧的银行存款增加300万元,右侧的银行借款增加300万元。这时,公司总资产高达1 700万元,左侧数据=右侧数据=1 700万元,报表左右平衡。

- **业务交易6**:卖出货物300万元,货款还有900万元未收,所得税103万元当月暂时未付。

资产负债表:左侧的存货减少300万元,应收款增加900万元,右侧的应交税金增加103万元。这时,公司总资产高达2 300(1700-300+900)万元,左侧数据为2 300万元,右侧数据为1 800(1700+100)万元,报表左右不平衡,怎么办?财务部需要核算交易产生的利润,把资产负债表和利润表关联起来,请继续往下看。

- **业务交易7**:销、管、研、财方面的成本为300万元,税款已付。

资产负债表:左侧的银行存款减少300万元。

利润表:利润表中的收入是指税后收入,因此要先扣除所得税103万元,即收入为797(900-103)万元,再扣除销售成本300万元,即毛利为497万元。毛利再扣除销、管、研、财费用300万元,最终这家企业的净利润为:

$$净利润=收入-成本-费用$$
$$=797-300-300$$
$$=197(万元)$$

四舍五入计算,资产负债表的未分配利润应该增加200

万元。这样一来，左侧数据为2 000（2 300-300）万元，右侧数据为2 000（1 800+200）万元，资产负债表就平衡了。根据上文的交易记录，我们可以得到一张资产负债表（见表8-3）。

表8-3 某公司资产负债表　　　　　　　　　　　单位：万元

流动资产	1 500	负债	1 200
银行存款	100	银行借款	300
应收款	900	应付款	800
存货	500	应交税金	100
非流动资产	500	股东权益	800
长期投资	100	实收资本	600
固定资产	400	未分配利润	200
总资产	2 000	总负债和股东权益	2 000

拆开效率的"黑匣子"：盘点不良资产

通过对比上述案例中的利润表和资产负债表，你会发现：企业的资产管理不好，会严重影响企业的现金流。在辅导企业的过程中，我发现有些企业的应收款、存货、长期投资、固定资产余额特别高，这个时候就要小心了。因为它们很可能不是资产，而是隐藏在资产里的"杀手"。在现实中，我们经常看到很多老板号称有几十亿元甚至数百亿元的身家，但可能他的企业在一夕之间就倒闭了。这告诫我们：不能一味地追求白马盈利，也不能一味地追求资产规模，而忽略了对赤马效率的管理。

那么，哪些因素会影响赤马效率呢？

因素一：应收款周转率

许多企业的销售人员只负责卖产品，从不考虑回款。那么，企业何时才能收到客户的货款？如果是现款现货，那么应收款的周转率就很高；如果客户一年半载后才付款，那么周转率就会变低；如果最终应收款变成坏账，那么它就会反过来"杀掉"利润。尤其是当企业面对的客户是大公司时，供应商通常没有什么话语权，应收款的周转速度会比较慢。

因素二：存货周转率

存货是一个笼统的概念，它包括产成品、半成品、在制品和原材料，因此很难在资产负债表中看到它的真面目，最好的办法就是把它拆分出来，对每一种类别分开核算，做细颗粒度。其中，最容易拉低存货周转率的是呆滞库存。对服装企业来说，库存通常是最大的痛点。

因素三：固定资产周转率

在某种程度上，固定资产的周转率可以替换成固定资产的利用率。以机器设备为例，如果机器设备能达到百分之百的开工率，那么固定资产周转率就很高。如果新引进了大产能的机器设备，短期开工率不足，那么固定资产的周转率会下降。因此，固定资产最怕的就是被闲置。

因素四：长期投资周转率

许多企业通过产品经营赚取了第一桶金，有了第一次成功，创始人的胆子也大了，开始跃跃欲试，想通过投资其他公司来赚钱。然而，产品经营和资本经营是两套规则，隔行如隔山，长期投资资金很可能会打水漂，这也会严重影响赤马效率。

经营型干部不能简单地只管理资产的规模，而是要管理资产的质量。因此，分析赤马效率的难点在于，如何甄别哪些资产是优良资产，哪些资产是"有毒"资产？事实上，仅凭一张资产负债表，还无法做出正确的判断。要想揪出"有毒"资产，经营型干部还需要对每一项资产的质量进行进一步的检查，判断哪些资产能在未来创造收益和价值，而哪些资产只会拖企业的后腿。

信用期外的应收款＝"阴间"收款

如表8-3所示，这家企业的应收款为900万元，这900万元的应收款能否说明这家企业的经营能力差呢？不能！因为真正危险的不是应收款，而是信用期外的应收款。换言之，分析一家企业的应收款是否健康，重要的不是看应收款的余额，而是统计应收款的账龄，找到高龄应收款。因为账龄越长，风险越大。

世界著名的信用管理企业邓白氏集团发布的一份报告显示：应收款的逾期时间与收账成功率呈反比。也就是说，应收款逾期时间越长，收账成功率越低。如果逾期超过90天，收账成功率就仅有69.6%；如果超过半年，收账成功率就会进一步降至52.1%；如果逾期1年以上，那么收账成功率仅有22.8%。

然而，许多企业并不重视应收款管理，尤其是销售人员，经常以赊销作为抢单的手段。殊不知，这一行为的背后蕴藏着巨大的风险。应收款是什么？是公司送给客户的"三无贷款"。于你而言，它是一笔应收款；于客户而言，它是一笔应付款。应付款是什么？是融资。这种融资可比向银行融资划算多了，因为它不需要担保，不需要抵押，还没有利息。因此，一个没有信用的客户会能拖则拖。

再来算算应收款给企业带来的成本：假设案例中的企业是一家制造型企业，只要这家企业向客户开票，企业无论有没有收到货款，都必须确认收入。一旦确认收入，企业就必须缴纳13%的增值税。到了季末，对于这笔订单的利润部分，还必须缴纳25%的企业所得税。因此，应收款一旦收不回来，就随时可能变成"阴间"收款。此时，企业不仅要承担货款的损失，还要损失高额的税费。因此，在所有资产中，应收款是风险最高的资产。

那么，哪些应收款是"有毒"资产呢？这就要分析账龄。

如表8-4所示，这是一家企业的应收款账龄分析表。表中的数据显示：这家企业51%的应收款在信用期内，这部分应收款相对安全。而剩下49%的应收款都在信用期外，这意味着这笔钱有收不回来的风险。尤其是26%的应收款已经超期6个月，按照邓白氏集团发布的数据，这部分应收款收回的可能性已经降到了52.1%。

因此，在每个月的经营分析会上，经营型干部必须分析账龄表，找到其中高风险的应收款，并有针对性地进行管理。

表8-4 某企业应收款账龄分析表　　　　　　　　单位：万元

客户	余额	信用期内	信用期外 <3个月	3~6个月	>6个月
A	900	900			
B	800	300	500		
C	600	—			600
合计	2 300	1 200	500		600
账龄结构	100%	51%	23%		26%

"高龄"呆滞库存＝利润的"杀手"

存货是影响赤马效率的第二大资产，有时也称库存。我服务过大量的服装行业的客户，发现十之八九的企业都被库存问题所累。这是因为在传统制衣供应链中，一件衣服从设计到生产再到上架，至少需要3个月，所以季节性批量集中采购才能最大程度降低成本。然而，市场是不确定的，企业很难预测哪些款式会流行，因此对于每种款式及不同的尺寸都需要充足备货。一旦企业没有压中流行趋势，就很容易造成库存积压，最后亏损。

记得数年前，我应邀去一家服装企业调研。翻开它的利润表，我发现其盈利能力比去年提升了50%，我暗自为该企业高兴。但是当我打开资产负债表，一盆冷水从头上浇下来。这家企业一共有10亿元的总资产，其中就有8亿元的库存。再仔细分析这8亿元的库存结构，其中有6亿元库存的在库时间已经超过了1年。不难想象，这家企业有多缺钱，因为几乎所有的钱都囤在这些库存里。我不禁为这家企业捏了一把汗，如果这些库存得不到妥善处理，那么极有可能会诱发现金流断裂，最终让企业走向死亡。

库存的本质是什么？库存是一种特殊的资产：这种资产在没卖出去之前是货品，卖出去以后就变成现金或应收款。因此，库存中包含相当一部分正常备货，这部分正常备货的库存是没什么风险的，真正危险的是那些在库时间很长，却一直无法变现的呆滞库存，它们才是吞噬利润的杀手。

理解了这一点你就会发现：与应收款一样，库存的余额并不重要，重要的是库存的账龄结构。因此，只有对每一项库存的账龄进行分析，才可能找到呆滞库存，并顺藤摸瓜，找到呆滞库存形成的原因。

如何对库存结构进行分析呢？一个常用工具是存货库龄分析表。

如表8-5所示，这是一家企业的存货库龄分析表。表中数据显示：这家企业一共有6 900万元的存货。其中，3 600万元的存货的在库时间小于3个月，1 500万元的存货的在库时间在3~6个月，风险最大的是A003号的1 800万元的库存，它的在库时间已经超过了一年。对于大部分企业而言，在库时间越长，卖出去的可能性就越小，成为呆滞库存的可能性越大。

如果存货的品类不多，企业就可以轻松地编制出存货库龄分析表。但是，如果一家企业有成千上万种库存，那么这个工作量很大。因此，最好的方法是借助数字化ERP（企业资源规划）系统来调取存货数据。根据我在一线的观察，许多企业都上线了ERP系统，只是还未意识到存货库龄分析表的重要性，因此白白浪费了这个功能。其实，只要在ERP系统中打开这一选项，随时随地都能生成存货库龄分析表。

表8-5 某企业存货库龄分析表　　　　　　　　　　单位：万元

名称	余额	库存形成时间		
		小于3个月	3~6个月	大于1年
A001	2 700	2 700		
A002	2 400	900	1 500	
A003	1 800	—		1 800
合计	6 900	3 600	1 500	1 800
账龄结构	100%	51%	23%	26%

闲置的固定资产=虚胖的"赘肉"

影响赤马效率的第三大要素是固定资产，尤其是生产制造型企业，其对固定资产的投资仿佛有一种执念。一位年营收超过200亿元的企业掌舵人同我交流时自省道："中国民营企业的创始人都有一个共同的特点——看到厂房就兴奋。这是因为过去我们吃到了改革开放的红利，企业的增长速度很快，投资过厂房的人都抓住了机会。但是，市场到今天已经处于竞争饱和阶段，企业应该理性投资。如果经营者都能从三驾马车的角度理性分析，那么许多企业的止损应该以亿元计。"这位企业家一针见血地指出了中国企业存在的问题。

两年前，我在西部地区辅导一家年营收超过30亿元的制造型企业。在辅导过程中，该企业董事长向团队敞开心扉："从经营预算第一天开始，我们团队就懂得了先算后做，之后省下很多钱，我再也不敢胡乱投资了。昨天我还在跟付老师聊，我们周围有太多闲置资产了。你们可能没有感触，但我每天看到这些，内心是很焦虑的……"每每调研企业，我发现企业总能清理出数以亿元计的闲置资产。这些企业看似"家大业大"，实则相当一部分固定资产都是闲置的，根本没有产出任何价值。因此，企业要跳出一个认知误区：不要以为资产规模越大，企业就做得越好。如果你的固定资产都是一些闲置的资产，那不过是"虚胖"而已。

归根结底，资产规模只是实现收入的手段。因此，企业的价值不取决于资产规模有多大，而取决于资产获取收入的速度有多快。同样是1亿元的收入，A公司投入了10亿元的固定资产，而B公司只投入了1亿元的固定资产，那么B公司的赤马效率远远大于A公司的。

经济学家许小年引用过一组数据：中国在改革开放的前30年，固定资产投资的增长速度大约是GDP（国内生产总值）增速的1.5～2倍，而近年来这个数据已经与GDP的增长速度同步了，这说明中国经济已经从增量时代转向了存量时代。因此，企业要转变投土地、投厂房、投生产线的传统观念，对固定资产的投资要更加慎重。既然是投资，就不能拍脑袋决策，而是要评估这项投资未来能否带来回报。固定资产不像原材料，后者投资得越多，收入就越高，利润也越高。固定资产是一项非流动资产，它只有一小部分会影响当期利润。比如，企业投资1亿元的固定资产，如果按照10年来折旧，假设净残值率为0，那么一年的折旧是1 000万元。当企业将这1 000万元摊销到每个月，每个月的折旧就只有约83万元。所以，这笔投资对当期利润的影响并不大。

那是不是意味着企业不能投资固定资产了呢？也不是。关于能不能投资固定资产的问题，企业要辩证地看：虽然轻资产更高效，但企业不能一味地抵制重资产，坚决不投入固定资产。

企业能否投资固定资产取决于两个要素：一是行业特性，有些行业天生就是重资产行业，比如物流行业必须购买飞机、货车等生产工具，这是由行业特性决定的；二是企业的收入，因为赤马效率等于收入与总资产的比值，所以我们不能以资产的大小来做决策。如果过去的赤马效率是1，而企业投入固定资产后，赤马效率变成2，那么这笔固定资产可以投；相反，如果投入固定资产以后，赤马效率变成0.5，那么这笔钱不能花。

我曾经服务过一家年产值超过10亿元的电子设备公司，这家公司十分注重设备投入。在接受我的辅导之前，该公司计划持续投资固定资产。但实际上，这家公司的赤马效率已经越来越慢，股东价值回报率越来越低，但所有人浑然不觉。财务总监听完我的课后，做了一个测算：该公司的资产投资在3.3亿元以下，适合购置资产；在3.3亿元以上，适合租设备，租和购的比例控制在6∶4。这源于对赤马效率和ROE的精准计算。

再以我所在的公司为例，行动教育所在的教育培训行业属于典型的轻资产行业。那么，公司为什么要耗资数亿元购买教学楼呢？这不是拍脑袋决定的。过去我们在全国各地开课，从导师到班主任，再到会务服务小伙伴，所有人都飞往当地的五星级酒店，成本非常高。随着开课的频率越来越高，公司就要计算出一个平衡点。如果我们在全国各地开课，那么成本包括两项：一是租用会议室的费用，二是所有相关人员的差旅费用。反之，假设这幢教学楼由公司以2亿元的价格买下来，以20年计算折旧，假设净残值率为0，每年的折旧费用为1 000万元。无论一年开课

10期还是100期，每年的折旧费都是1 000万元。开课频率越高，每期课程的成本就越低。

假设在外开课的房租及差旅费用一年需要2 000万元，而投资教学楼一年所需的折旧费是1 000万元，那么这个固定资产可以投资。相反，假设在外开课的房租及差旅费用一年只需要500万元，那么这个固定资产就不能投资。从这个角度看，轻资产是一个相对概念，而不是一个绝对概念。

此前，我看到一篇关于坚果品牌三只松鼠的报道，报道称：2023年，三只松鼠打了一场漂亮的翻身仗，171.59%的扣非净利润增幅（预告）居零食赛道之首。三只松鼠是如何打赢这场翻身仗的呢？一个核心原因是三只松鼠从代工生产转变为自主制造：其自主建设了每日坚果、夏威夷果、碧根果、开心果四大核心坚果品类示范工厂，夏威夷果与每日坚果产线正式投产后每日坚果单盒降本约8%。自主生产后，此前代工生产模式下受让给供应商的利润转移至消费者，坚果产品的价格调低，才能保证三只松鼠的产品从高端转向高性价比。

因此，一家企业能否投资固定资产，不能一概而论，企业要详细评估投资回报的时间。一旦这笔钱投出去，企业几年能够收回投资？如果年回报率（静态）为20%，就意味着5年能收回投资；如果年回报率是10%，就意味着10年收回投资。对于金额较大的固定资产投资，企业需要充分论证，提前编制专业的经济可行性分析报告。

看不到回报的长期投资＝从馅饼到陷阱

近年来，我接触了许多主营业务做得非常好的企业，其凭借主营业务积累了大量财富。许多老板不愿意眼睁睁地看着自己辛苦赚来的钱躺在账上睡大觉，于是四处投资各种项目，结果正应了那句话：靠运气赚到的钱，又凭实力亏掉了。他们原以为这些项目是天上掉下来的馅饼，殊不知这些项目就是陷阱。在分析这类企业的资产结构时，我发现拖慢赤马效率最大的资产竟然是那些看不到回报的长期投资。

为什么会出现这种问题？一个核心原因是老板不懂资本市场的规则，不了解投资的底层逻辑。

投资的最终目的是退出，这是因为只有完成退出，投资者才可能获得预期的收益和回报，而退出只有4条途径。

IPO上市退出

这是投资最好的归宿，一旦企业IPO成功，投资者就能获取十倍甚至百倍的回报，这取决于你是在初创期还是在成长期投资的。但事实上，上市退出的机会很渺茫，中国有4 000多万家企业，却只有5 000多家上市公司。

并购退出

如果实现不了上市退出，那么次一等的选择便是并购退出。所谓并购退出，是指通过企业并购的方式来实现投资退出。如果把上市退出比喻为让自己登陆资本市场，"成为豪门"，那么并购退出可以看作把自己"嫁入豪门"。虽然后者的退出收益率远不及上市退出，但也不失为一个不错的选择。

回购退出

如果前面两种途径都无法实现退出，那么剩下的选择就是要求大股东回购。回购的本质是什么？股转债。如果你投资的企业既不能上市，又卖不掉，那么要求大股东承诺给投资者6%的回报率，至少可以保证你的投资不会打水漂。

清算退出

清算退出是针对投资失败项目的一种退出方式。清算退出主要有两种方式：破产清算和解散清算。无论是哪一种方式，走到这一步，企业都只能是听天由命。

因此，企业在做出投资决策之前，必须先想好退路。巴菲特总结过两条最重要的投资原则：第一，永远不要赔钱；第二，永远不要忘记第一条。保住本金是巴菲特投资策略的基石，他甚至喊出过"避免赔钱比赚钱还重要"的至理名言。所以，真正的投资大师从来不是冒险家，而是事前控制好投资风险。否则，不仅浪费了辛辛苦苦靠主业赚来的利润，还会严重拉低赤马效率，影响企业的ROE。

总结一下：分析赤马效率的核心是读懂资产负债表。通过对资产负债表的进一步加工，揪出隐藏在资产中的四种"有毒"资产：

- 收不回来的应收款，也就是坏账。
- 卖不出去的存货，也就是常说的呆滞库存。

- 闲置的固定资产。
- 看不到回报的长期投资。

在这四项资产中，固定资产投资和长期投资都是由董事会决定的，与经营型干部无关。因此，经营型干部在做经营分析时，要重点关注应收款和存货。通过账龄分析表，找出高龄应收款；通过存货库龄表，找出呆滞库存。如果不对这些资产进行管理，那么它们极有可能会变成"有毒"资产，不仅会拖慢企业的效率，还会变成成本，杀掉企业的利润。

第9章

分析黑马杠杆：
赚得好不好

黑马杠杆指标反映企业赚得好不好

分析完白马盈利和赤马效率，我们最后来分析黑马杠杆。黑马杠杆又叫权益乘数，它反映的是股东投资1块钱能撬动多少总资产，代表的是公司利用杠杆的程度。

相较于前面两驾马车，这项指标有其两面性：一方面，黑马杠杆能放大企业的ROE，因此它会让人上瘾；另一方面，黑马杠杆管控不好，可能会给企业带来灾难性的经营风险。无论是白马盈利还是赤马效率，都是数据越大越好，而评价黑马杠杆的标准不是大，而是好。这个"好"是指企业要在保证经营安全的前提下，适度使用黑马杠杆。

那么如何理解呢？我们先从黑马杠杆的公式说起：

黑马杠杆＝总资产÷股东权益
　　　＝（股东权益＋负债）÷股东权益
　　　＝1＋负债÷股东权益

前文已经论述过，负债是别人的钱，股东权益是自己的钱。根据这个公式，你会发现：企业使用别人的钱越多，负债就越高，黑马杠杆就越大，ROE也就越大。换句话说，我们可以用黑马杠杆撬动ROE的N倍增长。

但是，N也并非越大越好，因为这是一把双刃剑，既可以成倍放大股东的投资回报率，也可以加大企业的经营风险。企业的钱源于两个渠道：一是自己的钱，它们来自股东，这些钱不需要归还，也没有任何风险；二是别人的钱，这些钱通常来自客户、经销商、供应商和银行等，这些钱在资产负债表上被称为负债。一旦这些负债无法偿还，企业就会遭遇现金流断裂的风险，可能面临破产清算。因此，黑马杠杆不同于白马盈利与赤马效率，它具有两面性：A面是金融杠杆，企业使用别人的钱越多，借力越大，回报越大；B面是经营风险，企业借别人的钱越多，负债就越高，如果无法及时归还，风险就越大。

如何分析企业的黑马杠杆好不好呢？要回答这个问题，我们就要回到现金流量表。

别中了利润的"圈套"：现金流是检验利润质量的唯一标准

利润表是经营团队的成绩单，资产负债表是企业的家底。企业留存的利润会转化为资产，然而有些企业经营多年留存了不少利润，也形成很多资产，却仍然会出问题。为什么？因为它的利润质量不高。

举个例子：假设A公司赚了3 000万元，B公司赚了5 000万元，哪家公司做得更好呢？仅凭这个数字不一定能判断。

利润是根据会计准则来算的。进一步讲，A公司把货卖出去，赚回来的3 000万元是现金利润；而B公司根本没有收到钱，这5 000万元是账面利润，而不是现金利润。虽然B公司利润表上显示利润有5 000万元，但其账上其实没有现金流。因此，有利润不一定有现金流。利润是账面数字，数字是根据权责发生制算出来的，是可以通过选择激进或保守的会计政策操纵的。而现金流是真实存在的，是无法造假的。

不少企业都上演过这样滑稽的一幕：财务总监报告账面利润有几亿元，但老板却感觉公司没钱，处处捉襟见肘。为什么？因为这家公司只有账面利润，没有现金利润。所以，现金流是检验利润质量的唯一标准。判断一家公司的利润质量好不好，不仅要看利润表中的账面利润，还要看现金流量表中的经营现金流。财务分析中甚至用经营现金流和利润比值来衡量利润的含金量。比值越高，说明利润的质量越高。

为什么现金流如此重要？如果把企业看作一个人，现金流就是人的血液。一个人失血到一定程度，就会有生命危险，企业也一样。通常来讲，一家企业倒闭，不是因为没有利润，而是因为没有现金流。所以，现金流比利润重要一万倍。正如华为创始人任正非所言："考核要关注销售收入、利润和现金流，三足鼎立才能支撑起公司的生存与发展。单纯的销售额增长是不顾一切的疯狂，单纯地追求利润会透支未来，不考核现金流将导致公司只有账面利润。光有账面利润是假的，没现金流就如同没米下锅，几天等不到米运来公司就已经饿死了。"

识别现金流量表中的三个"牛鼻子"指标：造血、抽血和输血

现金流量表应该如何解读呢？利润表和资产负债表要根据权责发生制来编制，非常专业，而现金流量表根据现金收付记录来编制，底层逻辑就是加减法：企业收到钱就做加法，付钱出去就做减法。用公式表达为：

$$现金流 = 流入现金流 - 流出现金流$$

二者相减大于0，说明现金流入企业，是正向现金流；小于0，说明现金流出企业，是负向现金流。为了便于管理，现金流量表将现金流分为以下三大板块。

经营现金流：造血

经营现金流是指企业的经营活动所产生的现金流。譬如，产品卖出去并收到现金，这是经营现金流入。而企业支付原材料款、税金、工资、差旅费、水电费等费用，会导致现金流出。一家企业的造血能力强，是指这家企业经营活动产生的现金流大于0，因此，创造经营活动现金流就是企业"造血"的过程。经营活动现金流越大，说明企业自身的"造血"能力越强。

投资现金流：抽血

投资现金流是指企业的投资活动所产生的现金流，包括对外投资和对内投资。对外投资包括兼并、收购等长期投资，对内投

资包括购买土地、厂房、设备、生产线等固定资产。这个过程可以比喻为"抽血"。当一家企业造血能力很强时，现金流很充沛，就可以"抽血"。如果"抽血"的现金流超过了"造血"创造的现金流，企业就需要输血，即融资。

融资现金流：输血

融资现金流是指企业的融资活动所产生的现金流。当需要"输血"时，企业有两个选择：企业可以向股东融资，这种融资叫股权融资，它的好处是不需要担保，不需要抵押，不用归还本金，也不用支付利息；当股东不愿意出资时，企业可以向银行融资，这种融资叫债权融资，它需要担保，需要抵押，需要归还本金，需要支付利息。

如果三大现金流之和大于0，就叫正向现金流，小于0则叫负向现金流。许多老板看到财务总监提交的现金流量表是正向现金流就喜笑颜开，是负向现金流就勃然大怒，这是错误的认知，因为我们无法根据现金流的正负来判断经营的好坏。

譬如，如果你的公司刚刚收购了一家公司，花了2亿元，这时候现金流小于0是正常的；同样，你没必要因为现金流大于0而高兴，因为你可能才向银行借了2亿元的贷款，这笔钱虽然暂时带来了正向现金流，但后期是要归还的。所以，正负现金流没有好坏之分。

既然正负现金流没有好坏之分，那为什么企业还要关注现金流量表呢？因为如果不看现金流量表，就会产生以下三种连锁反应。

资产积压，"贫血"会导致现金流紧张

如果不看现金流量表，你就无法发现企业由于资产积压而导致"贫血"。

在解读现金流量表时，我们要结合资产负债表来看。前文讲过，资产负债表是一个平衡的报表，左边的资产增加，右边的负债和股东权益就会增加。如果右边不变，那么左边也应该不变。假设右边不变，左边的应收款增加，那么银行存款一定会减少；同样，存货增加，银行存款也一定会减少。因此，当应收款收不回来、存货卖不掉时，企业最明显的表现就是"贫血"——企业没钱。这些资产本是企业辛辛苦苦赚来的利润，但如果资产一直积压，企业就没有现金，这就是资产积压造成的现金流紧张。

盲目投资，"抽血"会导致现金流危机

许多企业觉得利润表看起来很好，于是就开始盲目投资。殊不知，账面利润不等于现金利润，前者往往都积压在资产里，企业已经出现了"贫血"。这个时候再盲目投资，就是在"贫血"状态下还往外"抽血"，这会导致现金流危机。

过度负债，"吸血"导致现金流断裂

当现金流出现危机时，企业要想办法给自己"输血"。

前文讲过，"输血"有两条途径：一是股东给你钱，二是银行给你钱。如果股东愿意"输血"，那么恭喜你逃过一劫。如果股东不愿意"输血"，那么你只能向银行借款。如果银行也不借给你，那怎么办？许多企业会选择借高利贷。这个时候，危机就来了。表面上看，借高利贷是在为企业"输血"，实则高利贷是在"吸"企业的血。从业30多年来，我见过太多老板辛苦半辈子打拼的事业，毁于放高利贷的"吸血鬼"之手。

追根溯源，病根出在营运资产的管理上。一家企业由于现金流断裂而倒闭，其实从资产负债表上就能看出端倪。这就是为什么前文告诫企业家，不要只盯着货币资金的余额，而是要关注资产是否出现积压、有没有盲目投资……这些才是杀老板的"利刃"。

为了帮助经营型干部更好地理解现金流量表的形成过程，我们来看一个真实案例。如表9-1所示，这是一家企业的现金流量表。报表体现了三大现金流的变化：

- 经营现金流流出200万元。
- 投资现金流流出100万元。
- 融资现金流流入200万元。

表9-1 现金流量表管理　　　　　　　　　　　　　　单位：万元

经营现金流（造血）	-200	投资现金流（抽血）	-100
净利润	300	投资子公司	0
折旧	100	投资固定资产	-100
营运资产变动	-600	融资现金流（输血）	200
应收款变动	-600	银行借款	100
存货变动	-300	股东增资	100
应付款变动	300	现金流增减	-100

按照《公司法》的规定，无论是投资还是融资，都是由董事会决定的，与经营层无关。因此，经营型干部只需要关注报表左

侧的经营现金流。

经营现金流以净利润为起点。这家企业的净利润是300万元（1 000-700），这300万元的净利润就是账面利润。为什么叫账面利润？因为利润表是按照权责发生制编制的。所谓权责发生制，是指企业只要把产品发给客户，按照会计准则，就必须确认收入。但实际上，这家企业不一定收到了现金。

现金流量表则避免了这个问题，因为它是根据收付实现制编制的。所谓收付实现制，是指企业以款项收到作为标准来编制的。企业只有收到钱，才能记账。

事实上，企业要的不是账面利润，而是现金利润。这家企业的账面利润有300万元，但经营现金流却是-200万元。这是因为应收款流出600万元，存货又流出300万元，应付款流入300万元，最终造成这种尴尬的局面。那为什么这家企业明明赚了300万元的账面利润，现金利润却是流出的呢？因为这家企业的应收款、存货和应付款三项营运资产占用了企业600万元的现金，这导致企业的经营现金流是负数。

经营现金流是负数，是不是代表这家企业不健康呢？不一定！因为要判断一家企业是否健康，不能只看现金流量表，还要结合企业的生命周期。

现金流是否健康，要结合生命周期诊断

假设A公司的利润表显示有200万元（1 000-800），B公司的利润表显示有300万元（1 000-700）。请问，哪家公司更健康？不一定，因为这只是A、B两家公司的账面利润，我们要接

着看这两家公司的经营现金流。

如表9-2所示，A公司为了实现200万元的利润，没有增加营运资金投资，且再加回100万元的折旧费用。为什么折旧费用需要加回来呢？因为折旧是成本，却没有在本期付出现金。因此，A公司的账面利润是200万元，经营现金流却是300万元。而B公司为了实现300万元的利润，增加了700万元的营运资金投资，因此其经营现金流是-300万元。基于这些条件，你能判断哪家企业更健康吗？我相信大部分人都会认为A公司更健康，因为它的现金利润为正。其实不然，因为营运资金投资是一种策略，是一种选择。

表9-2　A、B两家公司的账面利润和现金利润对比　　单位：万元

财务指标	A公司	B公司
收入	1 000	1 000
净利润（账面利润）	200	300
加：折旧	100	100
加：营运资金投资（应收、存货、应付）	—	-700
经营现金流——造血（现金利润）	300	-300

我们不能根据经营现金流的正负来判断一家企业是否健康。也就是说，经营现金流为负不一定代表企业不健康。因为在不同的生命周期，企业的经营策略是不同的，利润和经营现金流的表现也不同。这就好比一个人在不同阶段要做不同的事情：学生时代需要家长投入资源，这时候他的任务是学习，而不是赚钱，如果他在这个阶段考虑赚钱，那么这反而是不正常的；而一旦迈入社会，他的任务就变成工作了，此时赚钱才是正常的。同样，企

业在不同的生命周期，关注重点不同，投资策略也不同，报表展现的数据就不一样。

如图9-1所示，企业的生命周期可以分为四个阶段：初创期、成长期、成熟期和衰退期。

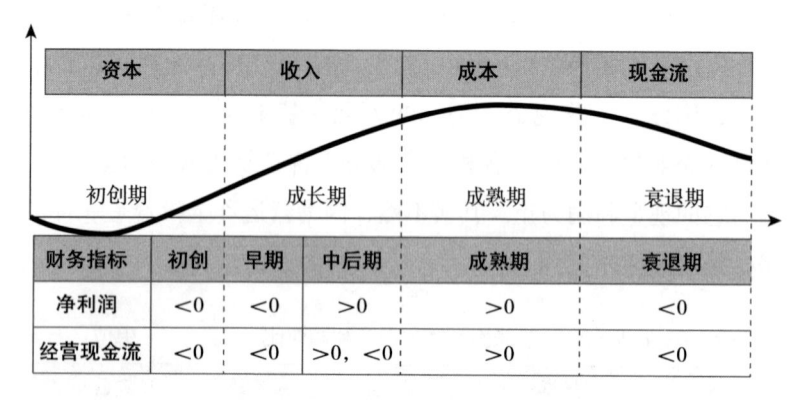

财务指标	初创	早期	中后期	成熟期	衰退期
净利润	<0	<0	>0	>0	<0
经营现金流	<0	<0	>0, <0	>0	<0

图9-1　结合生命周期看健康

初创期：聚焦资本

初创期是企业的投入期。此时企业刚刚起步，优先考虑将资本投入土地、厂房、设备、产品研发……这个阶段企业没有收入，也没有利润，经营现金流小于0，这是非常正常的。这个时候，企业不需要关注利润表，只需要关注投资进度与可行性研究报告是否脱节。

成长期：聚焦收入

企业在初创期要经历从0到1的摸索，这个阶段的风险很大，大多数企业会倒闭，只有一小部分幸运儿的商业模式得到了市场的验证，从而完成从0到1的飞跃。接下来，企业的产品开始投入市场，企业获得收入。在这个阶段，企业不再重点关注资本性支出，转而聚焦收入增长。为了抓住发展的窗口期，快速做大收入规模，成长期的企业通常会做两个动作：一是品牌推广，二是渠道扩张。品牌推广的目的是让客户知道企业的产品，而渠道扩张是为了方便客户在渠道终端买到企业的产品。

成长期又可以分为两个阶段。在成长期的早期，虽然产品已经投入市场，但销售量还没有起来。这个时候，虽然产品有很高的边际贡献率，但其边际贡献低于固定成本，企业依然是亏损的。因此，这个阶段的企业有收入，但没有利润，经营现金流是负的。

到了成长期的中后期，产品销售量终于上升，这时候利润有了，但经营现金流却不一定是正的。因为这个阶段是企业最幸福的一段时光，产品需求旺盛，企业蓬勃发展，竞争对手还没有反应过来，市场竞争不算激烈。所以，为了抓住快速发展的窗口期，迅速占领更大的市场份额，激进的经营者愿意给予客户账期，愿意向市场铺更多的货，这会导致企业有利润，但现金流被应收款和存货占用，经营现金流为负。但是，如果经营者比较保守，希望企业稳健发展，不愿意给予客户账期，不愿意向渠道大量铺货，那么其经营现金流会为正，不过发展节奏会比较慢。总之，这两种表现都是正常的，只是经营者对风险的偏好不同而已。

成熟期：聚焦成本

如果某个行业的回报率特别高，吸金能力特别强，大量的资本就会涌入这个行业，迅速地将这个行业推入成熟期。正如马克思的那句名言："当利润达到10%时，有人蠢蠢欲动；当利润达到50%时，有人敢于铤而走险；当利润达到100%时，他们敢践踏人间的一切法律；而当利润达到300%时，他们甚至连上绞刑架都毫不畏惧。"

因此，成熟期的企业会吸引大量的资本聚集到这个行业。随着投资者越来越多，行业发展到了一个井喷期，竞争越来越激烈。在白热化的竞争中，哪些企业能脱颖而出呢？谁对成本的管控力度强，谁就能在激烈的市场环境中拥有定价权。

在这个阶段，企业的利润大于0，经营现金流也大于0。

衰退期：聚焦现金流

繁华之后终将归于平静，企业不可避免会进入衰退期，行业开始洗牌。这个阶段要关注什么呢？现金。因为对于衰退期的企业而言，活下来比什么都重要。企业只有活下来，才有可能找到新的第二曲线、第三曲线，从而进入另一个新的生命周期。所以，这个阶段的企业报表通常表现为没有利润，也没有经营现金流，这是很正常的。

因此，经营型干部在判断现金流是否健康时，一定要弄清公司处于哪个阶段。回到表9-2中的案例，B公司的现金流为负，这是不是代表B公司不健康呢？不一定！我们要根据B公司所处的生命周期来判断。如果B公司还处于成长期，这个报表就是正常的。

既然所有企业都逃不过生命周期，就像人逃不过生老病死，那么如何才能更好地拥抱生命周期呢？关键在于未雨绸缪。企业在第一曲线发展平稳的时候，就要开始投资第二曲线，甚至探索第三曲线。所以，一家基业长青的企业至少要储备三条曲线。

第一曲线：核心业务

第一曲线是指企业在5年内聚焦的核心业务。可能有些行业的周期很长，而有些行业技术更迭较快，行业周期只有三五年甚至两三年。那么主营业务进入衰退期后怎么办？企业要未雨绸缪，提前投资第二曲线。

第二曲线：增长业务

第二曲线是指企业在5～10年内不断投资的增长业务。当第一曲线走向衰退期时，第二曲线经过多年的投资，可以取代第一曲线，成为企业新的增长点。

第三曲线：种子业务

第三曲线是指企业需要不懈探索的种子业务，这些种子业务在10年后可能成为企业的主营业务。为什么要不懈探索？因为第二曲线还是看得见摸得着的，虽然现阶段该业务是亏损的，但其经过发展未来可以实现盈利。而第三曲线未来能否成功，还是个未知数。所以，企业必须不停地探索，因为没有哪个行业能保证自己永远存在。

生命周期是客观存在的，企业没有必要惧怕它，而是要勇敢地拥抱它。只有了解生命周期的规律，企业才能掌握好经营节奏，确保"碗里有饭、锅里有米、田里有稻"，即在经营第一曲线的同时，提前布局第二曲线，探索第三曲线。这倒逼企业在第一曲线处于成长期和成熟期时，大量储备现金流。这样企业才有条件不断投资第二曲线，探索第三曲线，从而一次又一次地穿越周期。

"黑马杠杆"的好与坏：经营债是好杠杆，金融债是坏杠杆

通过对生命周期的解读，企业可以自行判断现金流是否健康。但是，以终为始来看，企业的最终目标不仅仅是现金流健康，更是ROE最大化。而驱动ROE的是三驾马车：白马盈利要多，赤马效率要快，黑马杠杆要好。那么如何判断黑马杠杆好不好呢？要解答这个问题，我们必须回到资产负债表上。

资产负债表可以分为两个部分（见表9-3）：左侧代表资产结构，根据资产结构可以分析赤马效率快不快，从下往上看，越往上走，资产的流动性越好；右侧则代表资金来源，根据资金来源可以分析黑马杠杆好不好，同样从下往上看，越往上走，资金风险越高。

表9-3 根据资产负债表看黑马杠杆　　　　　　　　　　　单位：万元

流动资产	1 500	负债	1 200
银行存款	100	银行借款	300
应收款	900	应付款	800
存货	500	应交税金	100
非流动资产	500	股东权益	800
长期投资	100	实收资本	600
固定投资	400	未分配利润	200
总资产	2 000	总负债和权益	2 000

让我们重温一下黑马杠杆的计算公式：

$$黑马杠杆 = 总资产 \div 股东权益$$
$$= (股东权益 + 负债) \div 股东权益$$
$$= 1 + 别人的钱 \div 自己的钱$$

从中可以看到：黑马杠杆来自负债，它代表的是每1元钱股东权益（自己的钱）能撬动多少总资产。企业使用别人的钱越多，黑马杠杆就越大，相应地ROE就越大。但是，负债的背后可能蕴含极大的风险。

如何判断某笔负债会不会带来风险呢？关键在于判断负债的性质。

金融债

金融债是指企业向金融机构申请的贷款，银行借款就属于金融债。这类贷款需要担保，需要抵押，需要支付利息，需要归还本金，因此这笔钱的风险很高。当金融负债很高时，企业的财务风险就很高。

经营债

经营债是指企业在经营过程中产生的债务，应付款和预收款就属于经营债。应付款是企业欠供应商的钱，这笔钱不需要担保，不需要抵押，更不需要利息；预收款则是客户预存在企业的钱，只要产品能及时交付，这笔钱就会转化为收入，不需要归还，风险更低。因此，这类资金表面上属于负债，实际上并不可怕，也没有太大的风险。

案例解析

如表9-4所示，某企业的负债高达1 100万元，也就是说，这家企业有1 100万元的资金是别人的钱，只有900万元是自己的钱。那么，企业具体用的是谁的钱呢？

- 300万元来自银行借款，这笔钱是金融债，风险高。
- 800万元来自供应商的应付款和客户的预收款，这笔钱是经营债，风险低。
- 600万元的实收资本是股东投入的资金，无风险。
- 300万元的未分配利润是股东赚的钱，无风险。

什么叫好杠杆？经营债就属于好杠杆，因为它的风险较低；而金融债属于坏杠杆，因为它的风险较高。在该企业中，800万元的经营债属于好杠杆，300万元的银行借款就属于坏杠杆。

表9-4 某企业的资金来源　　　　　　　　　　单位：万元

负债	1 100	别人的钱	风险级别
银行借款	300	金融债	高风险
应付款/预收款	800	经营债	低风险
股东权益	900	自己的钱	—
实收资本	600	股东投的钱	无风险
未分配利润	300	股东赚的钱	无风险
总负债和权益	2 000	—	—

企业的黑马杠杆控制在多少比较健康呢？通过对各个行业标杆企业的研究，我发现一家企业的黑马杠杆最好控制在1~2倍（见表9-5），如果超过3倍，就要引起重视。以万科为例，万科属于地产行业，黑马杠杆很高。在2018年这个特殊节点，恒大和万科的黑马杠杆都是8倍，然而接下来，这两家企业走上了不同的道路：恒大仍然一路高歌猛进，而万科开始去杠杆。到了2022年，万科的黑马杠杆已经下降到4.6倍，而恒大暴雷了。当然，任何一家企业都无法逃脱生命周期的规律，即便是万科这样的"三好学生"，也受到了行业生命周期的冲击。2024年4月24日，万科公开承认遇到了经营困难，负债高达1.1万亿元。我仔细研究了其负债结构，其中有息负债（金融债）为3 200亿元。再来看恒大的负债结构，2022年末，恒大的负债总额为2.4万亿元，其中有息负债有1.7万亿元。从负债结构上看，万科穿越周期的可能性要大得多。

表9-5　各行业标杆的黑马杠杆

行业	公司名称	2023年	2022年	2021年	2020年	2019年
白酒	贵州茅台	1.2	1.3	1.3	1.3	1.3
食品	海天味业	1.3	1.3	1.4	1.5	1.5
医药	智飞生物	1.6	1.6	1.8	1.9	1.8
地产	万科	3.7	4.6	5.1	5.8	6.5
家具	索菲亚	2.0	2.1	1.9	1.5	1.5
家电	格力电器	3.1	3.2	2.7	2.5	2.6

资料来源：各公司每年年报。

为什么格力的黑马杠杆逐年增加，甚至超过3倍了呢？因为格力的黑马杠杆主要来自经营债，而不是金融债。

其实，一家企业黑马杠杆的高低取决于两个要素：一是资金的来源，好杠杆应该来自经营债，而不是金融债。二是行业所处的生命周期，如果行业还处于成长期，行业景气度高，那么企业不妨大胆一点，适当采用激进的策略，进行高杠杆经营；如果行业已经处于成熟期，那么企业要采用稳健的策略，进行中杠杆经营；一旦行业进入衰退期，企业就要采用保守的策略，进行低杠杆经营。

以地产行业为例，成长期的企业可以保持7~9倍的高杠杆，成熟期的企业一般保持5~7倍的中杠杆，衰退期的企业只能维持3~5倍的低杠杆。当然，这是由地产行业的性质所决定的，因为地产行业是三头借力：一是通过项目开发贷向银行借力，二是通过预售制度向客户借力，三是通过应付款向供应商借力。对于其他行业而言，这么高的杠杆会使企业出现问题。所以，对于黑马杠杆的判断，还要参考行业标杆数据。

综上，要想从管理型干部升维为经营型干部，必须完成第三项修炼：召开经营分析会。而经营分析会的核心工具是经营雷达，经营雷达的内在逻辑是以经营目标ROE为靶心，逐项分析三驾马车，找到目标差距以及差距形成的原因。

问题找到了，原因也明确了，接下来的问题是：企业如何达成目标呢？这就进入了经营型干部的第四项修炼：三驾马车。下一篇，我们将用三章的篇幅，手把手教会经营型干部驾驭三驾马车。

第四篇

三驾马车——达成目标

第10章

驾驭白马盈利：
如何降本

要想完成从管理型干部到经营型干部的转型，每个人都要经历五项修炼：升维目标—分解目标—追踪目标—达成目标—超越目标。上一篇主要阐述了如何通过经营分析会来追踪目标。通过经营分析会，管理者已经找到了差距和问题，分析出了问题的根因，那么接下来，如何帮助经营型干部弥补差距，达成目标呢？这就是经营型干部要经历的第四项修炼：通过驾驭三驾马车达成目标。

企业的经营目标是实现ROE最大化，而ROE是由三驾马车驱动的。经营型干部应该如何驾驭三驾马车，才能快速提升企业的ROE呢？接下来，我们将帮助经营型干部找到驾驭白马盈利、赤马效率和黑马杠杆的路径。本章先从第一驾马车白马盈利开始阐述。

低成本：围绕价值链做全周期成本创新

如何驾驭白马盈利呢？要想回答这个问题，首先要回顾白马盈利的财务指标——净利润率的计算公式：

$$净利润率 = 净利润 \div 收入$$
$$= (收入 - 成本) \div 收入$$
$$= 1 - (成本 \div 收入)$$

从公式中不难发现，企业要想提升净利润率，只有两条路径：一是提升收入，同时控制好成本；二是保持收入不变，同时控制成本。

在实际经营中，企业要想获取更多的收入，通常需要投入更多的资源。因此，在增加收入的同时，成本也会大幅攀升，这就是为什么企业经常会出现增收不增利的现象。再者，收入增长是由客户决定的，而成本控制则是由企业的经营能力决定的。因此，无论是选择第一条路还是第二条路，核心都在于控制好成本，而省出来的成本就是利润。由此可见，提升白马盈利的关键是降成本，那么企业如何用创新方式设计低成本策略呢？

这说起来容易，做起来却很难。只要提到降低成本，大多数企业都会叫苦不迭。尤其是生产制造型企业，在原材料、房租、人力成本年年飙升的大环境下，企业的成本早已如同干毛巾一样，拧到极致了，所以传统的成本控制方法早已无法奏效。如果你还在用这些传统的方法进行成本控制，比如降低原料成本、减少制造费用、压榨供应商和员工，那么短期内可能会降低少量成本，但长期来看，企业必然遭到反噬，埋下产品品质危机、员工离职危机、客户流失危机等隐患，这反而会加速企业的衰亡。因此，企业在降低成本的同时，不能影响用户体验，否则这就不叫降低成本，而叫偷工减料。

如何在不影响用户体验的前提下实现低成本策略呢？企业要跳出局部视角，从价值链的角度对成本进行全周期设计。成本贯穿产品的全流程和全价值链，从产品策划和设计阶段开始，企业就要考虑后续的制造和维修成本，所以降低成本必须通盘考虑，进行系统创新。一般来说，成本主要集中于三大模块：设计环节、采购环节和生产环节。那么，针对这三大环节，企业有哪些行之有效的降本策略呢？下文将从创新的角度展开阐述。

设计降本创新：源头做"简"法，不让成本发生

谈到控制成本，大多数企业首先思考的是：如何节约原材料，如何避免制造环节出现浪费？根据我的观察，那些拥有十年以上制造经验的企业，"跑冒滴漏"问题已经基本解决，物料消耗、能源消耗年年都在优化，也触到了天花板。企业该做的都做了，制造环节的成本早已没有削减空间，而生产成本中有80%是刚性成本，也根本没有削减的空间。因此，要想降低成本，最好的办法是回到源头。

成本的源头是哪个环节？设计。事实上，厂房、设备、工艺、用料都是由设计环节决定的，一旦产品及工艺流程被设计出来，成本就很难降低了。但是，过去人人都盯着采购环节和生产环节，很少有人关注源头的设计环节。

设计环节如何降低成本呢？只有一条路：做"简"法。也就是说，在每一个产品、每一项流程、每一个动作设计之初，就要思考能不能简化，从源头杜绝成本发生。彼得·德鲁克有一句名

言:"削减成本的真正有效的方法,就是把工作流程中的某个活动彻底删去。"美国西南航空公司的做法恰好佐证了这句话,这个案例你可能并不陌生,因为几乎所有商学院都讲过这一经典案例。但是,商学院大多是从战略的角度分析的。今天我们不妨换一个思路,从成本设计的角度来分析这个案例。

作为一家民用航空公司,西南航空的飞机的主要燃料是航空煤油,航空业的盈利与石油的价格强关联。当石油价格低于70美元/桶时,全行业都能盈利;当石油价格高于90美元/桶时,几乎全行业亏损。2007年11月,石油的价格飙升至140美元/桶,西南航空居然还在盈利,这轰动了整个行业,并引发诸多学者对西南航空的研究。

为什么在全行业都亏得血流成河时,西南航空还能盈利呢?这得益于西南航空在源头的设计环节就把"简"法做到了极致。

只选择一种产品

大多数美国航空公司都会选择跨越太平洋和大西洋,拥有各种长途客运航线,但是西南航空只选择一类产品——1 000千米短程客运航线。该公司认为,自己不是在和其他航空公司竞争,而是在与铁路公司、高速公路公司竞争。正因为西南航空选择的是短程客运航线,所以连飞机上的免费餐饮服务也被取消了。

只选择一种机型

大多数美国航空公司都会采购波音和空客的多种机型,而西南航空公司只选择一种机型——波音737。据说,西南航空与波音公司签署了500架波音737飞机的长期采购协议,因此它的采购成本比其他公司低。同时，只拥有一种机型，给西南航空带来了一系列的降本：首先，飞行员的人力成本和培训成本降低，因为这家公司的飞行员只需要会驾驶波音737一种机型即可；其次，维修成本更低，工程师只需要会修这一种机型就可以了；最后，配件成本也更低……

只保留经济舱

你如果经常坐飞机，就会发现一个问题：飞机的头等舱非常宽敞，但由于价格昂贵，乘坐的人并不多；而经济舱很拥挤，人满为患。作为一家专注于1 000千米短程客运的航空公司，西南航空果断取消了头等舱，这样不仅可以节省大量的空间，避免空间闲置，还降低了与头等舱相关的一系列服务成本。

西南航空之所以能把成本降到最低，是因为它在设计源头上就开始做"简"法，从而降低后续的采购成本、人工成本、服务成本、管理成本等。这说起来简单，实际操作时却很难，因为它是逆人性的。人们都喜欢多多益善，而不是简单为王。但是几乎所有人都忽略了一个事实：每个动作的背后都是成本，而且增加的不是一项成本，而是一连串的成本。譬如，当客户要求你研发一款新产品时，你增加的不仅是研发成本，还有设计成本、生产成本、营销成本、客服成本……

因此，优秀企业一定有逆人性思维，永远在思考能不能在设计源头做"简"法。以特斯拉为例，为什么Model Y这款产品只卖23万元还能拥有30%的毛利，而大部分新能源车企的同类型汽车卖得比特斯拉更贵，却还在亏损呢？其中一个重要的原因是，特斯拉在设计环节对工序进行了简化，实现了全流程降本。

传统汽车企业的零部件有30 000多个，而特斯拉只有10 000多个。仅此一项，就从源头省下了一大笔钱。

然而在日常工作中，大家通常会固化在旧思维和旧习惯之中，没有外部观点的冲击就很难产生创新想法。因此，为了保障设计成本降低，每个季度，预算委员会都应该组织一次专题会议，带领所有经营型干部进行研讨：在产品设计、组织架构设计、服务流程设计等环节还能做哪些"简"法？从源头设计上去掉一些不产生价值的产品、工艺、流程、动作等，从源头杜绝成本的发生！

采购降本创新：将"成本中心"转化为"利润中心"

设计环节和生产环节降本属于内部降成本，而采购环节降本属于外部降成本，后者涉及供应商的配合问题，也受采购量、采购方式、供求关系等各种因素的影响。企业如果找不到合适的方法，就很容易弄巧成拙。许多企业都有过类似的经历：某位大客户要求降价10%，但利润确实已经薄如刀片了。为了不丢掉客户，企业咬牙承担3%，然后将剩下的7%转移给自己的供应商。当然，供应商为了保住生意，不会公然拒绝降价，但是为了抵御降价带来的利润下滑，他们也只能在品质上动手脚了。

那么，如何在保证品质和服务的前提下降低采购成本呢？解决方案很简单：货比"3+1"。

什么叫货比"3+1"呢？当企业的采购订单超过一定数额时，必须保证有3家老供应商和1家新供应商参与竞标。这就好比组织要想保持活力，就必须有一只"鲶鱼"，这个新供应商就是

"鲶鱼"。要想始终保证有合格的"鲶鱼"供应商,企业就要重新定位采购部门:将采购部门从过去的成本中心转变为利润中心,让采购员像销售员一样出去开发更多的新供应商。

我曾经服务过一家制造型企业。这家企业每年有6亿元的采购规模,采购部有几个人呢?2个人。也就是说,一位采购经理带着一位采购专员,每年要完成6亿元的采购任务。

在访谈该采购经理时,我问他:"你每年有多少时间在开发供应商?"

采购经理摇摇头说:"现有的订单我们都忙不过来,根本没有时间去开发供应商,都是供应商自己找上门来。"听到这句话,我就知道这家企业的采购成本很难降下来。为什么?因为好客户是抢来的,好供应商也是一样。

因此,我建议这家企业再招聘7~8个采购员,让所有采购员像销售员一样去开发优质供应商,只要优质供应商的数量足够多,成本就一定能降下来。

近年来,中国跨境电商领域有一家标杆企业异军突起,它用短短三年时间就席卷了全球市场,迅速赶超快时尚行业鼻祖Zara,它就是时尚和生活方式在线零售商希音(SHEIN)。

据英国《金融时报》报道:希音的2023年收入已逾450亿美元,净利润约20亿美元,销售额同比增长55%。其注册用户达1.7亿人,在全球160多个国家开展业务,用户遍布全球220个国家和地区。2023年,希音再度斩获全球购物类App(应用程序)下载量冠军,其应用有高达50种语言版本。截止到2024年1月,希音的估值高达660亿美元。在胡润百富榜公布的2023年全球独角兽榜单中,希音仅次于字节跳动、SpaceX和蚂蚁集团,排名第四。

希音的成功秘诀是什么？极致性价比和上新速度，而这两个优势都与它的供应商体系分不开。希音在中国的供应商有1 000多家，真正围绕希音在广州市番禺区设立工厂的核心供应商就有三四百家。正是成百上千的供应商为希音提供了成熟的供应链和低成本控制条件。由此可见，要想控制好采购成本，充足的优质供应商是前提。

采购人员为什么会有动力去开发供应商呢？企业必须设计一套有竞争力的激励机制，将节约出来的成本与采购人员的绩效挂钩。公司可以提取一定的比例作为采购人员的奖金，比如，成本节约率在10%以下，公司提取所节省成本的10%作为采购人员的奖金；成本节约率在10%~20%，提取15%作为采购人员的奖金；成本节约率大于20%，则提取20%作为采购人员的奖金。总而言之，开发的供应商越多，成本节约得越多，采购人员的奖金就越多，如此才能形成一个正向激励。

当供应商被成功开发后，企业不能放任自流，还要对供应商进行管理。我的经验是，好供应商是筛选出来的。每个季度，企业都要从质量、服务、价格和账期四个维度对供应商进行综合评价，通过优胜劣汰机制来保障供应商的品质。据说，希音也引进了供应商评级机制。每个季度末，希音会参考采购金额和KPI对所有供应商进行评级：采购金额评分占比60%，KPI评分占比40%。其中，KPI考核指标包括急采发货及时率、备货发货及时率、次品率、上新成功率四个指标。考核结果分为S、A、B、C、D五个等级。为了保证供应商的品质，希音每个季度会淘汰30%评级为D级的供应商，季度评级结果还将直接影响供应商月度的上新、活动资格与奖金。

除了考核，企业还要对供应商进行帮扶，和供应商一起商讨降低成本的方法。因为今天的竞争不再是企业与企业的竞争，而是生态链与生态链的竞争。所以，企业要帮助供应商分析成本压力在哪里，并且尽可能将自己的优势转化为供应商的优势，帮助供应商降低成本。在这一点上，希音对供应商的帮扶可圈可点：希音不仅会为供应商提供先进的技术支持，包括生产线优化、生产流程革新，还会为供应商提供全方位的培训支持，涵盖质量管理、生产管理等核心领域。更重要的是，希音会与供应商共同进行精细化的成本管理，包括原材料采购、物流管理等。通过为供应商赋能，降低供应商的成本，企业最终才能降低自己的采购成本。

生产降本创新：转移生产基地，寻找成本洼地

生产成本源于制造环节，而制造环节的成本主要包括料、工、费。对于大多数企业而言，这部分成本早已没有了降低的空间，怎么办？最好的办法就是转移生产基地。

多年前，我曾辅导一家企业进行生产基地的转移。这家企业的主营业务之一是生产纱线，而这项业务的利润率始终上不去。我打开这家企业的财务报表，发现问题的症结在于原材料棉花的成本居高不下。棉花的成本为什么降不下去呢？因为棉花属于一种特殊的原材料。

当时，市面上可供选择的棉花主要有两种：一种是进口的美国棉花，另一种是产自本土的中国棉花。美国棉花大多用机械采

摘，因此纤维更加均衡，成本也更低。而中国棉花大多由人工采摘，这不但影响了棉花的品质，而且成本更高。所以，美国棉花所生产的纱线在全球市场更具竞争力。

为了保护中国棉农，我国在棉花进口上设置了两个门槛：一是数量上采用配额制，限制纺织企业过多进口棉花；二是对进口配额外的棉花实行滑准税。滑准税又叫滑动税，是一种极其特殊的进口关税。举个例子：假设国内棉花是12 000元/吨，美国棉花只要9 000元/吨，那么滑准税一定大于3 000元/吨，最终企业使用美国棉花的成本大于12 000元/吨；如果美国棉花只要7 000元/吨，那么滑准税一定大于5 000元/吨。目的只有1个，那就是最终企业使用美国棉花的成本必然大于12 000元/吨，因此企业会使用国内棉花。然而，我服务的这家企业主攻的是国际市场，从产品竞争力的角度考虑，这家企业最好还是选用美国棉花。

那么，如何降低棉花的成本呢？为了解决这个问题，我们分别对美国、墨西哥、菲律宾、马来西亚、泰国和越南等国的数十个工业园区进行了深度调查，最终决定将纱线业务的生产基地转移到越南。

为什么选择越南？我们来算一算转移生产基地所节省的成本。

所得税优惠政策

当年，越南为了招商引资，给予外资企业"四免九减半"的所得税优惠政策（前四年免税，接下来九年减半征收），这种力度的优惠，在全世界范围内也是屈指可数的。

关税优惠政策

越南基本没有棉花产业，不存在保护棉农的问题，因此从美国进口棉花，不仅免进口关税，还没有限额。此外，中国与越南享受东盟"10+3"贸易优惠政策，越南出口产品到中国，免出口关税。因此，这家企业可以在越南建设工厂，从美国进口棉花到越南，然后在越南工厂将棉花加工为粗纱，把农产品变成工业品，再将技术含量更高的粗纱加工（变为细纱）环节放在国内完成。

劳动力成本

彼时，越南大学生的人工成本在每月1 000元左右，工人的工资普遍低于每月500元，劳动力成本不到国内的30%，有显著的成本优势。

电费成本

这家企业在国内的生产基地集中在江苏和浙江两地，平均电费成本是0.57元/度。但是，越南胡志明市南部的电费只需要0.27元/度，电费单价不到国内的50%。

一言以蔽之，税收成本、劳动力成本、能源成本是企业转移生产基地首先要考虑的三个要素。

不久后，这家企业传来了好消息：越南工厂已经开始释放利润了。但不可否认的是，在转移生产基地的同时，我们发现那里的劳动力虽然便宜，但人效远不如中国。因此，近年来有相当一部分优秀企业放弃东南亚，转而选择留在中国，只是将生产基地从沿海地区向内陆地区转移。

2023年10月7日，美国《华尔街日报》在其网站上发表了一篇题为《中国的工厂正在转移——但不是转移到印度或墨西哥》的文章。该报道称，墨西哥、印度和越南等国在接替世界工厂地位的竞争中面临着一个强大的对手：中国广袤的内陆地区。这也印证了我在一线的观察。

我曾经辅导过一家做手机显示器的企业，它一开始将制造工厂设在东莞，后来为了降低生产成本，老板将生产基地转移到了贵州。贵州山好水好空气好，又是劳动力输出大省，许多人出去以后就不回来了，这对贵州的经济伤害很大。为了避免人才大量流失，当地政府专门与这家企业对接，开出了极其优越的条件，吸引这家企业去贵州投资建厂。当地不仅免费为该企业划拨了一大块地皮，甚至连厂房都建好了，并给出5年免租期的优惠政策。此外，当地政府还承诺，企业缴纳税收地方财政留存部分1 000万元以内的税款将退还给企业……

因此，要想降低生产成本，企业一定要向外看，将视角延伸到全国甚至全球，不断寻找成本洼地。这对于提升白马盈利有立竿见影的效果。

总结一下，要想驾驭好白马盈利，关键在于降本。而降本必须从整个价值链出发，进行全周期降本创新。企业内部可以搭建一个降本创新委员会，每个季度从以下三个维度展开评估：一是评估产品结构及服务流程能否再简化，从源头设计上下功夫，不让无效成本发生；二是将采购部从成本中心变成利润中心，评估供应商的数量和质量，并思考如何为供应商赋能，帮助供应商降本；三是评估国内外有哪些成本洼地，从而大幅降低生产制造成本。

第11章

驾驭赤马效率：
如何增效

轻资产：投入更少资产，创造更多收入

驾驭白马盈利的关键在于降本——设计低成本策略，而驾驭赤马效率的关键在于增效——设计轻资产模式。轻资产的本质是让企业尽可能把资产投入降到最低，同时最大化利用企业现有资源以及外部可整合的资源，从而获得收入。

要想理解轻资产模式，首先要回顾赤马效率公式：

$$赤马效率 = 收入 \div 总资产$$

要想提升赤马效率，企业只有两条路径：一是保持收入不变，降低总资产；二是增加收入，适当降低总资产。收入的增加是由外部客户决定的，而降低总资产则操之在己。降低总资产，就是我们经常讲的轻资产模式。

那什么叫轻资产呢？大多数人都有一个错误的理解：资产规模越小，就越属于轻资产，其实不然。

举个例子：A公司的资产规模为500万元，B公司的资产规模为5 000万元，谁是轻资产模式，谁是重资产模式？大多数人的理解是：A公司的资产规模只有B公司的十分之一，所以A公司是轻资产模式。其实，真正的轻资产模式是指资产创造收入的效率较高。因此，仅凭资产规模，我们还无法下结论，还要看这两家公司的收入。

假设A公司的收入是500万元，那么它的资产创造收入的效率就是1；而B公司虽然资产规模是5 000万元，但这5 000万元创造了5亿元的收入，因此B公司的赤马效率是10。显然，A公司才是重资产模式，B公司是轻资产模式。

企业要做的不是限制资产规模，而是提高资产创造收入的效率，这就是上文强调的"增效"。从这个角度看，轻资产模式不等于不投入固定资产。

那么如何实现轻资产模式呢？第八章已经分析了影响赤马效率的4种核心资产。因此，要想驾驭好赤马效率，实现轻资产模式，关键在于管理好以下4种资产：

- 管理好应收款，降低应收款变成坏账的风险。
- 管理好存货，降低存货变成呆滞库存的风险。
- 管理好固定资产，减少不必要的固定资产投资，激活闲置资产。
- 管理好长期投资，不盲目进行兼并收购。

由于兼并收购属于资本经营的范畴，这部分暂且不谈，放到本书最后一章讨论。因此，本章主要探讨前三种资产的管理策略。

应收款的全周期管理

应收款是所有资产中风险最高的资产，它的真面目是企业发放给客户的"三无"贷款，所以应收款管理是整个企业资产管理的核心。如何才能管理好应收款呢？企业要做好应收款的全周期管理。

前期预防：信用调查

应收款管理的首要原则是防大于治。因为应收款一旦产生，企业就基本失去主动权了。要想降低应收款，经营型干部要从源头上严格把关。正如《黄帝内经》所言："上医治未病，中医治欲病，下医治已病。"最厉害的医生从来不是擅长治病的人，而是能预防疾病发生的人。如何预防呢？预防就是做选择题，企业要从一堆客户中筛选出信用好的客户，淘汰掉信用差的客户。

如何判断一个客户能不能进行赊销？刚开始创业时，老板通常很清楚哪些客户可以赊销，哪些客户不能赊销。但是，随着企业的客户越来越多，老板将无从判断。这个时候，企业要为客户设计一套信用管理流程。

2003年，我还在一家世界500强企业担任财务总监。出于业务需要，我们向美国通用电气采购一批元器件。按照常规的采购流程，应该由我方的采购经理和通用电气的销售经理进行谈判，然后签合同付款。但是通用电气的流程不一样，对方的销售经理与我方的采购经理对接后，又带了一名信用经理专门上门拜访。一通寒暄后，信用经理给了我一份中英文对照表单。我仔细一看，这份表单和我上个月向银行申请贷款所填的表格几乎一模一样。我这才恍然大悟：原来通用电气公司对我们启动了信用调查。

信用调查涉及哪些内容呢？过去常见的答案是调查负债比率、流动比率和速动比率……这些名词听起来非常专业，但这并不完整。从严格意义上讲，信用调查应该包括以下三个步骤。

调查客户的行业周期

任何事物都逃不过周期规律，企业也会受到行业周期的制约。巴菲特曾讲过一句话："当一个赫赫有名的经营者遇到一个逐渐没落的夕阳产业时，声誉不变的往往是那个虚弱的产业。"因此，在调查客户时，企业首先要调查其所在的行业：目前这个行业是夕阳行业还是朝阳行业？如果正好处于行业衰退期，那么你就要保守一点。反之，如果刚好处于成长期，企业就可以激进一些。

以房地产行业为例，20年前行业刚起步时，那时候的房屋设计水平、施工水平都很一般，但只要四证齐全，银行就会放款给企业。然而时至今日，房地产企业的设计水平和施工水平都得到极大的提升，但银行却非常谨慎。为什么？因为行业周期不同了。因此，当一个大客户要求赊销时，企业首先要考察的是客户所在的行业周期，行业周期在整个信用调查中的权重要占到50%。

调查客户的诚信记录

对于客户而言，应收款就是一笔融资。这笔融资不需要担保，不需要抵押，还不用支付利息。因此，许多客户都会拖延付款。企业如何判断客户是否有诚信呢？查看客户的诚信记录即可。过去调研客户非常麻烦，还要走访客户的供应商，而现在有了企查查、启信宝、天眼查之类的平台，企业只需要上网搜索，很容易就可以查到客户是否有类似的法律纠纷。一般来说，客户的诚信记录权重要占到30%。

调查客户的偿债能力

现实中，太多企业由于没有深入了解赊销客户越来越差的财务状况和市场表现，也没有及时做出改变，最后损失极大。因此，了解客户的偿债能力是一个不可或缺的关键步骤。这就是许多专业会计给出的信用调查答案：调查流动比率、速动比率、获利保障倍数等，以此判断客户的偿债能力。

如何评估客户的偿债能力呢？我的经验是参考银行的做法，重点关注以下3个指标。

第一，金融债。

为什么企业要在账户上预留数千万元甚至数亿元的现金呢？因为要应对到期负债。到期负债有两类：一种叫经营债，比如应付款，这种债务不用担保，不用抵押，也不用支付利息；另一种叫金融债，比如银行贷款，它不仅需要担保，需要抵押，还需要归还本息。因此，在调查客户信用时，企业要重点关注客户的金融债。

第二，税息折摊前利润。

这是一个管理会计领域的专业名词，即未计利息、税项、折旧及摊销前的利润。银行为什么不直接看利润表中的利润，而是查看加上所得税、利息、折旧、摊销后的利润呢？举个例子你就明白了。

A公司和B公司的利润都是1 000万元，A公司的注册地在海南，其只需要缴纳15%的所得税，B公司的注册地在上海，需要缴纳25%的所得税。显然，银行会更喜欢B公司，因为B公司缴纳的所得税更多，税后还剩下1 000万元，这就说明它的盈利能力更强。同理，假设A公司没有利息，而B公司有700万元的利息，二者却同样是1 000万元的利润，那就说明B公司的盈利能力更强……这种做法就是管理会计的逻辑。

第三，坏账率指标。

企业的坏账率在0.8%以下，说明它的安全性高；坏账率在0.8%~2%，说明安全性一般；坏账率在2%~11%，说明企业的安全性较低；坏账率在11%~26%，说明安全性低（见表11-1）。

表11-1　评估客户偿债能力的经验数据

等级	安全性	金融债/EBITDA（税息折摊前利润）	最大坏账率
AAA	极高	[0.0，2.2）	0.8%
AA	很高		
A	高		
BBB	一般	[2.2，2.8）	2%
BB	较低	[2.8，3.5）	11%
B	低	[3.5，4.5）	26%

如表11-2所示，根据信用调查的结果，企业可以将所有客户进行分级。曾经有一家物流企业的董事长向我反馈：付老师，这个信用调查对我的启发非常大。我的客户来自各行各业，有些

客户的结款方式是月结，有些客户会要求给三个月的账期，有些客户要求有半年的账期。我总是很头疼：到底什么样的客户给账期，什么样的客户不能给账期呢？现在我脑子里有了清晰的评价标准：行业周期占比50%，诚信记录占比30%，偿债能力占比20%。

表11-2　客户信用评级

等级	安全性	偿还债务的能力
AAA	极高	基本不受不利环境影响
AA	很高	受不利环境影响不大
A	高	较易受不利环境影响
BBB	一般	受不利环境影响较大
BB	较低	受不利环境影响很大
B	低	依赖于良好环境

正如这位董事长所言，一旦有了评价标准，企业就可以根据客户级别，确定哪些客户不能给账期，哪些客户可以给账期以及具体给多少账期。这就是中期管控要干的第一件事：确定信用政策。

中期管控：定期对账

经过前期严密的信用调查，企业就可以筛选出一部分信用好的客户。但是，对于这群信用好的客户，企业也不能放任自流，要进行中期管控。具体来说，中期管控至少要完成以下三个关键任务。

确定信用政策

根据信用调查的结果，企业会对所有客户进行分类。接下来，企业要根据客户的不同级别，匹配不同的信用政策。但是，今天大部分企业都没有为客户制定明确的信用政策。譬如，我在担任财务总监时，最讨厌销售人员送过来一张订单，上面结算方式一栏只写两个字：月结。

什么叫月结？这是一个有歧义的词。因为每个人的理解不一样：你通常以为月结的结算周期是30天，然而，客户理解的月结可能是下个月月底结算，因此这个月结的时间周期可能是30天，也可能40天，甚至有可能是59天。假设你们公司是3月1日发货的，客户会认为4月30日结算也叫月结。这会给财务总监带来一个困扰：不知道客户什么时候能回款，这将导致他无法准确地测算现金流。

月结的另一个问题是什么？没有金额。对于不同的客户，授信额度应该是不一样的。对于大客户，授信300万元不算多，但是对于小客户，授信300万元足以诱使他跑路。

因此，信用政策要根据客户类别，从两个维度明确标准：一是授信的时间，二是授信的金额。如表11-3所示，这是一家企业为不同级别的客户设计的信用政策。

- 铂金客户的授信金额为300万元，账期可以达到90天。
- 黄金客户的授信金额只有200万元，账期也只有60天。
- 白银客户的授信金额为100万元，账期30天。
- 安全性较低的黄铜客户和黑铁客户则不能授信，避免后期成为坏账。

表11-3 某企业的信用政策

等级	客户类别	金额（万元）	账期（天）
AAA	铂金客户	300	90
AA	黄金客户	200	60
A	白银客户	100	30
BBB	黄铜客户	0	0
BB	黑铁客户	0	0

定期对账

中期管控的第二个动作是定期对账。在月度结算和关账之前，业务部门要拿出当月客户认可的余额，才能保证每个月的账目是平的。

为什么要进行对账管理呢？因为应收款本来是你的资产，现在却放在客户的口袋里。你以为客户欠你8 000万元，而客户认为自己只欠你3 000万元。所以，企业每个月都要通过账龄表，分析应收款的结构：每个客户欠公司多少钱？分别欠了多长时间？

控制发货

在调研企业时，我发现许多企业对于那些没有按时回款的客户，仍然在发货，这就给企业带来了更大的风险。譬如，某个食品行业的大型企业年营收达数百亿元，它的一个主要渠道是商超渠道，有些大笔应收款逾期，长时间无法回收，但该企业仍然在发货。这说明什么？这家企业的干部都是管理型干部，不是经营型干部，卖货的只负责卖货，发货的只负责发货，谁也不管货卖出去了，钱回来没有。

怎么解决这个问题呢？企业要重新设计发货控制流程，在发货之前检查客户是否履约。

既然双方已经签订了合同，那企业就要检查客户是否按时回款，一旦应收款逾期，就要立刻停止发货。那么，仓库如何判断该不该发货呢？企业如果规模不大，那么可以要求往来会计签字确认后，再进行发货。企业如果规模比较大，已经设置了专门的信用管理部门，那么要经过信用管理部门签字确认后，再行发货。从流程设计上打破部门墙，可以避免给企业造成更大的损失。

后期威慑：循序渐进

尽管企业已经做好了前期预防和中期管控，但是仍然可能出现应收款逾期的情况。那么，针对已经逾期的应收款，企业应该如何进行管理呢？有些企业行事果断，一上来就诉诸法律，不给客户留下转圜的余地，但这样容易误伤那些只是阶段性困难的好客户。因此在这个问题上，企业要把握好尺度，循序渐进地进行威慑。

第一步：书面催款

如果客户虽然延期付款，但超出信用期的时间不长，仍然在3个月以内，那么企业可以采用书面通知的方式催款，以传真、信函或邮件的方式发送《催款通知书》。有时候，客户的困难可能只是暂时的，企业应该先了解情况，再考虑是否给客户一些缓冲的时间。因此，书面催款的目的有两个：一是与客户协商付款期限，二是收集法律证据。

第二步：专人催款+律师函

对于超过信用期3~6个月的客户，企业要采用"专人催款+律师函"的方式。经过前期的书面催款，若客户仍然不为所动，则说明客户要么想赖账，要么确实遇到了经营困难。此时，企业一定要用好律师函这个威慑工具。在信息高度透明的今天，企业只要产生合同纠纷，就会被公布在天眼查、企查查、启信宝等互联网平台上，因此许多企业还是非常在乎律师函的。

我认识一位非常聪明的老板，他甚至没有真正请律师出具律师函，只是按照模板炮制了一份律师函发给客户，这也起到了敲山震虎的效果。因为客户看到"律师函"，就认定你动真格的了，这个时候只要不差钱，大部分客户还是愿意付款的。

第三步：仲裁或法院催款

对于超出信用期6个月以上的客户，企业就只能诉诸法律了。走到这一步，基本上已经是双输的局面了，要么选择仲裁，要么选择法院催款。企业可以将相关合同、发票、收货单或验收报告、付款记录等证据提交给受托律师，受托律师根据这些证据来判断客户的品质（双方可约定按照基本费用加提成的方式进行合作）。一般来说，建议企业在客户所在地委托收款律师，通常只需要回款提成比例的10%~25%。

由此可见，虽然企业要对应收款进行全周期管理，但实际上，应收款管理的重心还是应该放在前期预防阶段，严把源头关。一旦应收款产生，留给企业的操作空间就不大了。况且，应收款逾期时间越长，后续损失越大，管理的成本也越高。

存货管理三部曲

如果说应收款是风险最高的资产，那么存货是企业的第二大风险资产。如何管理好存货呢？企业至少要做好以下三个管理动作。

流程管理：输入的质量决定输出的质量

存货是一个综合项目，包括原材料、在制品、半成品、产成品等。如果企业不将这个框里的东西分门别类，责任就很难分解到各个经营型干部头上，存货自然也就无法管理。因此，管理存货的第一步是划清责任：原材料的周转效率由采购部负责，在制品和半成品的周转效率由生产部门负责，产成品的周转效率由销售部门负责。

既然责任主体不同，那么基础的核算流程就要重新设计：区分出原材料、在制品、半成品、产成品四大库，分开进行核算。当然，如果想简化一些，那么企业也可以将在制品和半成品合并在一起，分为三大流程核算。

分开核算后，问题才更容易暴露出来。我曾经辅导过一家生产制造型企业，它不知道从哪里学来了一套"零库存"的方法，结果导致整个集团的二三十个生产基地全部停工了六天。当对事故原因进行调查时，我发现一组数据：原材料 5 吨/天，在产品

3吨/天，产成品3吨/天。当我把这组数据展示给经营团队时，众人不知何意。于是我对这组数据稍加变形，得出一个新报表：原材料库存数量只有65吨，按照每天出库5吨的速度，库存天数是13天（见表11-4）。这时候，终于有人意识到了问题所在：这家企业采购原材料至少需要两周时间，这样有时不仅原材料供应不上，还要加急采购，成本就上去了。这就是这家企业停工的原因，库存储备不足。因此，原材料的周转效率并不是越小越好，否则可能造成原材料短缺，商品缺货，企业反而错失了市场机会。这就是对存货进行分项统计的意义所在。

表11-4　库存天数统计表

项目	原材料	在产品	产成品	小计
库存数量（吨）	65	9	21	95
每天出库（吨）	5	3	3	—
库存天数（天）	13	3	7	23

要实现分项统计，企业输入的数据就必须准确。然而，在调研企业时，我发现不少企业的基础动作很不规范，经常会弄出一些啼笑皆非的事情。

例如，我在服务一家企业时，明明看见仓库里的存货高达几千万元，但是当检查企业统计的存货收发数据时，却发现存货结余量小于0。存货是实物资产，怎么可能小于0呢？原来是这家企业为了赶工期，原材料买来后，没来得及办理入库手续，直接就拉到生产线上了。也许对于生产部门而言，这样做没什么大不了，还提高了生产效率。殊不知，数据输入的质量决定数据输出的质量。如果这些基础动作没有做到位，那么后续的存货管理也无从谈起。因此，企业最好效仿大型商超的工作方式，用扫码机制来解决每个环节存货变动的问题，从源头上保证各分项存货数据的准确度。

库龄分析：让"高龄"库存无处遁形

要想管理好存货，企业不仅要了解每个环节有多少存货，还要了解这些存货放了多久。因此，企业要对存货进行分项库龄分析，找到是哪些环节出现了经营异常。

无论是应收款管理还是存货管理，都存在一个共性：用时间来管理。唯一的区别是，应收款只需要按月进行管理，而存货则需要以天为单位进行库龄分析。过去要做到这一点比较难，但是今天许多企业都安装了ERP系统，只需要点击库龄分析的按钮，就能随时看到库龄表。

事实上，这个库龄表不仅可以帮助经营型干部科学决策，控制好库存周转率，还可以赋能渠道合作伙伴，指导合作伙伴保持良性库存。

以东鹏特饮为例，为了赋能销售合作伙伴，东鹏特饮特意打造了一个营销数据驾驶舱，其中就包括动销分析和货龄分析。由于东鹏特饮的主营产品是饮料，因此保持新鲜度是一个很重要的竞争力。假设一款饮料的保质期是12个月，那么到了第6个月，平台会进行一次预警；到了第9个月，平台会亮黄灯或红灯，为销售伙伴提前做好预警提示。除此以外，平台还会根据库龄表测算库存量。比如某个区域的某一品种，按照当前的动销速度，库存的售卖天数过长，超出了安全值，这时公司就会控制发货，保证销售伙伴拥有良性库存。同时，对于不同区域、不同品项的销售情况，经营团队也能做出相应的分析。

因此，库龄表是一个绝佳的管理工具。如何利用这个工具来辅助经营团队甚至合作伙伴进行科学决策，这考验的是经营型干部的经营水平。

定期盘点：透明=安全

应收款是往来资产，需要对账；而存货是实物资产，需要盘点。其实，无论是对账还是盘点，目的只有一个：确保数据真实、准确和完整。如何做到这一点呢？定期盘点。盘点的频率很重要，我观察到有些企业每年才做一次盘点，这样做带来的后果是什么？报表中的存货数据与实物对不上，自然很难保证资产安全。因此，数据必须透明，而透明没有捷径，只能靠定期盘点。

为了操作方便，有相当一部分企业选择让仓库管理人员自行盘点，这是错误的做法。为了防止库管人员监守自盗，确保盘点的数据真实可靠，盘点应该遵循一个原则：管的不盘，盘的不管。通过机制设计，从源头控制风险。随着智能化技术的发展，未来盘点甚至可能会交给机器。据说，美国有一家初创公司研发了一款自动库存管理无人机，一小时能巡逻几百层货架，自动识别空箱位置，跟踪库存水平，还能优化摆放策略，提高仓库的利用率。

盘活闲置资产

除了应收款和库存，企业还要管理好固定资产。受到农耕文明的影响，中国人非常喜欢买房置地。再加上近四十年来，许多企业家都吃到了时代红利，大家都特别热衷于投资厂房、生产线等固定资产。但是，一旦企业增加固定资产投资，收入及利润不能成正比增加，这些投资就变成难以摆脱的负担。因此，在辅导企业时，我发现很多企业都能盘点出数以亿计的闲置资产。

如何盘活闲置资产，提升固定资产的周转率呢？企业有两条路径可以选择：一是为自己"瘦身"，降低固定资产投资，减少在建工程等重资产投资；二是激活睡眠资产。

"瘦身"的三大法则

我曾经深入调研过大量的制造型企业，发现有些企业的发展节奏很快，而有些企业的规模始终原地踏步，很难突破。二者的区别在哪里？最大的区别是，这两类企业拥有截然不同的投资逻辑。

第一类企业的投资逻辑是什么？先买地盖厂房，投资设备生产线，建立研发部门进行产品设计，然后由市场部门选址开店，最后招人管理店面。在这个过程中，企业要投入土地、厂房、生产线、门店等，这些都是企业的固定资产。投入越大，固定资产占比就越高。

而另一类企业的投资逻辑是什么？只负责设计、品牌和营销。将生产外包给代工厂，以加盟的方式让别人来投资门店，它只负责管理。这样一来，企业就甩掉了土地、厂房、生产线、门店等包袱，将有限的资源投入品牌建设和运营管理，这就是轻资产的思维模式：以最少的资金和资源，撬动别人的资源，用杠杆的方式赚取更多的利润，减少自己的资产投入，而将有限的资源最大化投资在高溢价的品牌上。

表面看，前者的资产规模更大，但实际上它只是"虚胖"。大量的固定资产占用了企业的现金流，导致它的赤马效率很低。那么，企业如何才能瘦身，甩掉这些重资产包袱呢？不妨参考以下三条瘦身法则。

法则1：外包非核心业务

大多数传统企业都爱犯一个毛病：贪大求全。企业规模还不大，就开始追求集团化扩张，热衷于"全产业链"渗透，从上游到下游，将原本有限的资源像撒胡椒面一样分散开来，最终导致企业运营成本过高，反而弱化了核心竞争力。实际上，如果企业将自己的非核心业务外包出去，那么这不仅可以减少固定资产的投入，还能起到降本增效的效果。以苹果公司为例，它就属于典型的哑铃型企业。哑铃形企业的特征是重点抓技术研发环节和市场营销环节，而生产、服务、后勤等非核心环节则尽量外包。苹果公司只抓两端：前端抓研发，后端抓市场和品牌建设，中间的生产制造业务都外包给富士康。通过外包非核心业务，苹果公司减少了对土地、厂房、设备、生产线等固定资产的投入，实现了轻资产运营模式。

2019年底，我刷到一则新闻：电商平台唯品会宣布终止自营的品骏快递，转而与顺丰公司达成合作，由顺丰为其提供包裹配送服务。这激起了我的好奇心：为什么唯品会要关闭其苦心经营了6年的物流业务呢？研究完这家公司的年报，我发现了端倪。

2013年，唯品会成立品骏快递。短短6年时间，品骏快递在华南、华北、西南、华中、华东、东北地区设立了六大物流仓储中心，总面积超过290万平方米。此外，品骏快递在全国设有31个省公司，直营站点超4 500个，快递员超30 000人。这些投入给唯品会带来了巨大的"包袱"。公司财报显示：2018—2019年，其履约费用率（履约费用÷总营收）基本在9%左右，而同期京东的履约费用率为6%。

为了控制履约成本，唯品会开始试水"外包"模式。从2019年初起，唯品会开始实施快递外包计划，这一策略让唯品会尝到了"甜头"。尤其是与顺丰达成合作后，四季度履约费用率下降至7.0%，对利润的拖累明显减弱。在与顺丰合作之前，唯品会每单快递的配送成本在12元左右，而顺丰给唯品会的价格是每单4元。仅仅这一项，就为唯品会带来数亿元的净利润。此外，甩掉物流业务的重资产，还能为唯品会带来大量的现金流，提高唯品会的赤马效率。与此同时，顺丰的高品质服务大大提升了消费者的用户体验，增强了消费者的购物意愿。

我经常开玩笑说："如果你想喝牛奶，那么不需要亲自养奶牛，最好的办法是去市场上购买最高品质的牛奶。"对于企业家而言，最高的境界是"万物皆为我所用，但万物不为我所有"。企业要学会抑制自己的贪欲，取一舍九：聚焦核心能力，将非核心业务外包，让专业的人干专业的事情。如此一来，企业不仅能降低固定资产投入，轻松实现瘦身，还能提升用户体验以及核心竞争力。

法则2：租赁或售后返租

众所周知，企业自己买设备、建生产线……大概率需要投入数以亿元计的资金。这笔钱投下去，一会影响现金流，导致企业其他地方缺钱；二会导致企业的固定资产大量增加，严重影响赤马效率。因此，这种做法与轻资产模式的逻辑是相悖的。

那怎么办？最好的办法是不买土地，不建厂房，而是租用别人的厂房。同样，企业的生产线也不一定需要自建，也可以选择租赁。租赁的本质是用别人的资产来经营自己的业务。因为你租赁的是别人的资产，所以它不会出现在你的资产负债表上。

我曾研究过蒙牛的创业史。创业初期，由于资金短缺，蒙牛只好把有限的资金投入市场端，建品牌、建渠道。如此一来，蒙牛就没钱投生产线了，怎么办？蒙牛想到了经营租赁的方法。彼时，行业内有相当一部分企业由于缺少品牌和渠道，处于半停产甚至停产的状态。蒙牛就利用这些企业在生产环节的闲置资源，让它们不知不觉成了蒙牛的工厂。如此一来，双方实现了双赢：闲置工厂激活了它们的闲置资产，而蒙牛节省了一大笔建厂房和生产线的钱。另外，这些为蒙牛创造价值的资产都没有体现在蒙牛的资产负债表上。因此，以租代买是一个实现轻资产的好方法。

但是，如果你的企业已经投入了重资产，购买了土地，建好了厂房，上了生产线，怎么办呢？没关系，企业还可以通过售后返租的方式来实现轻资产模式。

什么叫售后返租？资本市场专门有一类长期资金，这类资金的拥有者希望追求稳定的回报。如果你的土地、厂房、设备、生产线一直高效运营、没有闲置，那么这些长期资金愿意收购你的土地、厂房、设备、生产线……当然，前提是在收购资产时，双方必须签署《售后返租协议》。比如在协议条款中规定：对方花10亿元买下你的土地、厂房、设备、生产线等，但对方并不经营，而是转租给你。每年，你支付对方1亿元的租金。于你而言，卖掉这些固定资产后，你不仅能获得10亿元的现金流，资产也更"轻"了。而对方虽然投资了10亿元，但也获得了每年1亿元的稳定回报，这就是售后返租的逻辑。

法则3：连锁扩张

瘦身的第三个法则是连锁扩张。

当一家企业想做大收入规模时，它有两种选择：一种是开直营店，另一种是开加盟连锁店。众所周知，这两种方式各有利弊：直营店的优势是便于管控，劣势在于需要投入大量的资产，比如在全国各地找门店、装修，公司不仅要投入房租、设备，还要投入大量的装修费，这些装修费会形成长期待摊费用，这都属于重资产。如果选择开加盟连锁店，总部就不需要投入房租、设备以及装修费用，而是由合作的加盟商来开店、装修。只要加盟商能赚到钱，总部的收入就会增加。从财务的视角看，开加盟连锁店有两个好处：一方面能快速扩大销售收入规模；另一方面能减少资产投资。因此，开加盟连锁店是利用别人的资产来经营自己的品牌。这就是为什么大部分公司的单店模型一旦跑通，就会快速放开加盟连锁。

今天大多数能快速做大市场的企业，都是采用连锁加盟的方式扩张。以国内门店超过3万家的蜜雪冰城为例，其招股说明书中披露：截至2023年9月30日，蜜雪冰城超过99.8%的门店为加盟门店，只有0.2%的门店为自营门店。由此可见，蜜雪冰城已经将这一瘦身法则用到了极致。

激活"睡眠"资产

在为企业做辅导的过程中，我发现大部分企业几乎从未盘点过自己的固定资产。而经过一番盘点，老板才猛然发现：自己的企业里居然有那么多资产处于闲置状态，于是赶紧追查闲置的原因。有些是暂时或部分时间闲置的资产，比如一家冰激凌企业的产线可能在夏天生意比较好，到冬天就基本处于闲置状态；有些是盲目采购导致的自然闲置，有些是产品转型、淘汰工艺导致的闲置。

这些闲置资产大体可以分为两类。一种是长期闲置的资产，后续很难产出价值。这些长期闲置的资产能否通过出租、转让等方式实现断舍离，最后变现呢？相对而言，这种资产处理办法较为简单。另一种是暂时或部分闲置的资产，后期还能产出价值，因此我把这部分资产比喻为"睡眠"资产。这部分资产的管理相对麻烦一些。

企业有没有办法激活"睡眠"资产，为其找到新的增值空间呢？这就是本节要讨论的问题。

前不久，我偶然看到嘉御投资基金创始人卫哲先生发表的公开演讲，他在演讲中提到了一个有意思的话题——如何消灭淡季？卫哲先生的答案让我深受启发。为什么？因为淡季就意味着资源的闲置。而消灭淡季的过程，就是激活"睡眠"资产的过程。

在这篇公开演讲中，卫哲先生提到了他投资的一家茶饮品牌——沪上阿姨。据说，这个品牌60%的收入是由水果茶这个品类贡献的，而水果茶是冰的，因此这个品牌的旺季在夏天。到了冬天，尤其是北方的冬天，冰的水果茶不受欢迎。怎么解决这个问题呢？方法非常简单：调整产品结构。夏天顾客喜欢喝冰的水果茶，冬天顾客不是不爱喝奶茶，而是不爱喝冰奶茶。因此，这个品牌在冬天就卖热的五谷杂粮茶、血糯米奶茶……通过产品结构的调整，淡季被抹平了，冬天的闲置资产就被激活了。

对于奶茶店来说，一年有一年的淡季，一天也有一天的"淡季"。大部分年轻人早上喜欢喝咖啡，而不是奶茶，因此大多数奶茶店到中午才能卖出第一杯，然后一直卖到晚上十二点。也就是说，奶茶店上午基本没什么订单，那么上午的设备、场地、人员都处于相对闲置的状态。而咖啡恰恰相反，由于咖啡有提神醒脑的作用，因此早上七八点钟正是咖啡售卖的高峰期。一直到下午和晚上，咖啡的销量会逐渐变少，因为咖啡会影响睡眠质量。

如何消灭一天之中的"淡季"，盘活上午的"睡眠"资产呢？沪上阿姨在奶茶店中嵌入一个店中店，仅仅多投入了一台咖啡机，就能激活闲置的其他设备、场地、人员等。调整以后，这家奶茶店从早上8点起，生意就开始好起来了。

再举个例子，为什么全家便利店会把会员日定在每周三呢？因为周三是一周中业绩最惨淡的一天。不仅是全家，全行业的便利店皆是如此。而将会员日定在周三，让顾客享受最优惠的价格，这样一来，周三反而变成全家便利店一周中生意最好的一天。

再例如，为了方便宾客，大多数新人会把婚礼日期定在周末，因此，婚礼堂通常只有周末生意最好，其他工作日几乎都闲置。怎样才能激活工作日闲置的资产呢？很简单，开辟一些与婚庆无关的产品线，如生日宴、宝宝宴、商务活动、公司宴请、公司团建……数据证明，这个举措能让某些企业多产出几千万元的利润。

为什么大部分企业想不到这些办法呢？原因很简单，因为它们被行业固有的经验所束缚，心中默认生意不好的时候就是淡季。然而，正如卫哲先生所言："面对淡季，首先要消灭内心的淡季想法，心中有淡季才真的有淡季。企业不能有淡季思维，这样资产才不会被闲置。"一旦朝着这个方向去思考，企业就能想到增效的办法。企业只有把资产利用到极致，在不增加资产的前提下提高资产的使用效率，获得更大的产出，才能提升赤马效率。

第12章

驾驭黑马杠杆：
如何造血

类金融：如何用别人的钱经营自己的企业

要想达成ROE经营目标，经营型干部面临的第四项修炼是驾驭好三驾马车。驾驭白马盈利的关键在于以低成本策略实现降本，驾驭赤马效率的关键在于以轻资产模式实现增效。那么要想驾驭黑马杠杆，关键靠什么呢？答案是类金融。通过类金融，企业可以在控制风险的前提下实现造血能力的提升。

所谓类金融，是指那些不属于传统金融领域，但具有金融属性的行业或企业。金融行业最大的特点是什么？利用客户的钱来赚钱。比如银行就是用储户的钱来经营贷款业务，以此赚取利差。同样，类金融模式就是通过别人的钱来赚钱，它是一种利用交易对手的资金来经营企业的商业模式。

前文讲过，黑马杠杆与前面两驾马车不同，这个指标具有两面性：一面是金融杠杆，另一面是经营风险。因此，驾驭黑马杠杆的原则是：在确保现金流安全的前提下，控制风险，适当负债经营，享受金融杠杆，创造高额的股东投资回报率。如何在安全的前提下放大杠杆呢？关键是找到低风险负债。也就是说，你可以用别人的钱，但是这笔钱必须是安全的，它的风险是可控的。

这让我想起多年前的一件趣事：有一位专业能力很强的财务总监为了达成集团董事会"ROE不低于18%"的目标，凭借高超的财务技巧从银行贷款3 000万元，有了这3 000万元的负债，这家企业的黑马杠杆迅速翻了一倍，非常轻松地达到了董事会的要求，巧妙地实现了ROE目标。但财务总监忽略了一个事实：银行贷款是金融债，需要担保或抵押，要支付利息，要归还本金，是高风险的负债。而且向银行贷款必须获得董事会的批准，这不属于经营型干部的职权范围。这件事给我敲了一记警钟：要想保证黑马杠杆的安全性，就必须限制金融负债。

因此，类金融模式中的杠杆必须源于经营负债，一般包括以下三种。

一是用客户的钱

在销售环节先收钱后交付，是生活中常见的预收款模式。为什么房地产行业能够享受高杠杆？一个重要原因是客户要在交房前付款。此外，美容美发店、健身房、教育机构也经常采用这种预收的方式。

二是用供应商的钱

在采购环节先交易后付钱，这要求供应商提供一定的账期。这笔钱对于供应商来说，是一笔应收款，但对于采购方而言，这是一笔不需要抵押的无息贷款。格力电器、贵州茅台、京东等企业都在使用这种方式。假设你在京东买了一部5 000元的手机，京东收到钱后，不会立刻把货款打给供应商。因为京东可能一开始就与供应商约定好了30~45天的账期。如此一来，京东就可以将供应商的5 000元先用于运营或投资。对于需要线下开新店的传统企业，这部分钱可以弥补开店的资金缺口。

三是用中间商的钱

在渠道环节，企业可以要求中间商先支付一定的保证金，再让它加盟或者代理自己的产品。譬如，男装品牌海澜之家要求每个加盟商缴纳100万元的保证金，这笔保证金于合同期满，所有经济清算、交割结束后，无息退还。因此，对于海澜之家而言，这就是一笔无息贷款，且不需要抵押，不需要担保。

由此可见，聪明的企业不会只靠自己的钱来经营，还善于用别人的钱来赚钱。正如法国作家小仲马在其经典名著《金钱问题》中所写："商业是十分简单的事，就是借用别人的资金。"这句话点出了黑马杠杆的本质是借力。

造血能力表：如何持续改善企业的造血能力

如何评估一家企业的借力能力强不强呢？我们可以用造血能力表来诊断。

造血能力在财务上的专业术语叫现金周期，即企业在经营活动中从支出现金到收到现金的平均时间，也就是企业的资金被占用的时间，这是衡量一家企业经营质量的重要指标。对企业来说，现金周期变短意味着它可以用更少的运营资金来撬动更大规模的生意。

举个例子：一家企业从进购原材料到把货卖出去，平均需要30天（存货周转天数）；而这家企业给了客户60天的账期（应收款周转天数），也就是说货卖出去60天后才能收到钱；同时，上游的供应商也给了这家企业60天的账期（应付款周转天数）。那么，这家企业的现金周期是多少天呢？该企业的现金周期=存货周转天数30天+应收款周转天数60天-应付款周转天数60天=30天。

造血能力考察的是企业在经营中产生现金流的能力。而与经营现金流相关的是营运资产，它们分别是应收款、存货和应付款。营运资产用什么来管理呢？时间。因此，只要管理好营运资产的周转天数，就管理好了企业的造血能力。

其中，应收款周转天数和存货周转天数指的是企业回款的速度，而应付款周转天数指的是企业付款的速度。企业的回款速度越快，付款速度越慢，其造血能力就越强。相反，企业的回款速度越慢，付款速度越快，其造血能力就越弱。接下来，我们用两家真实的企业来讲解造血能力表（见表12-1）。

表12-1　造血能力表——现金周期

项目	周转天数（现金周期）	
	天虹纺织	京东
应收款周转天数	27	7
存货周转天数	117	29
应付款周转天数（负数）	-44	-55
合计（现金周期）	100	-19

资料来源：各公司2023年年报。

天虹纺织是一家香港上市公司，它是全球最大的包芯棉纺织品供应商之一，在全球有30多个生产基地，收入规模达200多亿元，属于非常传统的制造企业。这家企业的应收款周转天数是27天，意味着客户要占用27天的账期。它的应付款周转天数是44天，意味着它要占用供应商44天的账期。再加上存货周转天数117天，最终天虹纺织的营运资产现金周期等于100天。这是一家非常典型的传统企业的造血能力表。

现金周期有没有可能小于0呢？我们来看京东的造血能力。在30多年的职业生涯中，我一直非常关注资本市场，而京东可谓资本市场中最"奇葩"的存在。通常来讲，一家企业亏损两三年还可以理解，但京东从2004年创立到2014年赴美上市，连续亏损了11年。大部分企业遭遇长期亏损，可能早就倒闭了，但京东却活得非常滋润。

为什么？我研究完京东的造血能力表后，找到了答案。京东的商业模式是垂直电商，先收钱后发货，因此其应收款周转天数极短，只有7天，京东的存货周转天数为29天，千万不要小看这个数字。我研究过大量零售企业，大部分企业的存货周转天数都是六七十天，而京东却能控制在29天，可见其经营团队水平之高。此外，京东的应付款周转天数为55天，意味着它占用了供应商55天的账期，即便是万亿级的大公司，它也只用了供应商不到两个月的账期。综合计算下来，京东的现金周期为–19天。

负数意味着什么？京东运营这么大的生意，却没花自己一分钱，还能免费占用别人19天的现金。相当于这19天的钱，京东可以拿来免费用，就算将其放在银行里都有利息。像京东这种现金周期为负数的经营模式，就是类金融模式——不是金融企业，却类似金融企业。这种企业主要不是靠买卖产品赚钱，而是靠钱来赚钱。京东2023年的年报显示，其营业额超过1万亿元，毛利率为14.7%。假设京东一年的采购金额为7 200亿元，一年按照360天计算，其一天的采购金额为20亿元。现金周期−19天意味着它占用了别人380亿元的现金流。即便京东的账面利润亏损了300亿元，但实际上却有380亿元的现金利润。这就是京东商业模式的强大之处，也是为什么京东早期的战略是不盈利，因为它要以不盈利来换取收入的高速增长，也就是换取更多的现金流。

供应链融资：如何设计类金融模式

如何设计类金融模式呢？1984年，美国两位经济学家迈尔斯和马吉洛夫提出了"融资顺位理论"：公司融资的顺序应该遵循先内后外的原则，先用内部现金流，如果内部现金流不够用，那么再进行外部融资。

什么是内部现金流呢？你可以理解为经营活动创造的现金流。其实，在经营的过程中，企业完全可以通过商业模式的设计来实现供应链融资：一是向客户融资，二是向经销商融资，三是向供应商融资。这可以让企业的供应链成为驱动黑马杠杆的动力源。

向客户融资的三条路径

企业可以向下游客户融资。根据我的经验，企业至少可以用三种工具向客户融资：一是预收款，二是保理，三是商业承兑汇票。

路径1：预收款

预收款是当前最常见的一种向客户融资的方式。无论是街边的美容院还是服装店、餐厅，它们都在积极地向客户推广VIP（贵宾）预收卡。为什么要向客户推销预收卡呢？大多数人都有一个误解：以为推广预收卡是为了获取更多的现金流，或者是为了锁销。其实，预收卡真正的价值是加大黑马杠杆，进而提升ROE。

以某高尔夫球场的会计报表为例，这个行业听起来高大上，但由于这项运动在户外，下雨时不能打球，天热了没人打球，天冷了也没人打球，场地经常闲置，因此球场的白马盈利惨不忍睹。而这个行业又属于重资产行业，一个18洞标准的高尔夫球场大概需要6平方千米的土地，单单这笔地价就是一笔不菲的投资。因此，高尔夫球场的赤马效率也很低。

那高尔夫球场靠什么存活呢？上帝为它关了两扇门，一定会给它留一扇窗，这扇窗就是黑马杠杆。以上海某高尔夫球场为例，要想进去打球，客户必须花120万元购买一个会籍。按照国际惯例，一个18洞标准的高尔夫球场只能发行400张VIP卡，而中国可以做到1 000张。仅仅这1 000张VIP卡就可以让企业收回12亿元。正是这12亿元的预收款彻底改变了高尔夫球场的ROE。

因此，我经常提醒企业：ROE是一个复合型指标，若你的白马盈利和赤马效率都上不去，别着急，你还可以设计黑马杠杆，通过黑马杠杆来提升ROE。由此可见，企业收取预收款不仅仅是为了获取现金，更是为了通过加大黑马杠杆来提升ROE。

什么样的企业可以向客户进行预收呢？企业至少要满足以下一个条件：要么掌握稀缺资源，比如高尔夫球场就属于稀缺资源；要么能为客户提供良好的用户体验。企业如果没有掌握稀缺资源，就要竭尽全力为客户提供超出预期的体验价值。因为客户只有在信任你，愿意再次来消费时，才可能提前预付。

路径2：保理

大多数企业家和管理者可能都对"保理"这个词比较陌生。实际上，保理是银行专门为企业开发的一款买断应收款的产品。当然，前提是你的客户信用良好，这样银行才愿意买断。

假设你的公司为一位大客户提供了6个月的账期，但是这笔应收款拉低了公司的赤马效率，影响了ROE，那么有没有办法提前把这笔应收款收回来呢？如果该客户的信用足够好，企业就可以把应收款卖给保理商，保理商提前支付现金。因此，企业如果想提升ROE，那么可以请财务总监将信用好的客户梳理出来，通过保理的方式转让应收款，提高赤马效率。

路径3：商业承兑汇票

在业务结算时，企业可以选择现金结算、银行转账，也可以使用票据结算。票据有两种：一种是银行承兑票据，信用高，流通性好，大家愿意接受；还有一种票据是企业的商业票据，但经常被拒收。其实我们不一定要马上拒收商业票据，如果客户提供的商业票据能够得到供应商的认可，那么我们可以用此结算客户的应收款项。商业票据通过转让，其实实现了现金支付的功能。

向经销商融资的三条路径

除了向客户融资，企业还可以向经销商融资。这里分享三个常用的融资方法：一是保证金融资，二是年底返点，三是资金统一结算。

路径1：保证金融资

提到保证金融资，就不得不提娃哈哈创新的联销体系，这甚至被哈佛商学院收录为经典案例。从财务的角度看，联销体系的本质就是向经销商进行保证金融资。

为什么娃哈哈会摸索出这套体系呢？这与创始人宗老自己吃过的苦头有关。创业初期，娃哈哈采用的是赊销模式。每到年底，老板都不得不低声下气四处要账。为了改变这种状态，在1994年的经销商大会上，宗老发布了一个新方案：特约一级经销商必须提前给娃哈哈打款，支付一年销售额度的10%作为保证金。对于保证金，娃哈哈承诺会支付不低于银行的利息。每月进货前，经销商必须结清货款，之后娃哈哈才能发货。销售结束后，娃哈哈会返还保证金，并承诺给经销商返利。正是这套体系保证了娃哈哈在大力扩张过程中有充足的现金流。从这个角度看，经销商不仅仅是渠道生态伙伴，更是一个聚宝盆。当然，获得聚宝盆的前提是，企业有一个有前景的品牌，能让经销商真正赚到钱，这样这条路才会走得更长远。

路径2：年底返点

为了更好地激励经销商，许多企业会设计五花八门的返利政策：有的厂家选择做一单返一单，即时激励经销商，有的厂家选择月度返利，也有厂家选择季度返利或年度返利。这些都是从激励合作方的角度来思考返利政策该如何设计的。但是，经营型干部必须为企业的ROE负责，因此在设计返利政策时还要考虑如何最大程度地向经销商融资，进而提升企业的ROE。

有一年，我在研究某工程机械上市公司的年报时，发现年报中有一个项目为"其他应付款8亿元"，这立刻引起了我的好奇。我翻阅了该公司的审计报告，发现审计报告上有一行附注。原来，这8亿元正是奖励经销商的返点。这家公司卖的是工程车，每台车的销售单价高达数百万元，即使返点1%，那也是一笔不小的金额。因此，如果企业的销售规模比较大，那么在设计返利政策时，可以考虑在年底进行返点。因为这笔钱也算是向经销商融资。

路径3：资金统一结算

我曾经服务过一家互联网平台型企业。我打开这家企业的报表，发现其白马盈利并不高，赤马效率也一般，但它的ROE却超过20%。为什么？因为这家企业的黑马杠杆高达5倍。

为什么平台型企业会拥有如此高的杠杆呢？该企业搭建了一个统一结算平台，所有客户都从这里买货，把钱交给平台。平台收到钱以后，通常不会马上将其交给供应商，而是两周后才付款。就这样，大量的现金留在这个统一结算平台上。

当平台型企业拥有大量的现金时，它就可以从事金融服务，比如阿里巴巴、京东、美团都推出了各类金融服务，它们拥有大量的交易数据，不仅可以向平台上的商家提供融资服务，还可以向用户提供融资服务。

向供应商融资的三条路径

除了向客户融资和向经销商融资，企业还可以向上游的供应商融资。向供应商融资也有三条路径：一是应付款，二是完工结算，三是代销。

路径1：应付款

前文讲过：采购部要持续开发新的供应商。在开发供应商的同时，采购人员肩负着一项重要的使命：选择账期长的供应商。

遗憾的是，现实中大部分企业的干部都是管理型干部，只顾自己部门的利益，根本不重视应付款的账期。因此，企业内部经常上演这样的场景：

销售总监说："老板，咱们公司刚刚起步，如果不给客户账期，咱们的产品就不太好卖。"老板一听，好像是这么回事，同意给客户90天账期。这样一来，应收款的周转天数就是90天。

采购总监也跑来诉苦："老板，咱们公司刚刚起步，供应商不放心，不愿意给咱们账期，只能现金采购。"老板一听，好像也有道理，那就现金采购吧。这下应付款的周转天数就变成0了。

可是，所有人都忘了一件事：存货也有周转天数啊！即便这家企业能将存货周转天数控制在60天以内，其现金周期也已经变成150天（90+60–0）。前面讲过，一旦现金周期超过100天，企业的现金流就会非常紧张，因此，无论如何，采购人员都要尽可能开发有账期的供应商。

路径2：完工结算

一些生产周期比较长的项目，比如市政工程、桥梁、公路、铁路等基建项目，通常都需要供应商垫资，等项目完工后再进行结算，这也是一种向供应商融资的方式。

路径3：代销

找供应商代销也是一种可以尝试的融资方式。这样做有两个好处：一是解决现金流的问题，二是解决库存的问题。

综上，企业在设计类金融模式时，要巧妙利用供应链中的杠杆，聪明地向客户、经销商和供应商三方借力。如果企业的产品有稀缺性，或者能为客户提供超预期的用户体验，那么企业可以通过预售的方式向客户发行储值卡。如果客户的信用非常好，那么企业可以通过保理和商业票据提前回收应收款。企业如果是经销商模式，那么可以通过收取保证金、年终返点和资金统一结算的方式来融资。此外，企业还可以通过延长供应商的账期、完工结算和代销的方式，向供应商融资。总而言之，经营型干部在管理供应链时，心中始终要有一根弦——每一个动作和政策的设计都要考虑黑马杠杆，考虑如何提升ROE。

负债融资不是目的，而是手段，因为负债可以带来更高的杠杆，产生更高的ROE。但是，金融债的杠杆风险高，经营债的杠杆风险低，企业既要享受杠杆，又要控制风险，这是我们在融资环节必须牢记的。

死神的"魔咒":给经营型干部的四个忠告

黑马杠杆是一把双刃剑:正面是金融杠杆,反面是经营风险。如果驾驭得好,它就能快速放大企业的盈利,提高ROE;如果驾驭得不好,那么可能会给企业带来灭顶之灾。因此,企业必须在确保安全的前提下驾驭黑马杠杆。如何控制经营风险,确保企业安全呢?经营型干部一定要牢记以下四个忠告。

忠告1:不良资产"杀利润"

为什么企业的现金流会出问题?一个正常经营的企业,现金流不会一天就断掉。出现问题时,往往很早之前就有信号。企业如果想揪出元凶,就必须回到赤马效率。真正拖慢赤马效率的就是不良资产,它们是收不回的应收款、卖不出去的存货、闲置的固定资产和没有回报的长期投资。这些资产本是企业辛辛苦苦赚来的,但是由于没有管理好,它们就会变成成本,杀掉利润。与此同时,它们还会占用企业的现金流,导致企业现金流吃紧。

忠告2:过度负债"杀老板"

一旦企业没有管理好资产,导致不良资产占用了现金流,这就会带来下一个问题:负债经营。所以,我的第二个忠告是不要过度负债经营。

企业可以适度负债,但不能过度负债。一旦企业赚取的现金利润无法覆盖当期归还的本息,老板辛苦数年打拼的事业就会毁于一旦。改革开放以来，中国经历了40多年的高速增长，这使得许多老板对于增长有极高的预期，也导致他们养成了高负债经营的习惯。然而，增量时代已经一去不复返，企业必须量入为出，保持合理的负债水平。

忠告3：拒绝短贷长投

我的第三个忠告是拒绝短贷长投。有人做过数据统计，发现32.9%的A股上市公司都存在短贷长投的现象。什么叫短贷长投？即企业用短期贷款去做长期投资。这是一种资金错配，会给企业带来很高的风险。一旦短期贷款需要归还，而长期投资还没有任何收益，企业就会面临现金流断裂的风险。因此，在做投资决策时，企业首先要评估资金的风险，确保投出去的钱不会给企业带来现金流断裂的风险。

为什么说短贷长投是一种资金错配呢？从资产负债表中就可以找到答案。

资产负债表的左边代表资金占用，右边代表资金来源。资金来自两个地方：一是自己的钱，包括股东投资的资本金和股东赚取的利润，这些钱是没有风险的；二是负债，负债又可以分为短期负债和长期负债。按照风险系数来分类，短期负债是指一年内需要归还的债务，属于高风险债务。而长期负债的归还周期较长，风险相对更低。因此，按照风险系数来分类：股东的钱没有风险，长期负债低风险，短期负债高风险。

这三种不同风险系数的钱应该分别投向哪里呢？我们首先要对资产进行分类，资产可以分为流动资产和非流动资产。流动资产比较容易变现，而非流动资产很难变现。理解了这一点，我们就可以对不同的资金和资产进行配对：

- 股东的钱不需要归还，适合投资非流动资产。
- 长期负债的归还周期较长，也可以用来投资非流动资产。
- 短期负债一年内必须归还，更适宜投资容易变现的流动资产。

然而，企业最容易犯的错误就是用短期负债来投资非流动资产，因为短期负债便宜、好借，所以企业会将其用于长期项目，然后用"借新还旧"的方式周转资金。当然，宏观经济好的时候，"借新还旧"相对容易，短贷长投的风险容易被掩盖。一旦经济不景气，银行抽贷就会导致经营风险无法控制。多年来，我亲眼见过无数这样的悲剧，所以我建议企业关注资产负债表，拒绝短贷长投。

忠告4：拒绝高利贷

第四个忠告是拒绝高利贷。

经常有老板问我："付老师，我遇到了一个特别好的项目，但现在钱不够，怎么办？"答案很简单，如果能通过股权融资的方式获取资金，那么这是最好的途径。如果需要靠借高利贷去投资，那么我劝你放弃。企业借高利贷的初衷是用其输血，但是一不小心就会变成被其吸血。

浙江某上市公司的老板借了20多亿元的高利贷，每天早上睁开眼睛，压在头上的就是几十万元的利息，最后老板实在难以承受，一跳了之，这种事情在我们身边时有发生。对于企业而言，最重要的是活下去。不要小看了"活下去"这三个字。据统计，中国企业的平均寿命只有2.5年，世界500强企业的平均寿命也不过40余年。因此，任何一家企业想长期地活下去，都要守住安全这个底线，远离高利贷这个吸血鬼，拒绝诱惑，量力而行。

至此，三驾马车就讲完了。从本质上讲，三驾马车其实是一种分而治之的财务思维：它把一个复杂的大问题拆分成三个小问题，以便经营型干部判断需要在哪个方面进行提升。ROE指标并不能直接指导企业的经营决策，我们必须将ROE往下分解为白马盈利、赤马效率和黑马杠杆三驾马车。白马盈利代表的是利润思维，它要求经营者有低成本的财务思维，进而帮助企业降本，赚得更多；赤马效率代表的是资产思维，它要求经营者有轻资产的财务思维，进而保证企业增效，赚得更快；黑马杠杆对应的是现金思维，它要求经营者拥有类金融的财务思维，确保企业在安全的前提下提升造血能力，赚得更好。一个不具备财务思维的干部，充其量只是一个好的管理者，而不是一个好的经营者。

第五篇

经营资本——超越目标

第13章

从产品经营升维为资本经营：
从赚钱到值钱

经营资本：从卖产品到卖股权

任何人要完成从管理型干部到经营型干部的转型，都要经历五项修炼：升维目标—分解目标—追踪目标—达成目标—超越目标。经营型干部一旦完成前四项修炼，就能持续达成企业的ROE目标。而当一家企业的ROE持续增长时，它就会引起资本的注意，成为资本眼中的"唐僧肉"。这个时候，如果经营型干部不迅速从产品经营升维到资本经营，那么企业极有可能沦为资本的"猎物"。这并非危言耸听，因为即便是营收超过千亿元的地产巨头万科，也有过类似的遭遇。

2015年11月13日，宝能集团向深交所上报了一份万科股份的股权变更申请书，申请增持万科股份至5%。此消息一出，瞬间引起巨大的轰动，因为宝能集团是一家以股权交易为主营业务的公司，而万科则是一家以地产开发为主营业务的公司。

为什么宝能要把矛头对准万科呢？我们不妨从资本的角度

思考。资本方收购一家企业有三个标准：好团队、好业绩、好价格。在创始人王石退休后，经营团队一直把万科经营得非常好。如表13-1所示，在收购案发生的前三年，万科的ROE始终稳定在18%，远大于巴菲特所要求的15%，看得出万科是一家值钱的公司。在地产行业下行的趋势下，万科的白马盈利持续下滑，同时万科在逐步去杠杆。但是万科深谙三驾马车的逻辑，既然不能赚得更多，那就赚得更快。所以，万科每年提升0.02的赤马效率。千万不要小看这0.02，这非常考验经营团队的经营水平，因为万科不是一家小公司，而是一家千亿级的"航空母舰"。

表13-1　万科连续3年的ROE与三驾马车数据

财务指标	2012年	2013年	2014年
白马盈利	15%	14%	13%
赤马效率	0.27	0.29	0.31
黑马杠杆	4.6	4.5	4.4
ROE	18%	18%	18%

既然万科是一家好公司，那它必然会引起资本的注意。这家好公司的价格贵不贵呢？不贵！万科的市盈率还不到7倍。彼时公司上市还是核准制，公司首次公开发行股票的发行市盈率是23倍，也就是说，万科的市盈率只有新股发行市盈率的30%。显然，万科是一家被资本市场明显低估的公司。与此同时，万科的股权结构极其分散，第一大股东华润集团只持有14.5%的股权。万科是一家拥有好团队、好业绩、好价格的"三好公司"，因此在资本的眼中，这无疑是一块诱人的"唐僧肉"。

宝能集团在收购万科的股权时，收购资金最底层的原始资产是70亿元万能险，这只够买几亿股万科股票，杠杆不够。于是，宝能集团和两个私募基金合作，通过几个通道形成嵌套，将70亿元放入银行，利用银行"存一贷二"业务获得200多亿元的贷款。这促使宝能集团最终得以购买万科十七亿股左右的股票，占股18%，成为万科第一大股东。之后，宝能集团通过股权抵押、融资融券等杠杆工具将收购资金增至450多亿元，占万科2 000多亿元的25%。就这样，宝能集团登堂入室，向万科提出董事会改组。

面对宝能集团的接连举牌，万科的创始人王石公开表示不欢迎"野蛮人"。直到"白衣骑士"深圳地铁入场，拿下万科第一大股东的身份，"宝万之争"才最终落下帷幕。同时，监管层对宝能集团的"野蛮行为"开出罚单。正如中国国家创新与发展战略研究会学术委员会常务副主席黄奇帆所说："该事件违反了几个法规，一是保险公司的万能险占比70%以上是有问题的，二是多通道叠加嵌套形成高杠杆融资是穿透式违规行为，三是短期资金可以购买股票进行理财，但将万能险作为股权资本购买长期法人股权并试图改组董事会，违反了国际资本市场规则。"

这个经典的并购案例给企业敲了一记警钟：只要你的企业经营得足够好，就一定会有资本虎视眈眈。与其被动等待资本"收割"，不如主动出击，深入了解资本市场的规则，了解企业应该如何应对资本的并购，甚至主动对接资本市场，开启上市之路。这就是经营型干部的第五项修炼：从经营一家赚钱的企业升维到经营一家值钱的企业。

在接触企业的过程中，我发现不少老板都陷入了同一个误区：他们认为经营企业等同于卖产品，只要产品卖好了，企业就算做好了。因此，谈到产品经营，他们往往非常热情，也确实下了苦功夫，不少企业都成为区域第一或细分领域第一。然而，这还不够。

企业经营有两种模式：一种是产品经营，一种是资本经营。产品经营就像爬楼梯，靠卖产品挣钱，企业的赚钱逻辑是"收入－成本＝利润"（比如10-8=2）。如果说产品经营是爬楼梯，那么资本经营是乘电梯。若一家企业开始做资本经营，这时候企业买卖的商品就不再是产品了，而是股权。企业的股权价值如何计算？它等于利润乘以市盈率。假设一家企业的利润是2亿元，市盈率是100倍，那么其股权价值就是利润乘以100倍，即200亿元。其中，1%的股权就值2亿元，这就是资本的游戏规则，通过资本杠杆来放大企业的价值。因此，经营者的思维方式不同，结局完全不一样。当然，股权值钱的前提是企业的ROE高，这样资本才会给予企业更高的市盈率。

要想从一家赚钱的企业变成一家值钱的企业，经营型干部必须具备两种能力：一种是产品经营能力，即卖产品的能力；另一种则是资本经营能力，即卖股权的能力。产品经营可以把企业做强，但只有懂资本经营，企业才能做大。实际上，任何一家企业的产品经营发展到一定阶段，其会积累优质的产品、强大的销售能力和市场影响力。这个时候，企业如果能够抓住发展的窗口期，插上资本的翅膀，就一定会实现爆发式增长。反之，如果企业仅靠自身赚取的利润开拓市场，这就等于一个人明明有了快跑的技术和能力，可以迅速冲到终点，却因为没有足够的眼界而选择慢悠悠地走路，亲眼看见一个又一个竞争对手超越自己。这种做法本身就是对企业资源和优势的浪费！

因此，一个企业要想成功，必须同时做好产品经营和资本经营，两条腿走路：经营好产品，企业才会拥有爆发的潜力，才有可能得到资本市场的认可；同样，只有做好了资本经营，企业才有充裕的资金来反哺产品经营。二者可以形成一种良性循环。

那么，如何进行资本经营呢？企业对接资本有两个选择：要么并购，要么上市。企业无论选择哪一条路，都应该了解其运作的内在逻辑。

兼并收购：并购的本质是并人，并人的本质是选人和育人

并购可以理解为两家企业"联姻"。什么叫并购？许多人误以为并购是一件事，其实它是两件事：一个叫兼并，一个叫收购。这是两种不同的"联姻"形式，背后是两套不同的法律逻辑。

兼并和收购有什么区别呢？我们不妨用A、B两家公司来做类比（见表13-2）。

表13-2 兼并和收购的区别

兼并	收购
新设合并（A+B=C）	收购资产（A+B=A+B）
吸收合并（A+B=A）	收购股权（A+B=A+B）

兼并包括新设合并和吸收合并。新设合并，即法律主体

A公司和B公司都消失，再成立一家新公司C，你可以理解为A+B=C；而吸收合并是A公司保留，B公司解散，可以理解为A+B=A。

收购则是A公司和B公司双双保留，且各自财务独立。具体来说，收购又分为两种：一种是收购资产，另一种是收购股权。收购股权意味着要将目标企业的所有资产和负债都收购过来。如果被收购的企业只有一点点瑕疵，那么问题还可以弥补。但是，如果被收购企业有一些无法修复的硬伤，收购股权就可能带来巨大的风险。这个时候，最好的选择是收购资产，这不会带来额外的风险。当然，收购资产的风险更低，成本相应会更高。反之，收购股权的风险更高，成本更低。因此，企业到底是选择收购资产还是收购股权，不能盲目决策，而是要展开深度调查，再行决定。

通常来讲，兼并体现了双方共同的意志，它在某种程度上像是两口子结婚，一开始就是奔着白头偕老去的。因此，兼并往往是善意的，安全性更高。而收购则可能是恶意的，就像宝能对万科的收购，宝能没有经过万科董事会的同意，强行取得控制权。所以，为了避免恶意收购，企业首先要了解对方的战略意图，弄清楚对方为什么收购自己。

众所周知，并购增长是一条非常好的增长路径。从并购方的战略意图看，并购可以分为以下三种。

横向并购

横向并购是指同行业并购，相对而言这种做法的风险最低。譬如，你经营一家汽车零部件公司，想收购你的企业是一家汽车零部件同行,那么它大概是想快速做大规模,这是"摊大饼式"的商业模式。

纵向并购

纵向并购是指上下游并购。假如你经营一家生产新能源电池的企业,同时发现自己经常被上游的原材料供应商卡脖子,那么最好的方式是收购一家矿业公司,这就是典型的纵向收购。管理大师迈克尔·波特曾从产业价值链一体化的角度提出:企业持续发展,要么走后向一体化之路,往产业链的上游走,控制整个价值链,谋求技术扎根;要么走前向一体化之路,往产业链的下游走,把生产能力延伸到需求端,谋求市场扎根。

混合并购

混合并购本质上是多元化。多元化还是专业化,一直是企业界热议的话题。许多人认为多元化一定会走向失败,但实际上,我的老东家复星集团的多元化发展之路就走得非常稳健。它为什么会走多元化道路呢?目的是抗周期。所有行业都有一定的周期,如果把鸡蛋放到一个篮子里,当行业周期下行时企业就会非常危险。如何降低这种风险?投资多个行业。当然,复星集团的业务有其特殊性,它对自己的定义是投资集团。从这个角度讲,它的多元化也是一种专业化——专业经营投资业务。

通过对并购方战略意图的判断,被并购方就可以了解其中是否存在风险。同样,在并购之前,并购方也要对目标公司进行调研。并购一家公司不是简单地买一支笔或一台电脑,我们无法快速判断公司质量的好坏。因此,并购要经历一系列复杂的流程。

粗略来讲，整个并购流程包括四个步骤：初调、尽调、并购、整合。

第一步：初调

大多数并购课程是没有初调这个步骤的，一上来就是做尽调，包括业务、法务和财务方面的尽职调查。尽职调查的逻辑就写在商学院的课本里，几乎人人都知道，那为什么有的企业可以并购成功，而有些企业却并购失败呢？我认为核心原因不是尽调没有做好，而是初调没有做到位。

初调要怎么做呢？企业需要从以下三个维度入手。

调研行业赛道

行业赛道关系到企业的战略定位。企业要根据自己的战略意图进行并购：这是一次横向并购还是纵向并购？抑或混合并购？战略意图决定了并购方应该投资哪个行业。

调研客户

德鲁克说，企业的终极目的是创造客户。那么，客户对目标企业的评价如何？并购之前，我们一定要先接触目标企业的客户，了解客户对目标企业的真实评价。如果大部分客户的评价是正面的，那么可以考虑并购；反之，应尽早放弃。

调研团队

这是最关键的一步，因为投资的本质是投人，并购的本质是并人。调研完客户后,我们还要对经营团队做"1+n"访谈。其中,"1"是指目标企业的领头人,"n"是指经营团队中几个关键岗位的员工。

火车跑得快,全靠车头带。一个团队的领头人决定了这家企业能跑多快。那么,一个优秀的领头人应该具备什么特质呢?根据我辅导企业进行收购的经验,一个优秀的领头人可以用6个字概括:专注、激情、包容。

所谓专注,是指领头人一定要专注于本业,甚至一生只做一件事,因为竞争最终拼的是专业度。这一点无需解释,那为什么要有激情呢?因为创业是九死一生的事情,领头人经常面对各种各样的困难,而激情是克服困难最好的解药。只有饱含激情的领导者才能带领组织穿越迷雾,走向成功。最后,领头人必须有包容心,因为企业靠的不是一个人,而是一群人,同时要让这群人各展所长。如果没有这个特质,那么这家企业很容易沦为一言堂。在某种程度上,领头人的度量决定了企业未来的体量。

如果团队的领头人已经具备了以上3个特质,接下来就可以调研经营团队,对几个关键岗位的员工进行初步调查。请注意,调查团队不是为了了解具体的业务情况,调查团队有3个目的。一是判断经营团队的能力是否互补。20多年前,我所在的企业用8 000万元收购一家通信企业,后者的核心团队由4位顶尖科学家组成。我们本以为自己投资的是一支能力顶尖的豪华团队,结果成也萧何,败也萧何,这些顶尖科学家的研发能力确实很强,但市场和运营能力却是短板,团队能力不互补,过于单一,最终这个项目以失败而告终。二是了解团队是否稳健,投资的目的是退出,退出最好的方式就是上市。而上市有一项硬性要求是董监高至少稳定3年。因此，目标企业的团队必须稳定。如果经营团队的成员各个履历光鲜，都来自大厂，但都只是刚入职两三个月，那么这个团队的稳定性可能比较差。三是评估经营团队的学习力强不强。任何行业都有生命周期，要想穿越周期，最终考验的是团队的学习力。没有学习力，企业就无法应对变化，无法对抗周期。

我经常告诫企业：如果要开展并购，那么尽调工作其实是可以外包给专业中介机构的，因为尽调其实是一个专业活。但是，初调一定要企业亲自下场，躬身入局，因为初调考察的不是经营团队的业务能力，而是经营团队的质量，考察的是经营团队是否具备持续创业的优秀品质。企业如果经过初调，发现经营团队确实优秀，那么可以进入第二步——尽职调查。

第二步：尽调

如果初调没有问题，下一步就正式进入尽调流程。企业要按照先后顺序完整覆盖业务、法务、财务三个维度。

步骤1：业务尽调——看发展

收购一家企业看的不是过去，而是未来。因此，并购方要详细调查目标企业的研发投入有没有增长，市场有没有扩大，技术有没有突破潜力，员工能力有没有提升……总而言之，并购方要调研目标企业未来的增长空间是否足够大。对于未来没有发展前景的业务，即使目标企业过去的业绩很好，也不值得投资。

步骤2：法务尽调——看硬伤

每家企业或多或少都存在一些问题，有的问题可以修补，是瑕疵，有的问题无法修补，那是硬伤。投资的目的是退出。无论是未来上市退出还是合并报表，这都要求被并购企业合法合规。否则，前景再好的项目也无法进入资本市场。因此，对于投资人来讲，不合规就等于没有退出通道。这就是为什么要派法务去评估目标企业是否有硬伤。

步骤3：财务尽调——看规范

不规范的财务隐藏着巨大的税务风险，财务规范是目标企业走向资本市场的关键。因此，通过财务维度的尽调，并购方可以判断目标企业的资产质量如何，存在哪些风险。

第三步：并购

尽职调查完成后，就正式进入并购流程。并购流程主要包括三个关键步骤。

确定交易结构

所谓交易结构，是指确定并购方是用现金收购目标企业的股权还是用股票置换股权。通常情况下，我们建议小部分股权用现金收购，大部分用股票置换。投资就是投人，并购方如果想留下原有的经营团队，就要考虑用股权绑定他们。所以，最好的交易结构是"小部分现金+大部分股票"。

确定公司估值

估值的方法有很多种，行业不同、发展阶段不同，使用的估值方法也不同，因此估值通常需要交给专业机构去做，经营型干部只需要了解基本概念即可。盈利的企业通常采用市盈率估值法，即用企业的利润乘以一个倍数；不盈利的企业可以采用市销率估值法，即用企业的年度销售收入乘以一个倍数；重资产类型的企业可以采用市净率估值法，即用企业的净资产乘以一个倍数。华尔街最常用的估值方法则是自由现金流折现法：不是根据企业过去的利润来估值，而是对企业的未来进行预测，把企业未来产生的自由现金流折现。企业具体适用哪一种估值方法，不能一概而论，要具体问题具体分析。

业绩对赌

企业的估值通常是按照未来的财务指标确定的，这就产生了一个新问题：未来是不确定的，如果实际结果偏离了预期，那么该怎么办？为了规避风险，并购方通常会要求进行业绩对赌。

如果并购方做的是财务投资，那么走到这一步就结束了。如果并购不是为了产生"1+1=2"的效果，而是为了产生"1+1=11"的效果，那么并购方还有一步要走——整合。

第四步：整合

并购成功与否，并不取决于产权交割的那一刻，而是要看并购之后能否整合成功。也就是说，不仅要保证新收购项目盈利，还要带动原有业务，创造出"1+1=11"的效果。总之，并购容易,但整合很难。两家企业如何求同存异,实现优势互补,产生协同效应,这是一个不小的挑战。整合涉及人员、制度、文化、组织流程等各个方面的变革,所以市场中因整合失败而导致并购失败的案例比比皆是。

过去我们每并购一家企业,集团都会制订一个"百天计划"。如果"百天计划"宣告失败,那么证明并购整合很难成功,集团只好退而求其次,启动B计划,尽快把目标企业卖掉。

整合成功的关键在哪里?落脚点还在人上。从本质上讲,并购就是并人,因为业绩是靠人创造出来的。所以,整合不仅仅是产品、厂房、生产线等资源的整合,更重要的是人的整合。收购的关键不在于收购资产,而在于收服人心。如何收服人心呢?并购方必须用好股权激励这个"金手铐",激励关键岗位人才留下来继续奋斗,给他们提供更好的事业平台,让他们继续享受公司成长的红利。反之,如果把人才放跑了,那么这无异于买椟还珠。

整合的另一个关键动作是什么?导入经营预算。每收购一家企业,集团都要保留原有的经营团队,只派一位财务总监入驻即可。然而,财务总监不懂业务,如何更好地实现业财融合呢?最好的抓手就是经营预算。通过导入经营预算,再配合经营分析会和三驾马车,经过长期的训练打磨,并购方就可以培养一大批真正懂经营的干部。

综上所述,在整个并购流程中,最重要的工作不是大家以为的尽调和并购,而是初调和整合。初调的本质是投前选对人,整合的本质是投后育好人。因此,并购的本质就是并人(见图13-1)。

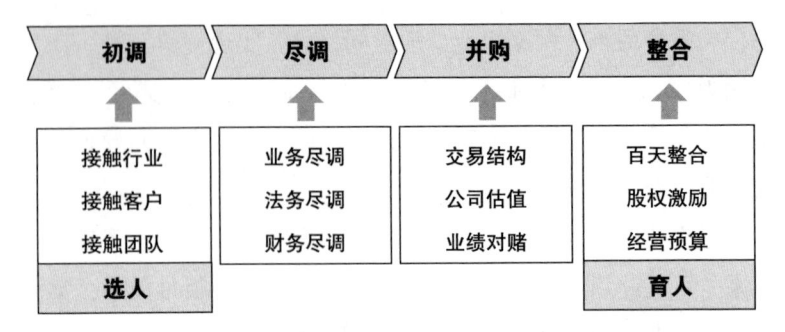

```
初调  →  尽调  →  并购  →  整合
 ↑       ↑       ↑       ↑
接触行业  业务尽调  交易结构  百天整合
接触客户  法务尽调  公司估值  股权激励
接触团队  财务尽调  业绩对赌  经营预算
  选人                      育人
```

图13-1 并购流程

由于工作的关系，我经常在全国各地飞来飞去，飞行途中时常碰到一些同样忙碌的基金管理人。在与他们接触的过程中，我有一个有趣的洞察：一个35岁以下的年轻基金管理人会讲"我发现了一个好项目，我们计划投资它"，而那些35岁以上的基金管理人不会这样说，他会说"最近看到一个团队特别好，我们计划投资它"。这两句话暴露了什么秘密？越是成熟的投资人，越明白投资就是投人。一切成功都基于人的成功。一旦忽略了人，代价一定非常惨重。现实中不乏类似的悲剧，暴风影音就是一个典型例子。

2007年，冯鑫收购了暴风影音，经过技术升级和市场推广，不到一年的时间，暴风影音的日在线用户就突破了1 000万人，一时间暴风影音成了明星公司。此后，暴风影音继续加大技术升级，先后推出了3D（三维）、自播等功能，市场规模和用户量均得到大幅提升。

2015年3月，暴风影音成功登陆创业板。公司上市后，冯鑫不再满足于辛苦的"种菜"模式，逐渐升级到"买菜"模式。公司旗下设立了5只产业基金，开展全球并购。

2016年4月，光大资本下属的子公司光大浸辉联合暴风投资等14名合伙人共同设立浸鑫基金，规模为52亿元，跨境收购MPS传媒公司65%的股权。

为什么要收购MPS传媒公司呢？因为这家传媒公司彼时拥有90多个全球赛事产权，其中包括诸多世界顶级体育赛事的版权资源，如2016年欧洲足球锦标赛等，公司业务覆盖全球200多个国家。然而，在浸鑫基金完成收购后，MPS的后续经营却令人始料未及：包括意甲、英超等在内的多数原有版权到期，公司无力缴费续约，版权崩盘，现金流出现重大问题。2018年10月，MPS被英国法院宣布破产清算。不到三年时间，MPS就申请破产重组，这意味着50多亿元的并购资金血本无归。

一个如日中天的公司为何最终落得个破产清算的下场呢？事态之所以如此发展，与MPS公司的创始人有直接关系。MPS公司被收购后，三位创始人拿到大量现金并集体离职，其中有两位创始人创建了同业公司与MPS公司竞争。创始人里卡多拿着巨额现金，收购了美国迈阿密FC足球俱乐部，而另一位创始人安德烈则创立了国际体育电视与网络平台ESN，购买了西甲、意甲在英国和爱尔兰的转播权，全资收购了英超名门利兹联队，挤压MPS的市场份额。

毋庸置疑，这个真实案例明显违反了"并购就是并人"的基本原则，结局令人唏嘘。与这个案例形成鲜明对比的，是另一桩来自国内娱乐圈的并购案。

2015年9月，著名导演冯小刚出资约500万元成立东阳美拉。仅仅两个月后，华谊兄弟就斥资约10亿元收购东阳美拉70%的股权，东阳美拉的估值高达15亿元。对于一般公司来说，开业两个月可能连办公室装修都尚未完成，而冯小刚已经进账10亿元人民币。当然，在收购的同时，华谊兄弟与冯小刚签署了业绩对赌协议，要求被投资人冯小刚在规定的5年内，每年税后净利润不低于1亿元，且每年利润增长15%。被投资方如果未在规定的时间内完成，那么需要以现金形式补足差额。

对赌结果如何呢？如表13-3所示，东阳美拉有三年业绩达标，两年业绩未达标，一共补偿了2.36亿元。请问，冯小刚亏了吗？没有！他之前已经拿到了10亿元。那华谊兄弟亏了吗？也没有！那一年，并购消息一出，华谊兄弟的市值一个月内上涨了60亿元。因此，这个案例正好印证了我们前面所讲的原则：并购就是并人。

表13-3　东阳美拉的业绩情况　　　　　　　　　　　　　　单位：亿元

项目	2016年	2017年	2018年	2019年	2020年	合计
目标	1.00	1.15	1.32	1.52	1.75	6.74
达标情况	完成	完成	未完成	完成	未完成	未完成
补偿	—	—	0.67	—	1.69	2.36

公司上市：获取优质资金，经营一家值钱的公司

中国资本市场从20世纪90年代开放至今，已经运行了30余

年。近年来，最大的改变是公司上市从核准制转为注册制，二者最大的区别是公司上市由证监会审核改为由交易所审核。这个改变使得上市门槛大大降低，因此2023年被称为中国民营企业上市元年。

事实上，任何一家企业要发展壮大，都要经历从产品经营到资本经营的突破。我经常呼吁企业家要做一个有伟大梦想的产业资本家，企业要从一个纯粹的产品经营型公司走向产业和资本互动型公司，借力资本市场，获取实现增长的优质资金，从一家赚钱的企业升维到一家值钱的企业。

如今，资本俨然成为行业发展的加速器和催熟剂，它让一个行业的生命周期变得越来越短。只要出现一个蓝海市场，就有大量资本进场淘金，继而让市场迅速变红，最后大家拼的就是资本的实力，直到所有竞争者大规模洗牌离场。这是一个行业发展的周期规律，没有人可以成为抵抗者。即便是行业先行者，如果坚持不做资本经营，那么你花费几十年建立的竞争优势很可能瞬间被竞争对手瓦解。在资本的助力下，对手疯狂抢占你的市场份额，最后吃掉你。在"资本为王"的时代，企业的竞争已经从产品竞争升级到了资本竞争，上市几乎成为企业实现增长的最优捷径。

上市到底能给企业带来多大的价值回报呢？

假如你拥有一家企业100%的股权，经过一年的经营，这家企业的利润是1亿元。那么，你能拿到多少钱呢？按照产品经营逻辑，企业合法合规地经营，要走完补、缴、提、扣四个流程。如表13-4所示，即便在不需要弥补亏损的情况下，扣除25%的所得税、10%的法定公积金和20%的分红税后，股东只能得到剩余的5 400万元。

表13-4　1亿元利润的分红流程（无亏损）

	项目	金额	比例	备注
	利润	1亿元		
补	弥补亏损			假设没有未弥补亏损
缴	所得税	2 500万元	25%	
	净利润	7 500万元		
提	法定公积金	750万元	10%	
	可分配利润	6 750万元		
扣	分红税	1 350万元	20%	
	分红	5 400万元	54%	假设公司现金流充沛，有钱分红

但是，如果这是一家创业板上市公司，以100倍的市盈率计算，1亿元利润就代表100亿元的市值。这个时候，你想从中提取1亿元，只需要卖掉1%的股份。这就是无数人头破血流也要挤进资本市场的原因：资本市场拥有巨大的杠杆。100倍的市盈率相当于企业拥有100倍的杠杆，意味着资本市场认为企业可以存活100年，这可以把企业未来100年的收益预期变成今天的现金流。

同时，资本市场是一个巨大的"印钞机"。只要三年合法经营、三年利润增长、ROE不低于6%，企业就可以向老股东增发股票，向新股东配股，这是站在产品经营的维度难以想象的。

曾经有企业家告诉我："虽然资本市场拥有巨大的杠杆，但是我不缺钱，所以不愿意上市，宁愿经营一个小而美的企业。"

然而，即便你不艳羡资本市场的杠杆，也很难独善其身。因为创业如逆水行舟，一旦资本进场，企业不进则退。任何一个行业发展到一定程度，企业之间的竞争最后一定会升级为资本的高维竞争。如果你还拘泥于产品经营的低维度，那么结局一定是被高维企业干掉。在今天这个时代，企业似乎没有第三个选择：要么主动拥抱资本，要么等着被资本收割。

企业如何实现上市呢？其实，你完全没必要把上市想得那么高深莫测。经营者只需要了解上市流程即可，至于具体动作，有专业的中介机构来辅导企业完成。粗略地讲，上市可以分为三大步骤：改制、注册和上市（见图13-2）。

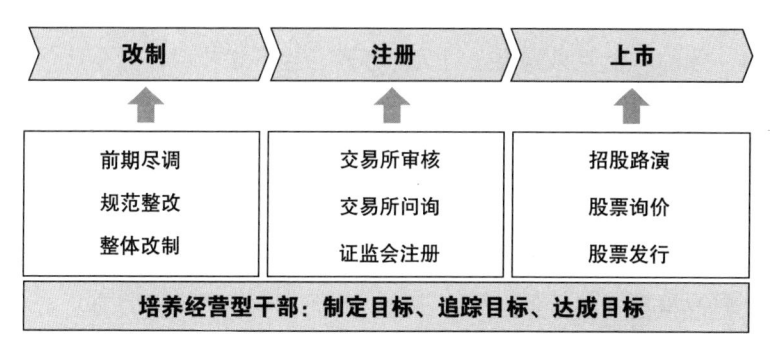

改制	注册	上市
前期尽调 规范整改 整体改制	交易所审核 交易所问询 证监会注册	招股路演 股票询价 股票发行
培养经营型干部：制定目标、追踪目标、达成目标		

图13-2　上市流程

第一步：改制

改制是上市前的一项重要工作。改制顺利与否，直接关系到企业能否获得上市资格。

所谓改制，是指企业上市前按照《公司法》的要求从其他类型的公司改制为股份公司，简称股改。改制具体怎么做？它包括三个关键节点。

前期尽调

一旦启动上市，企业就要组建五方工作组，除内部的董事长、董秘和财务总监外，还需要聘请中介机构，包括券商、会所、律所和评估所。这里需要提醒一下，许多企业聘请了券商，然后自己单独聘请会所、律所来制约券商，这种行为属于画蛇添足。因为对于券商而言，它在乎的不是三五百万元的中介费，而是上市募资的佣金。假设企业上市募集了10亿元，那么按佣金率8%计算，佣金就是8 000万元，所以券商和企业的利益是完全一致的。企业只需要选对头部券商，接下来就可以完全信任它们，听话照做即可。一般来说，前期尽调可以在1~2周内完成。

规范整改

尽职调查结束后，券商会给企业出具一份整改报告。看到这个整改报告不要紧张，因为任何企业都不会十全十美，有一点小瑕疵并不可怕。如果券商在尽职调查结束后，希望立即签署合作协议，那么这说明企业没什么硬伤，规范整改很容易，成功上市的概率很大。相反，如果券商在提交整改报告后就没有下文了，那么说明企业的问题比较大，上市很难。规范整改是改制过程中最痛苦的一件事，关联交易还好解决，但若碰上同业竞争或者股权历史沿革上有问题，这处理起来就非常棘手。

整体改制

整体改制倒是很简单，主要是处理一些法律文件，包括股改审计报告、评估报告、验资报告、新营业执照，以及与股份公司第一届第一次股东会、董事会、监事会相关的文件等，这些工作在1个月内就能完成。

由此可见，改制最难的部分是规范整改。如果企业本身基础较好，那么可能两三个月就完成了；如果企业的问题比较多，那么可能需要整改半年到一年；如果企业有硬伤，那么整改可能遥遥无期。一旦完成股改，券商就会帮助企业编制上市申报材料，同时会对企业董监高及持股5%以上的股东进行上市辅导，目的是确保企业上市后能规范运作并保护投资者的利益。

第二步：注册

改制顺利完成后，接下来的关键节点就是注册。注册包括三个重要节点。

一是交易所审核。交易所会对券商提交的上市申报材料进行审核。审核包括两个方面：审核发行人是否符合发行条件、上市条件；审核信息披露是否真实、准确、完整。

二是交易所问询。在受理发行人上市申请文件的20个工作日内，审核机构通过保荐人向发行人提出首轮审核问询。首次问询后，交易所会对项目是否符合国家产业政策、是否符合拟上市板块定位形成明确意见。交易所如果认为项目满足以上两个要求，就会出具发行人符合发行条件的决定（反之则终止发行上市审核）。最后，由交易所向证监会报送审核意见。

三是证监会注册。证监会收到交易所的审核意见及相关资料后，依法履行发行注册政策，并在20个工作日内对发行人的注册申请做出予以注册或者不予注册的决定。

第三步：上市

发行人通过证监会注册后，可以在注册决定有效期内自主选择发行时点，这就是我们平常所说的"上市"。具体来说，上市包括三个环节：招股路演、股票询价和股票发行。其中，最重要的环节是招股路演。

路演只是手段，目的是询价。上市的本质就是卖股权。股权到底能卖多少钱，这是由路演决定的。假设一家企业的收入为10亿元，利润为1亿元，一般IPO会发行25%的股权。过去是核准制，发行市盈率基本固定在23倍，每股定价为23元，那么融资金额是5.7亿元（1×23倍×25%）；现在是注册制，发行市盈率是浮动的，市盈率取决于公司的路演质量，好公司可以达到60倍，不好的公司可能是16倍，差距很大。假设上述企业得到了60倍的市盈率，那么融资金额是15亿元（1×60倍×25%）；如果上述企业得到了16倍的市盈率，那么融资金额是4亿元（1×16倍×25%）。

企业的发行市盈率取决于什么呢？这最终又回到了股东投资回报率——ROE，企业的ROE越高，发行市盈率自然越高。

综上所述，在整个上市流程中，与企业强关联的只有两件事：一是规范整改，二是招股路演，剩下的工作都可以交给专业机构代劳。

夯实底板：财务是经营的母盘

我经常遇到不少在行业内表现出色的企业，它们在产品经营上表现出色，所以经常会接到资本抛过来的橄榄枝。有时候是券商主动要求辅导它们上市，有时候是"行业大佬"想收购它们。但是，随着资本进场调研，资本又转身离开。为什么？因为这些企业在财务上存在硬伤。企业无论是上市还是并购，都离不开财务规范。

管理学上有一个著名的木桶原理：一个木桶能够盛多少水，不取决于最长的木板，而是取决于最短的木板。后来有人发现，短板补齐了还不够，因为短板之下还有底板，而财务就是经营的底板。这些企业之所以错失对接资本的机遇，根本原因是没有理解财务这个底板对经营的重要性。

财务和经营是什么关系呢？财务是经营的母盘，是保障企业科学决策和进行风险预警的底层系统。

财务是经营雷达的底层系统

经营是做数学题，企业做数学题的核心是进行数字化管理。为什么很多大企业的经营决策都依赖财务系统？因为财务系统用数字呈现了企业的经营结果和经营过程，有了这些经营数字，我们才能知道经营情况是好还是坏。因此，无论是经营预算还是经营分析会，最核心的工具就是经营雷达。而经营雷达能否准确、真实、全面地反映业务情况，关键在于财务系统能否确保数据真实、准确和完整。

正如稻盛和夫所言："我27岁时创建了京瓷，从零开始学习企业经营，在这个过程中我认识到一个重要的真理，那就是会计将成为'现代经营的中枢'。经营者必须掌握企业活动的真实状态，才有可能带领企业持续发展。如果想认真经营企业，那么经营数据不被允许有任何人为的操作，它必须反映企业经营的实态。损益表和资产负债表中的所有数据都必须完整无缺。为什么？因为这相当于飞机驾驶舱仪表盘上的数字，起到重要的导向作用，它指引经营者正确无误地到达预定的目的地。"因此，要想支撑经营型干部科学做出决策，财务系统是整个经营系统的母盘。

2016年，我受邀辅导一家生物医药企业。当时这家企业的利润薄如刀片，多年处于亏损边缘，苦不堪言。但是，董事长特别有魄力，在这种艰难的情况下，仍然力排众议邀请我入企辅导。那天，他讲的一句话让我至今记忆犹新："财务是一家公司的底板，财务不牢，地动山摇。"幸好我不辱使命，5年后我再见到这位董事长时，他的企业早已成为年营收超过10亿元的行业领头羊，股东投资回报率从1%涨到38%，整整增长了38倍。其旗下科技公司的股东投资回报率更是一路从15%涨到了45%。

财务是经营者必须遵守的游戏规则

经营者如果不懂财务游戏规则，就相当于在"裸奔"，他会亲手把自己送进监狱。那么，企业最容易违反哪些游戏规则呢？我统计下来，企业最容易犯的就是以下"四宗罪"。

一宗罪：销售不开票

To C 端企业的客户大多不索要发票，因此有些企业为了避税，经常出现销售不开票。老板认为不开票成本更低，一开票就要交税。财务经理当然会跳出来反对，提醒老板这样做风险太大，但通常情况下反对无效。无奈之下，财务经理只能提出一个要求：钱不能打到公司账上，否则他没法做账。那钱打到哪里呢？只能打到老板的银行卡上。这样一来，老板个人银行卡上的流水非常高。

二宗罪：账外资金回流

如果公司不开票，钱都汇入老板的个人账户，那么这会带来一个问题：公司没钱买原材料、支付房租和工资。怎么办？老板只能再把钱借给公司。这个时候，财务经理不会反抗，但他会把交易记录下来。在做账时，财务经理会把这笔钱计入其他应付款。假设老板向公司账户转入 1 000 万元，那么报表中会记录"其他应付款——老板 1 000 万元"。而这个凭证一旦被税务局查到，老板根本无法解释这 1 000 万元的来源。

三宗罪：老板借款多

前面两种情况都是 To C 端企业中比较常见的问题，To B 端企业不太可能遇到。因为对于 To B 端企业来说，只要产生销售，客户都会要求开票。这个时候，公司账上有钱，但是老板没钱。所以有些老板非常随意，要用钱就从公司借。

假设老板从公司账户借了 1 000 万元，那么财务经理就会记录"其他应收款——老板 1 000 万元"。按照相关法律规定，股东向公司借款超过一年不还,视同分红。除此以外,还可能产生抽资、挪用、职务侵占等法律风险。

四宗罪:库存虚高

许多企业的采购经理都特别会耍小聪明,只懂管理,不懂经营。当老板要求降低成本时,采购经理就告诉老板:"公司采购原材料,只要不开发票,成本就可以降低。"老板一听,那就不要发票了。但是在销售环节,客户要求开票。这样一来,利润就变高了。表面上看,采购成本是降低了,但实际上企业要缴纳更多的增值税。怎么办?有些老板就会动歪心思,要求下面的人从外面买发票。这种行为不仅违法,还会增加成本。但此时,财务经理不会再站出来提出意见,因为他早就意识到自己的意见无效。

此时财务经理会怎么做?做好自己的本职工作,将这笔交易记录下来:假设存货增加100万元,进项税金13万元,这时资产负债表的左侧增加了113万元的资产,根据平衡原理,资产负债表右侧的应付款也要增加113万元。但实际上,这笔钱并不需要支付。而应付款项超过两年以上不支付,税务局会将其视同营业外收入,企业需要缴纳25%的所得税。再盘点库存,税务局发现这家企业库存虚高,可能会要求企业将13万元的增值税进项再吐出来。

税务问题一直是中国民营企业普遍存在的痛点。企业一定要彻底抛弃过去用的这些伎俩,关注税务风险,坚决不能触碰红线。因此,企业家和经营型干部必须树立规范的经营意识。道法自然,任何事情都应该遵循自身发展的规律,经营企业也是如此。数千年前,中国的古圣先贤就反复教诲我们:"财自道生,利缘义取""先义后利，敬天爱人""君子爱财，取之有道"。然而，在现实经营中，经常有老板向我抱怨："付老师，不能开发票的！只要开发票，企业就活不下去了。"什么叫道法自然？企业家应该遵守必须遵守的规则，这样才能确保企业活得更长久。当企业活不下去时，我们应该思考的是如何修炼内功，提升经营团队的经营能力，而不是违反规则，铤而走险。毕竟，世间一切皆是因果，种善因，方能结善果。

三个升级：财务如何更好赋能业务

财务是经营的母盘，那么如何确保财务更好地赋能业务，保障经营决策呢？企业要做好三个升级：一是升级财务定位，二是升级财务组织，三是升级财务系统。

升级财务定位：账房先生—理财幕僚—战略伙伴

如何夯实财务母盘，建立一套好的财务体系呢？先给大家讲一个故事。

三年前，有一位企业家来找我，他的公司当时最大的障碍是报表出不来、报表不准确，每个月都要拖到15号才能看到上个月的报表。为什么是15号呢？因为15号是税务局报税的截止日期。为了解决这个问题，他用百万年薪挖来了一位财务总监。财务总监走马上任后，果然很快解决了他的困扰，每月3号报表就出来了。但是半年时间过后，他心中对这个财务总监仍然有一种说不清、道不明的不满。而财务总监也非常委屈，不知道哪里惹得老板不高兴。

问题到底出在哪儿？因为这位企业家对财务的定位不清楚，没有意识到财务在经营中的价值，自然也无法对财务总监提出明确的要求。企业家可以不懂专业会计知识，但一定要懂财务定位，要明白财务在经营中扮演什么角色，财务应该对经营产生哪些价值。

纵观中国企业的发展历程，财务的定位不断演进和升级，根据我服务企业30余年的经验，企业财务的定位大体上可以分为3个层次。

第一重定位：账房先生

在影视剧中，我们经常能看到一个戴着老花眼镜打算盘的账房先生，这是财务部门最基础的定位，它的责任是帮助企业及时、准确地出具会计报表。这是中国85%以上的企业对财务的定位，它们把财务人员当成一个记账、报税的会计，这种观念从古至今已沿袭千年有余。据说，"记账"一词起源于魏晋南北朝时期。当皇帝与达官贵族巡游时，每隔一定距离便设置一处存放贵重精良之物的帱帐。为了避免这些财产丢失，每一处都有专人进行记录，记录官在巡游之前一一登记财物，巡游结束后进行盘点清算，并将结果报告给上级主管官员。久而久之，登记帱帐之内的财物便被称为"记账"。令人唏嘘的是，今天大多数老板对财务的定位还停留在一千多年以前。

账房先生负责的是会计核算，核算过去一个月或一年的收入、成本、费用、利润……当然，会计核算的前提是财税规范。经常有老板向我反馈财务经理总和自己唱反调，这就对了！因为老板不懂财税，容易触及前文讲的四宗罪，但财务经理的使命就是确保财税规范。如果一家企业的财税不规范，不按照法律法规来做账，那这家企业的报表就没有经营决策价值。因此，反映过去的经营情况、监督企业合法合规，这是财务部门最基本的功能。

第二重定位：理财幕僚

账房先生只负责记账，这还不足以支撑企业家和经营型干部做出经营决策。要想做好经营决策，企业还需要理财幕僚。此时财务的定位不再是基础的算账报税，而是作为经营中枢，支持业务部门进行决策。我曾就职于多家世界五百强企业，发现越是优秀的企业，越重视财务部门。为什么？因为财务部门的主要功能是为经营管理提供决策依据。日本经营之神稻盛和夫讲过一句名言："财务是经营的中枢。"中枢是什么？系统中起中心主导作用的部分。在稻盛和夫看来，财务在经营中起主导作用，他甚至发出一句诘问："不懂财务，怎么做经营？"

理财幕僚负责什么呢？如果说账房先生要核算过去，那么理财幕僚要预算未来，必须先算后做，做好经营预算；如果说账房先生负责的是财税规范，那么理财幕僚必须做好业财融合，确保企业的业务交易能及时呈现在财务报表中；如果说账房先生起反映和监督作用，那么理财幕僚需要做好决策支持。由此可见，要想做好经营决策，财务的定位至少要到理财幕僚这个层次。

对于大多数企业而言，经营型干部之所以要学习财务，不是为了成为财务专家，而是为了用好财务这个幕僚——它是支撑管理层做出经营决策的核心工具。所有经营者都必须懂财务，所有财务人员都必须懂经营。从这个角度讲，财务是每位经营者必须掌握的一门商业语言。经营者只有学习了这门语言，理解了财务的底层逻辑，才能彻底改变经营决策的模式。尤其是当企业的规模越来越大时，经营决策一定要以财务为主导。这就是为什么越大的企业，管理越简单，而小企业的管理反而复杂。

第三重定位：战略伙伴

如果企业不对接资本，财务定位为理财幕僚这个层次就够了。企业如果要对接资本市场，那么对财务的定位不能止步于理财幕僚，而是要从董事会的角度考虑，将财务定位为董事会的战略伙伴。董事会要求财务部门干什么？不仅要会"种菜"，更要会"买菜"，要通过并购和上市帮助企业实现高速增长。

如果说账房先生强调的是财税规范，那么战略伙伴要求的是治理规范。治理规范是指公司的治理结构更健全，比如股东会、董事会、监事会等机构设置规范，关联交易等也要规范。如果说账房先生主要进行反映、监督，理财幕僚提供决策支持，那么战略伙伴则聚焦资本经营，推动公司并购、上市，将公司的股权价值经营起来。

因此，财务部门要做哪些事情，完全取决于企业家对财务的定位。企业家对财务的定位不同，后者的工作职责是完全不一样的。

回到前文的案例，那位企业家用百万年薪聘请了一位财务总监，结果财务总监带给老板的只是每月3号出报表。也就是说，他只是一个账房先生。如果企业只要求每月准时出报表，那么聘请一个年薪30万元的会计经理就够了。而年薪百万的财务总监，仅仅成为企业家和经营型干部的理财幕僚还不够，更要成为董事会的战略伙伴，帮助企业对接资本，助力企业升级为一家更值钱的企业。

升级财务组织：法治大于人治

从业30余年，我服务过数以百计的上市公司，也接触过数以万计的中小企业，我发现一个规律：一家企业对财务的定位，直接决定了它能做多大、活多久。为什么？因为财务定位直接决定一家企业的财务组织搭建是否科学。所以，企业升级了财务部门的定位后，还要升级财务组织。

在服务企业的过程中，我发现民营企业在发展初期甚至在成长期都有一个特点：倾向于让自己的亲戚朋友做管理层。尤其是在财务部门，在这样一个高风险的部门，老板更加依赖亲戚朋友。因此，我见过不少企业都是老板娘管账，小姨子管钱，小舅子管采购。诚然，在创业的早期阶段，企业家让亲朋好友来管财务，效率最高，也更容易控制风险。但随着规模越来越大，企业还是应当从人治走向法治。企业不能靠亲戚来管理，而是要靠组织、靠系统。与其依赖人性，不如在组织设计上规避风险。

一个好的财务组织要符合什么标准呢？它不是靠某个人维持体系的安全和运转，而是靠体系保障财务系统的安全。即便你把一个小偷放在财务部门，他也不可能从公司拿走一分钱，这才是真正有用的财务组织。那么，这种安全的财务组织应该如何搭建呢？根据财务的三重定位来设计岗位。

- **岗位1：资金出纳**。出纳负责管钱。

- 岗位2：**总账会计**。总账的职责是管账。总账会计和资金出纳这两个岗位要互相牵制：管钱的不管账，管账的不管钱，双方各管一摊，然后核对结果。这个原则很简单，但许多老板为了省事，让出纳兼任总账会计。一旦这个人出现问题，公司的资金就有被挪用的风险。
- 岗位3：**往来会计**。往来会计不仅要核算清楚公司与每个客户及供应商的往来款余额，还要核对往来款的时间。
- 岗位4：**成本会计**。成本会计负责核算每一个产品的原料成本、人工成本、制造费用。
- 岗位5：**报税会计**。报税会计负责报税。

以上五个岗位的人员向会计经理汇报。根据我的观察，许多企业招聘的其实只是一个会做账的会计经理，而后者却被冠以财务总监的头衔。其实，会计经理只负责核算过去，其职责就是做好账房先生。如果企业还需要理财幕僚，那么这些岗位应该由财务经理负责，同时财务经理下面还要设置三个岗位。

- 岗位6：**信用会计**。当营销部门去开发新客户时，财务部门要协助营销人员对客户展开信用调查，有信用的客户给账期，没有信用的客户必须现金结算。
- 岗位7：**信息系统管理员**。在现实经营中，你会发现大部分企业的信息技术经理要向财务部门汇报，为什么？因为企业要把所有信息都导向三大报表，以确保会计报表的及时性、准确性。如果财务部门不闻不问，公司内部就会出现几套甚至十几套软件。企业采买的软件越多，收录的信息越多，经营者就越痛苦。然后，为了把这些数据管理起来，企业又要请人做数据中台。本来购买各种信息化软件就已经花了几百万元，现在几千万元甚至几亿元都不够。因此在一开始，信息化需求就要由财务部门来主导。

- **岗位8：预算经理。** 凡事预则立不预则废，企业要先算后做，先胜后战，未战先赢。虽然各部门都要参与经营预算，但这必须由财务部门负责统筹，由财务经理担任预算办公室的预算经理。

以上三个岗位向财务经理汇报。因此在搭建预算组织时，由财务经理担任预算经理。这就是理财幕僚的职能，他要帮助经营型干部做对决策。

如果一家企业的产品经营非常出色，它就要走向资本经营：一是并购，二是上市。这些工作与财务强关联，但会计经理和财务经理都搞不定，这时候需要谁来负责呢？CFO（首席财务官）。

总之，企业家可以不懂财务专业知识，但一定要懂财务组织搭建的底层逻辑。企业在不同发展阶段，应该匹配相应的财务组织。当需要账房先生时，企业应该招聘会计经理；当需要理财幕僚时，企业不仅要招聘会计经理，还要招聘财务经理；当走向资本市场时，企业需要的是CFO，并让他成为战略伙伴。

许多老板以为财务部门的组建非常简单，招几个会计，买一套财务软件就可以了。实际上，财务软件只是工具。只有定位清晰，企业才知道如何搭建财务组织。对于会计经理而言，他遵循的是财务会计，思考的是不能违反会计准则，他面向的是税务局、工商局……而财务经理遵循的是管理会计，他面向的是老板。至于CFO，我不建议企业过早地设置这个岗位，因为这个岗位的成本太高了，人均薪资至少百万元，如果是有上市经验的CFO，那么其年薪从数百万元到数千万元不等。

与其他职能部门不同，财务部门搭建完成后，还要设计轮岗机制。为什么？财务部门是一个高风险部门，根据我的经验，一个大学生进入公司财务部，首先要在出纳岗位干1~2年，然后轮岗到成本会计岗位干2~3年，再换岗到总账会计岗位干3~4年。对这三个岗位全部熟悉后，他才有机会晋升为会计经理，这是最常见的晋升通道。如果轮岗的过程中专业能力表现出色，也可能晋升为财务经理。如果在财务经理的岗位上表现出色，那么一部分人可能晋升为年薪百万的CFO。

CFO如果足够优秀，那么未来很可能走上CEO的岗位。有数据显示，《财富》世界500强企业中有35%~40%的CEO出身CFO。这正好印证了任正非的一句话："优秀的首席财务官是能够随时接替首席执行官职位的人。"事实上，这句话在阿里巴巴也得到了印证，阿里巴巴特别偏爱财务出身的CEO。无论是蔡崇信还是卫哲、张勇，这些CEO都是财务出身。他们做过账房先生，做过理财幕僚，也做过战略伙伴，从核算到预算，再到上市和并购，整个经营逻辑他们都一清二楚，所以自然而然就从CFO晋升为CEO。

有人说，财务对于商业的重要性，不亚于法律对于政治的重要性。尤其是现阶段，中国经济已经从增量时代走向存量时代，过去企业的重心放在向增量要利润，而现在企业越来越需要修炼内功，向内部要增长、要效益，此时考验的就是企业的经营能力，而经营能力的提升需要财务这个母盘做支撑。

升级财务系统：真正实现业财融合

升级了财务定位和财务组织，最后再讲讲升级财务系统。财务系统其实是指一套软件及SaaS（软件即服务），目前企业的账目基本都是用数字化系统完成的。许多企业在管理过程中往往不重视数字化投入，不愿意投资财务系统。即便有企业舍得花重金购买系统，也可能没有能力把系统用起来。

整套系统的架构可以分为左右两部分：左边是业务系统，包括市场部、研发部、采购部、生产部、销售部……右边是财务系统。其中，总裁负责业务，总监负责财务，他们同时向董事会汇报。

企业普遍存在一个误解：财务总监向总裁汇报，总裁再向董事会汇报。这种组织架构的风险非常高，知名企业中国航空油料集团有限公司（简称"中国航油"）在国外就吃过大亏。2003年下半年，经国家有关部门批准，中国航油的海外控股子公司（新加坡公司）在取得授权后，开始做油品套期保值业务。该子公司CEO陈九霖曾被达沃斯世界经济论坛评为"亚洲经济新领袖"，彼时风头正劲。由于手中权力过大，他擅自扩大业务范围，从事我国政府明令禁止的场外石油衍生品期权交易。那时油价波动上涨，公司初战告捷。2004年，公司在油价超过30美元后开始做空，之后越亏损，加仓越多，最后做空石油5 200万桶，在油价超过50美元时被迫强行平仓，合计亏损约5.5亿美元。而其在海外设置的子公司，亏损高达5亿美元时才向集团汇报。实际上，公司内部规定亏损达50万美元就应该自动平仓止损，但是止损程序在亏损5亿美元之后才启动。为什么？原来，这家子公司的

CFO是当地人，而且是子公司CEO陈九霖强制要求的。理论上，CFO跟集团必须是直线关系，可这个CFO只向当地CEO汇报，直接导致CEO架空了董事会，最后造成了这一悲剧。

因此，财务总监的汇报要遵循双轨制。一方面，财务总监代表的是董事会，而董事会又代表股东的利益。过去，我的老东家每收购一家公司，都会保留原有的经营团队，仅指派一名财务总监进入被收购的公司，由财务总监代表董事会对总裁进行监督，监督公司业务是否合法合规。这个时候，财务总监和总裁是平行关系。因此，财务总监不应该由总裁聘任，而应该由董事会聘任。另一方面，财务总监也要向总裁汇报，通过经营预算和经营分析会来支持业务部门进行科学决策。因此，财务系统身兼双重责任：既要监督业务系统，又要支持业务系统。

财务总监如何监督和支持业务部门呢？重点要管理好两大系统：一是血液系统，二是神经系统。

血液系统是指企业的现金流。企业能活多久，取决于它的现金流，而财务部门是现金流安全的第一责任人。因此在做经营分析时，预算经理要上报未来六个月的滚动现金流，确保企业至少在半年内是安全的。

如何管理现金流呢？靠一个动作：联合签字。企业的每一笔付款、借款、报销都要由财务总监和总裁联合签字，才能执行。但遗憾的是，大多数企业的财务部门仅相当于账房先生，只懂财务，不懂业务，导致这个签字权有名无实。

怎样才能让财务总监真正了解业务呢？财务总监要管理神经系统，掌管企业的数据流。财务部门并不生产数据，数据都是从业务系统中获取的。企业如果无法打通财务和业务，自然就无法实现一体化。

这件事如何落地呢？靠ERP系统。许多企业的ERP系统由IT部门主导，但需求者一定是财务总监，因为所有的业务数据最终都会流向财务报表。只有财务总监提出的需求准确、完整，企业内部才不会出现许多数据看不到的状况。整个数据流可以分成左右两部分：左边是业务系统的数据流，右边是财务系统的三大报表。之后，财务部门将三大报表加工为经营雷达，支持业务部门做出决策：评估白马盈利多不多，赤马效率快不快，黑马杠杆好不好。

谈到财务报表，许多人都误以为报表是会计经理做出来的，其实他们只看到了表象。今天是业财融合的时代，报表不是财务部门做的，而是业务部门做的。财报的数据来自哪里？业务部门。每一笔交易发生时，系统都会把交易发生的时间、地点、标的物，以及交易数量、单价和金额记录下来。比如，产品是入库还是出库？需要收款还是付款？因此，要想准时出具报表，企业首先要有资产管理系统：进销存，即采购和应付款管理、销售和应收款管理以及存货出入库管理系统。其次，企业要有成本核算系统：工资、奖金、生产管理、成本核算……一家好公司能在每月一号出具财务报表、经营雷达、成本核算表，每天都能及时管理资产的变动，这是因为其背后是数字化系统在运作。千万不要小看这一点，有位企业高管讲过："财务报告的提交时间每提前一天，产生的价值可能是一亿元。"因为这可以帮助经营型干部更快、更好地决策，迅速抓住未来的机会。

我和不同体量的企业都有过接触，发现大多数企业都已经上线了系统，那为什么大部分企业的报表在每月1号都出不来，非要等到8号甚至15号才能出具？问题大概出在资产管理方面。我曾经在华北地区走访过一家年产值达8亿元的生产制造型企业，它购买了一套核算软件，但是每月15号才能出具报表。仔细调研后，我发现问题出在仓库上。这家企业的发展势头非常猛，每年的收入以50%以上的速度增长。这个仓库是谁在管理呢？老板的姑姑。按道理，仓库应该把每天的入库、出库交易数据录入系统，但她告诉我："公司生意兴隆，我忙得不得了，发货都来不及，哪里还有时间干这些事情？不是每个月结一次账吗？一个月录一次就行了。"结果可想而知，一个月汇总一次，数据很可能就对不上了。

很多企业的财务不规范源于业务不规范。如果你的企业已经购买了各种软件，而报表依然出不来，那么问题一定出在资产管理上。因为成本核算是自动的，比如生产管理系统只用把成本对象指引好，按一个回车键数据就出来了，最混乱的地方其实是仓库。

怎么解决这个问题呢？企业可以学习银行的做法：每个工作日下午四点半之后，很多银行就不再接待客户了。难道是因为工作人员下班了吗？不是！银行要把当天所有的交易重新核查一遍。同样，在每天下班前的半小时，企业可以让IT经理扮演"网络警察"的角色，检查各个端口的数据是否及时录入，是否录入准确。这个基础动作做到位了，报表就会准确，同时能省下大量的人工成本。

以行动教育为例，其2023年的营收规模近7亿元。由于商业模式特殊，单笔交易金额很小，这导致凭证数量特别多。例如，"校长EMBA"这个产品就分为十个模块交付。学员每上一个模块的课程,就有预收款结转为收入,产生一个会计凭证,因此财务部每月有上百本凭证要处理。面对如此庞大的工作量,财务部却只需要5个员工,他们是怎么做到的呢?全部靠数字化系统。学员在前台办理签到手续后,相关数据会同步至系统,系统会自动生成一张预收款减少、收入增加的会计凭证,不需要人工录入就能做到一一对应,这大大提高了会计核算的及时性和准确性。总之,财务系统的核心是通过数字化系统,打通业务和财务数据,真正实现业财融合。